U0584169

建设研究 幼生态体系 质量幼小衔接

康丽 张娜 牛闻婷 著

中国青年出版社

图书在版编目（CIP）数据

高质量幼小衔接教育生态体系建设研究 / 康丽，张娜，牛闻婷著 . —北京：中国青年出版社，2024.3

ISBN 978－7－5153－7253－2

Ⅰ . ①高… Ⅱ . ①康… ②张… ③牛… Ⅲ . ①学前教育－教学研究 Ⅳ. ① G612

中国国家版本馆 CIP 数据核字（2024）第 057219 号

责任编辑：彭岩
出版发行：中国青年出版社
社　　址：北京市东城区东四十二条 21 号
网　　址：www.cyp.com.cn
编辑中心：010－57350407
营销中心：010－57350370
经　　销：新华书店
印　　刷：北京中科印刷有限公司
规　　格：660mm×970mm　1/16
印　　张：22.25
字　　数：400 千字
版　　次：2024 年 3 月北京第 1 版
印　　次：2024 年 3 月第 1 次印刷
定　　价：60.00 元

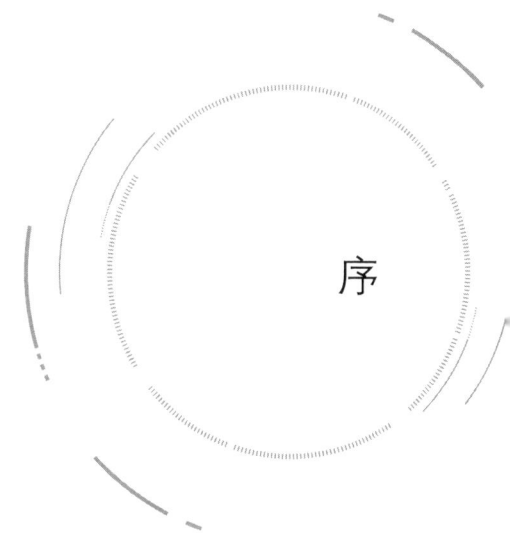

序

　　幼小衔接是帮助儿童顺利地从幼儿园过渡到小学的教育过程。它对个体发展、高质量教育体系建设和社会人才培养都具有重要意义。对于个体发展来说，做好幼小衔接是顺应儿童身心发展规律的必要手段，使儿童更好地适应小学生活，激发其后续可持续发展的动力。对于教育体系的建设来说，有效的幼小衔接可以保持教育链条的连续性和稳定性，使教育资源和教学经验能够顺畅地传递和延续，从而提高整个教育系统的质量和效益。对于社会的发展来说，做好幼小衔接可以为高素质人才的培养奠定基础，有助于为社会提供更多优秀的人力资源，推动社会的发展。

　　长期以来，幼小衔接过程中存在一些备受批评但尚未解决的问题，如幼儿园对"小学化"的无奈、家长对孩子"输在起跑线上"的焦虑以及小学对"零起点"的误解。出现这些问题的原因之一是幼儿园和小学把主要的关注点都放在了二者之间的差异上，幼小衔接的工作主要集中在通过开展一些活动减少二者之间的差异。当然这些活动对于幼小衔接工作的开展是有益的，但是由于活动比较零散，缺乏系统性，时间长了容易流于形式。本课题组前期的调查显示很多小学一年级的教师认为幼小衔接活动流于形式，效果甚微。其实幼小衔接工作也要关注幼儿园和小学的"共性"即教育任务都是促进儿童更好的发展。基于"儿童成长"这一视角，把儿童成长发展过程中的需求作为幼小衔接工作的突破口和抓手。幼儿园和小学在对接的过程中重点探讨儿童的成长和发展需要什么，幼儿园需要做好哪些工作，为儿童的发展奠定基础，小学在此基础上需要继续做好哪些工作，促进儿童后续的成长发展。这样的幼小衔接工作体系性更强，更加能反应幼小衔接的本质和内涵。

导致幼小衔接一系列困境的另一个原因是家长焦虑过高和教师专业能力的不足。家长焦虑过高是导致幼儿园小学化的重要原因，而这也是幼小衔接过程中的一大难题，本课题组前期的调查显示家长主要焦虑的原因是教养效能感低，很多家长对于如何培养孩子的专注力、学习习惯、时间观念等表现出不知所措，由此也引起了家长对于自己教育孩子能力的怀疑，很多家长存在不会教、怕教错的担忧。此外，洪秀敏在对东中西部五省的幼小衔接情况进行调研时发现，幼儿园和小学教师的幼小衔接教育能力较为不足。幼儿园教师在入学准备教育方面存在困难，尤其是培养儿童的注意力和独立完成任务能力。超八成（84.3%）的小学教师在新生教育教学方面存在较大困难，主要表现为不了解新生学习特点、未掌握适宜的教学方式。因此家长教养能力的提高和教师专业素养的提升是做好幼小衔接的重要保障。

基于此，本研究旨在了解幼小衔接过程中儿童、家长和教师的主要困境和需求，通过探索以儿童成长为核心，家长和教师成长为保障的幼小衔接路径，打造良好的教育生态，共同推进幼小科学衔接，帮助儿童顺利地适应小学生活。

（本研究为山东省学前教育研究一般课题《幼小双向衔接背景下家长的困惑与破解路径研究》成果，课题编号：2022XQJY133；本研究为菏泽学院教改项目《"地方高校－基础教育学校"协同培养应用型师范人才的实践研究》成果，项目编号：JG2021035。）

目　录

第一章

绪　论

第一节 幼小衔接的重要性和必要性

幼小衔接是儿童从幼儿园到小学在教育上的过渡，是儿童成长过程中的一个重要阶段。2021年3月教育部发布的《关于大力推进幼儿园与小学科学衔接的指导意见》（以下简称《指导意见》）中明确指出要遵循儿童身心发展规律和教育规律，深化基础教育课程改革，建立幼儿园与小学科学衔接的长效机制，全面提高教育质量，促进儿童德智体美劳全面发展和身心健康成长。2021年12月，我国教育部等九部门印发的《"十四五"学前教育发展提升行动计划》指出，需"推动幼儿园和小学科学衔接，为幼儿后继学习和终身发展奠定基础"。

对于个体发展来说，幼小衔接能够帮助儿童更好地适应小学生活。良好的幼小衔接能够减少儿童面对新环境和新学习要求时的焦虑和困惑，有助于他们在学校中表现出更好的自我调节和适应能力。对于教育体系的建设来说，有效的幼小衔接可以保持教育链条的连续性和稳定性。通过幼小衔接，教育资源和教学经验能够顺畅地传递和延续，从而形成一个有机的教育体系。这有助于提高整个教育系统的质量和效益，为每个儿童提供更加平等和优质的教育机会。

因此，基于幼小衔接对个体发展和高质量教育体系的重要性，学前教育宣传月多次选择幼小衔接为主题，以引起社会对这一问题的关注和重视。例如，在2016年，宣传月的主题是"幼小协同科学衔接"，旨在强调幼儿园和小学之间的衔接问题，并呼吁更好地促进两个阶段之间的协同合作和顺畅过渡。2019年的主题是"科学做好入学准备"，强调了为儿童提供充分的准备，确保他们在进入小学阶段时能够适应小学生活。而2022年，宣传月的主题是"幼小衔接，我们在行动"，再次强调了幼小衔接的重要性，并呼吁教育各界积极采取行动，为儿童提供更好的幼小衔接支持。

一、做好幼小衔接是建设高质量教育体系的必然要求

党的十九届五中全会提出了"建设高质量教育体系"的要求。当前我国基础教育的发展数量已经达到历史高位，《2022 年全国教育事业发展统计公报》的数据显示，学前教育毛入园率为 89.7%，九年义务教育巩固率达到 95.5%，高中阶段教育毛入学率为 91.6%，我国基础教育普及水平总体达到世界中上水平。在此基础上，建设高质量教育体系成为我国基础教育发展道路上的必然要求。

为建设高质量教育体系，需要在每个学段实现高质量发展后，确保前一学段的高质量教育成效能够在后继学段中延续并产生增量效果，形成育人整体合力，发挥教育在个体学习和发展上的增值作用。学段之间的衔接不仅要有稳固的联结桥梁，还需要建立内在关联和前后承接的关系，实现跨学段的一体化设计。基于儿童知识经验发展的连续性，需要统筹规划和整体设计，确保两个学段在育人理念、培养目标、课程方案、教学实施等方面相互呼应和有序贯通。这样，前一学段的发展成果才能够成为下一学段学习与发展的坚实基础，同时下一学段的教育也能够自觉主动地与儿童之前的知识经验对接[1]。所以，做好幼小衔接有助于将高质量的学前教育成效在小学阶段得以延续，从而促进教育质量的提高。

高质量的学前教育坚持以游戏为基本活动，让儿童在感知、操作、体验的教育过程中获得积极情绪体验、积累知识经验、发展各种能力。比如，儿童在积木建构区搭建"我心目中的小学"时，儿童就会考虑到搭建需要用多少积木？不同形状的积木分别需要多少？儿童用图表进行统计，并对自己的搭建故事进行总结与分享。儿童在反复操作中内化对图形、空间和数的概念，为后续的学习奠定了基础。因此，优质的幼小衔接能够帮助儿童完成学段间的平稳过渡，使其在幼儿园积累的知识经验等在小学得以延续。而且如果儿童在幼儿园阶段积累的知识经验得到了有效的延续和巩固，那么他们在小学阶段学习的兴趣和主动性也会更高。反之，如果两个学段之间没有良好的衔接，儿童从幼儿园过渡到小

---

[1] 李召存，李琳. 迈向高质量教育时代的幼小衔接 [J]. 学前教育研究，2022（5）：1-10.

学时由于学习环境、内容和方法的改变，可能就会出现适应困难、学习障碍等问题。因此，做好幼小衔接，可以让孩子更好地适应小学的学习和生活，有助于提高教育质量和水平。所以做好幼小衔接是建设高质量教育体系的必然要求。

二、做好幼小衔接是顺应儿童身心发展规律的必要手段

从儿童的发展角度来看，一方面儿童的身心发展具有阶段性，处于幼儿园阶段和小学阶段的儿童在感知、记忆、思维、专注、自我控制等各个方面都具有不同的发展特点。例如，幼儿园阶段的儿童通常通过感觉器官来感知周围的世界，他们更注重感觉和直觉上的体验。随着进入小学阶段，儿童开始逐渐发展对感知信息的分析和解释能力，更多地依赖于观察、比较和推理等认知过程。幼儿园阶段儿童的记忆能力还处于初级阶段，主要依赖于视觉和情感刺激。与此相比，小学阶段的儿童在记忆方面有了显著的提升，能够更好地利用注意、联想、串联和分类等策略来进行信息的记忆和回忆。幼儿园阶段的儿童主要以感性、直觉和具体形象思维为主，他们的思维能力主要表现为直观、具体和非逻辑性的特点。而在小学阶段，儿童逐渐发展出抽象思维和逻辑思维的能力，能够进行系统化的思考、分类和推理。幼儿园阶段儿童的专注力较短暂且易受干扰，他们很难长时间保持对一个任务的注意力。而随着进入小学阶段，儿童的专注力逐渐增强，能够更长时间地集中精力完成任务，并逐步培养出自我调控和分配注意力资源的能力。幼儿园阶段的儿童对自己的行为和情绪控制能力较弱，更容易受到外界刺激和冲动的影响。而在小学阶段，儿童逐渐形成了一定程度的自我控制能力，能够更好地管理自己的行为和情绪，并根据需要进行调整和变化。基于儿童发展的不同阶段的特点不同，幼儿园和小学两个学段在教育任务、学习环境、教学内容和方法等方面有着很大的不同。

但另一方面儿童的发展也具有连续性，孩子在从前一学段过渡到后一学段时，并不会突然完全失去前一学段的年龄心理特点。儿童在迈进小学校园的时候，思维不会突然从感觉动作思维、具体形象思维变成抽象逻辑思维，专注力

也不会突然从短暂、易受干扰变成能够长时间集中注意力。在这一时期，前后两个学段的年龄心理特点同时存在且交叉。前一学段的特点逐渐减弱，而后一学段的特点则逐渐增强。

因此，为了实现平稳过渡，幼儿园和小学可以分别采取一些措施。幼儿园可以帮助儿童建立起良好的学习习惯和基本能力，为适应小学生活做好准备。而小学在入学初期可以通过游戏化、生活化的学习设计逐步帮儿童过渡到更加系统和正式的学习方式。通过这些措施的实施，可以确保儿童在幼儿园到小学的衔接过程中平稳过渡。这不仅有利于他们的学习发展，还能帮助他们逐渐适应新的学习环境，并培养出自信心和兴趣。同时，这也有助于儿童的全面发展，为他们未来的学习成就打下坚实的基础。

三、做好幼小衔接为高素质人才的培养奠定基础

《指导意见》中指出要"关注儿童发展的可持续性，培养有益于儿童终身发展的习惯与能力"。入学准备教育指导要点中提到"3—6 岁是为幼儿后继学习和终身发展奠基的重要阶段，也是为幼儿做好入学准备的关键阶段"[1]；入学适应教育指导要点中提到"儿童对初入学能否适应，一定程度上决定着其今后对学校生活的态度和情感，并影响将来的学业成绩和社会成就"[2]。这些表述都是将幼小衔接和儿童后续持续的发展联系在了一起，也表明做好幼小衔接不只是为了帮助儿童实现从幼儿园到小学的顺利过渡以逐步适应小学生活，还是为了促进儿童后续可持续的发展，为儿童的后继学习、将来学业的成功打下基础，和高素质人才的培养联系在一起。

科学的幼小衔接能够激发学生对学习的兴趣，提高他们的学习动力。在幼

［1］ 教育部.幼儿园入学准备教育指导要点 [EB/OL].（2021-03-31）[2024-03-18].http://www.moe.gov.cn/srcsite/A06/s3327/202104/t20210408_525137.html.

［2］ 教育部.小学入学适应教育指导要点 [EB/OL].（2021-03-31）[2024-03-18].http://www.moe.gov.cn/srcsite/A06/s3327/202104/t20210408_525137.html.

儿园阶段培养的积极学习态度和对学习的好奇心可以持续到小学阶段，为未来的学习和发展打下坚实的基础。同时，科学的幼小衔接还有助于学生逐渐形成良好的学习习惯和方法，如自主学习、有效阅读、思维能力、解决问题和团队合作等技能。这些习惯和方法在后续的学习中扮演着重要的角色。此外，幼小衔接也注重培养学生的社交能力和合作精神，这对于他们未来成为高素质人才，在团队合作中发挥出色的作用有重要影响。相关研究表明，儿童在小学的学业成就在一定程度上取决于其幼小衔接是否顺利，良好的衔接过程甚至可以使儿童拥有高水平的社会能力，这也与其今后的学业和社会成就相关[1]。还有研究证实了早期的学校过渡时期是为日后成功打下基础的关键时期，第一年的学习情况预示着以后在学校是否能保持成绩优异。所以，做好幼小衔接能够为高素质人才的培养奠定基础。

四、做好幼小衔接有助于保障教育公平

教育公平不仅指获得教育机会的平等，而且包括获得高质量教育结果的平等。由于学前教育资源在地域间、城乡间、幼儿园间分布不均衡，发达地区城市配套资源充足，可以较好地实现幼儿园与小学结成对子，建立学习共同体，从而更好地协助儿童实现幼小过渡。而资源匮乏的地区，由于配套资源落后，师资力量不足及质量不高，往往会出现只教授学科知识的现象，这样一来使得幼小衔接不断朝着幼儿园小学化的方向发展。而且不同家长的衔接意识差距较大，对幼小衔接的重视程度和参与度也有很大不同。在幼小衔接内涵的理解上，大部分家长仍然存在以知识准备为主的误区，衔接意识的差距不利于家园共育的有效开展，从而使得儿童间的差异增大，一定程度上加剧了教育过程的不公平。而做好幼小衔接可以通过提前了解不同儿童的学习需求和特点，并为其提供适

---

[1] 罗向东，李佩洁．"幼小衔接"中家长"负能量"转化路径 [J]．陕西学前师范学院学报，2017，33（11）：54-58.

当的教育和支持，从而确保每个儿童在进入小学阶段时能够更好地适应学校生活，拥有相对相似的学习起点，减少由于家庭背景、经济条件等因素造成的学习差距，保证每个儿童享有平等的发展机会。而且，科学的幼小衔接并不仅仅注重单一学科或知识的培养，而是全面提高儿童的能力和素质，包括学习表现、社交能力、情感和思维能力等方面。这样一来，就可以为儿童的未来学习和发展提供更加公平的机会。此外，做好幼小衔接有助于幼儿园、小学、家长之间在相互信任的基础上形成环式结构。幼儿园与小学之间密切联系，了解幼儿园和小学之间的坡度变化；幼儿园与家长之间密切交流，可以针对儿童的个体差异制订不同方案；小学与家长之间相互配合，学校及时向家长反馈儿童的适应情况和遇到的问题，家长配合学校采取相应的措施帮助儿童顺利过渡。当三者之间彼此信任，相互配合，统一步调促进儿童发展，教育公平问题在整体上会得到缓解。

第二节　幼小衔接的现实困境

《指导意见》指出，推进幼儿园与小学的科学衔接要坚持系统推进的基本原则，整合多方教育资源，行政、教科院、幼儿园和小学统筹联动，家园校共育，形成合力[1]。已有研究结果显示，影响儿童幼小衔接环境最积极活跃的利益相关者主要是幼儿园教师、小学教师和家长，而儿童自身的特点在所有影响因素中所占比例不到四分之一。这说明幼小衔接过程中不同利益相关者之间的合作与交流，对于优化幼小衔接实践至关重要。然而，关于幼小衔接我国长期以来存在多种备受批评但尚未解决的问题，例如幼儿园对"小学化"的无奈、家长对孩子"输在起跑线上"的焦虑以及小学对"零起点"的误解等。幼小衔接利益

---

[1]　教育部.关于大力推进幼儿园与小学科学衔接的指导意见[EB/OL].（2021-03-31）[2024-03-18].
　　　http://www.moe.gov.cn/srcsite/A06/s3327/202104/t20210408_525137.html.

相关者的诉求存在差异，分别面临着不同的现实困境，未形成教育合力。

一、幼小衔接利益相关者的研究视角

在过去的 20 年里，国内外关于幼小衔接的研究视角经历了一系列变迁。这些变迁反映了研究者对儿童发展和教育的不断深入理解以及对幼小衔接问题的逐渐重视。最初，许多研究者主要以儿童发展或成熟理论为基础，关注儿童的成熟及发展水平是否为学习小学知识及适应小学生活做好了准备，其内在的观点认为儿童是否能顺利实现幼小衔接由儿童的内在因素决定。但是这一观点没有考虑到幼小衔接的情境、生态及文化属性。随着研究的深入，人们逐渐意识到单纯评估儿童个人技能是否准备好并不能充分解释幼小衔接及其影响因素。正如美国幼教协会（NAEYC）的声明中所提及的："当对儿童入学准备的期望是建立在一系列窄化的技能上，仅仅关注几个儿童发展的维度时，真正的成长发展的复杂性就会被忽略，而那些发展水平完全在正常范围内的儿童就可能被错误地认为是入学准备不充分的。"有研究者通过元分析方法回顾了幼小衔接相关研究后发现，儿童入学时的学业准备技能对后续学业成绩的影响效应为中等强度，而入学准备的行为技能对于后续社交水平的影响效应为低等强度。这表明早期对儿童进行入学准备技能的评估仅在学校早期阶段对学业成绩起到小至中等的贡献作用，而除儿童本身的技能外，其他因素解释了儿童在学校早期学业和社交水平的绝大部分差异[1]。因此，幼小衔接的理论研究视角逐渐从儿童成熟或发展的视角向生态学视角转变，更多地关注幼小衔接的利益相关者的态度和行为在其中发挥的重要作用。

生态学理论认识到幼小衔接中各环境之间的相互作用，以及儿童和与幼小衔接相关的人们之间存在的交叠经验，这为分析幼小衔接的复杂性提供了一种

---

[1]　崔淑婧，田兴江. 近 20 年国外幼小衔接研究的视角变迁与实证进展 [J]. 学前教育研究，2022（5）：28-43.

方法。同时，该理论认识到环境间的交互作用可以积极或消极地影响现有关系和儿童的发展。生态学理论的发展提醒我们要注重各环境之间的联系和合作对幼小衔接的重要作用。国外研究者（Dunlop & Fabian，2002）根据布鲁芬布伦纳的人类发展生态系统理论设计了一个幼小衔接生态系统图（图 1-2-1）。该图包含微系统、中间系统、外系统和宏观系统。微系统是儿童直接接触到的环境，中间系统指微系统之间的相互关系和相互作用，外系统指对儿童的微系统产生影响但儿童不能直接接触的环境，而宏观系统指儿童所处的社会或亚文化中的社会机构组织、意识形态和价值观等。这一理论强调入学过渡期间不同层级环境之间的相互作用[1]，并描述了不同系统中要素间的内外流动。

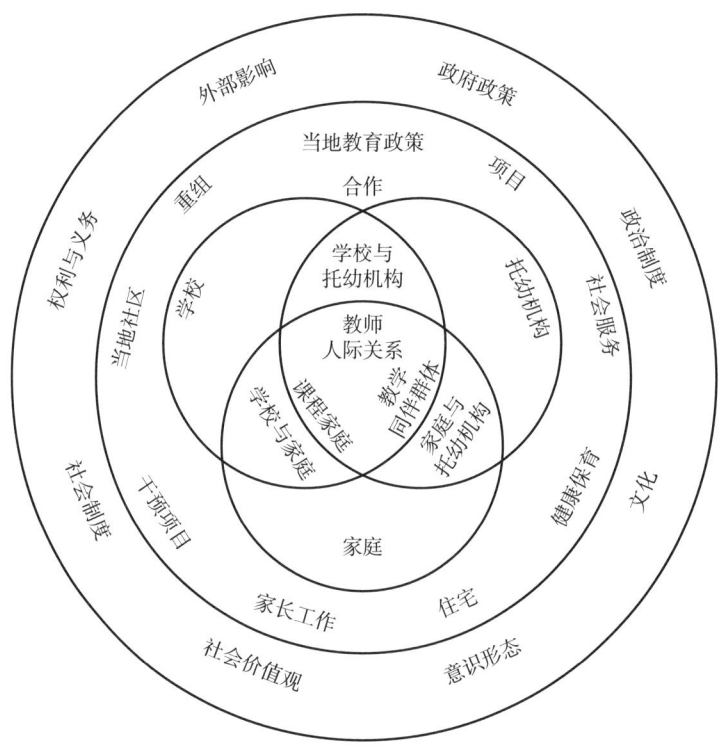

图 1-2-1　幼小衔接生态系统图

---

[1] 李敏谊，崔淑婧，刘颖 . 近十年国外不同利益相关者对于幼小衔接问题看法的研究综述 [J]. 外国中小学教育，2010（5）：11-17.

从幼小衔接的生态学视角看，儿童的特征对幼小衔接有影响，这已有大量研究证明。然而，幼小衔接不仅受儿童特征的影响，还受学校、同伴、家庭和社区以及它们之间共同作用的影响，而这些环境同时也受儿童特征的影响。此外，社会背景中的宏观系统也对幼小衔接产生着影响。幼小衔接的生态学视角认识到儿童、家庭、同伴、社区之间的关系形成了一个动态关系网，对儿童幼小衔接产生直接和间接影响。这些关系对于支持儿童幼小衔接和预测儿童未来的学业成绩都非常重要。基于生态学视角，了解动态关系网中各利益相关者对幼小衔接的看法可以帮助我们协调各利益相关者之间的关系。通过建立或改善各利益相关者之间的关系，儿童可以在一个积极且支持性的动态关系网中顺利完成幼小衔接。

二、幼小衔接利益相关者的现实困境

在幼小衔接的动态关系网中，利益相关者通过投入人力资本或非人力资本，影响着幼小衔接的实施。根据利益相关者的核心要素，与幼小衔接相关的主要利益相关者包括儿童、幼儿园、家庭和小学。这些利益主体都有着自身的利益诉求和现实困境，在动态关系网中对幼小衔接产生直接或间接的影响[1]。

（一）儿童方面的现实困境

1. 被迫成长，主体价值被漠视

儿童具有自我发展的动力，拥有独特的个性和无限的潜能。杜威认为儿童自身的本能和能力是教育的素材和起点。儿童的成长是幼小衔接教育工作的关键。幼小衔接教育需要善于发掘儿童的自我成长动力，以顺势而进，在适当的

---

[1] 唐蕾，钟靖怡.利益相关者视角下幼小衔接的现实困境与破解路径[J].基础教育研究，2021，（23）：3-6.

时候进行干预和创新，才能充分展现其独特的教育功能。如果主要利益相关者只关注知识工具或外在的价值，可能会导致衔接教育与儿童内在发展动力之间的脱节。"鸡蛋从外部打破是食物，从内部打破才是生命"，因此，科学的幼小衔接应该通过教育活动，充分激发和引导儿童内在潜能的动力，让他们对小学的事物、生活和自我产生浓厚的兴趣，并积极投入探索。这种动力不仅有助于儿童顺利过渡到小学，还将帮助他们在人生的不同阶段应对各种挑战。

然而，目前幼小衔接活动存在一个普遍问题，即教师或家长将衔接工作仅理解为让儿童提前接受小学的教学方式和内容，以促使他们提前适应小学生活。宋烁琪等在研究幼儿与小学生的衔接困境和需求时发现，幼小衔接阶段的大班和一年级儿童普遍倾向于"知识为本"的学习观和"工具理性"的知识观。大约一半的儿童赞成在幼儿园阶段就开始"超前学习"小学知识。这些表述反映出儿童普遍认为"学习知识"是顺利实现幼小衔接的重要手段。可以看出儿童对于"知识"的强调更多基于"工具理性"而不是"价值理性"的思维方式，即儿童更关注知识学习的终结性、外在性和功利性价值，较少考虑其过程性、内在化和非功利性的价值[1]。在这个过程中，儿童自身深层次的自由意志受到了社会思想和情感的强烈干扰。这样做不仅违背了儿童认知发展的规律，也忽视了儿童在应对挑战和环境变化时所能发挥的主动性和创新性。

2. 个性化的教育和支持不足

《指导意见》指出幼小衔接的过程中要尊重儿童的原有经验和发展差异。幼小衔接需要注重儿童之间的差异性，这样可以更好地满足个体的发展需求，促进他们全面成长。儿童的认知、情感、社交和身体发展在不同阶段会呈现出差异。了解不同阶段儿童的发展特点，可以根据他们的成长特点为其提供适宜的教育支持，确保幼小衔接的有效进行。同时，每个儿童都是独一无二的，拥有

---

[1] 宋烁琪，刘丽伟."儿童的视角"下幼儿与小学生的衔接困境和需求分析[J].学前教育研究，2022（5）：11-27.

不同的兴趣、能力和发展需求。如，已有研究发现儿童对上学的期待基本相同，如期望在小学能够学到更多知识和展示自己的能力。然而，对于内心的担忧，则因个体而异。有些儿童表达了对小学厕所的担忧，希望小学的厕所能像幼儿园一样干净。另一些儿童则表示不想离开幼儿园的老师和小朋友，担心进入小学没有朋友，希望老师能帮助他们。关注儿童之间的差异性可以帮助教育者更好地了解每个儿童的个体特点，从而能够为他们提供个性化的支持和指导，促使他们全面发展。此外，注重儿童之间的差异性可以鼓励多元的发展路径。每个儿童都有自己独特的潜力和兴趣，他们在各个领域可能有不同的优势和兴趣点。通过关注差异性，教育者可以提供丰富多样的学习机会，让每个儿童都能找到适合自己的发展方向。

而目前幼小衔接实践中，有些幼小衔接活动过于强调让儿童提前接受小学的教学方式和内容，忽视了儿童个体特点的差异。这种一刀切的做法可能无法满足所有儿童的学习需求和兴趣，导致一些儿童难以适应或感到厌倦。有些幼小衔接活动并没有结合儿童的发展阶段，无法根据不同年龄段儿童的需求和特点进行个别化的指导和支持。有些幼小衔接活动没有充分考虑到每个儿童的个体特点，可能导致某些儿童无法得到有针对性的教育和帮助，从而影响他们的衔接过程。有些幼小衔接活动可能没有充分利用儿童的兴趣，而是过于注重知识传授和纸上谈兵，导致儿童的学习兴趣无法被激发和发展。

3. 成人要求高，儿童任务重，家庭气氛紧张

我国大部分家庭对儿童的培养都是以未来为导向的。学段与学段之间的衔接都是以高学段为本位的，其重心都在高学段，强调低学段向高学段的主动衔接。在幼小衔接过程中，家长往往希望孩子能够提前适应小学的学习压力，因此会给他们安排大量的学习任务和课外补习，使得儿童的学业负担过重，长时间处于高强度的学习状态。家长认为孩子想学习就必须做家庭作业，他们自己也要花费大量时间辅导孩子做作业，而家庭作业总是会引发长时间痛苦的战斗，从而导致家里总是存在紧张状态和矛盾冲突。在此过程中由于儿童需要投入大

量时间和精力完成学业和各种培训，导致家庭成员之间的交流减少，无法充分享受家庭生活和亲子互动的时光，影响家庭幸福感和家庭关系的和谐。而且家长可能对孩子的表现和未来发展产生过多的焦虑和紧张，注重功利性目标而忽视了儿童的成长过程。这种教育焦虑和紧张氛围可能给儿童增加了额外的压力，影响他们的心理健康和幸福感。

4. 幼小未达成共识，平稳过渡困难

幼小衔接是儿童从幼儿园过渡到小学的关键时期。在这个时期，儿童需要应对许多断层，包括与教师的关系、学习方式、行为规范、社会结构、期望水平和学习环境相关的断层。这些断层给儿童带来了压力和负担，需要适应和应对。为了解决这些问题，幼儿园和小学需要达成共识。只有二者秉承共同的价值观，才能促进儿童在不同学段之间的连贯发展。而目前的实际情况是幼儿园教师一般比较关注幼小衔接，也会组织一些认识小学的有关活动，让儿童了解小学的生活，并认为有效的幼小衔接需要幼儿园与小学共同配合，但是对幼小之间如何配合缺乏全面的认识。小学教师大多不了解幼儿园的课程组织与实施方式，普遍认为幼小衔接工作是幼儿园的事情，幼小衔接与小学无关或者关系不大，对衔接什么、如何衔接不太了解。

这样的认知差异必然会给儿童的平稳过渡造成一定的困境。已有研究显示，儿童进入小学后面临新的教师、规则、环境和学习方式等方面的挑战，他们可能会经历孤独、与同伴冲突和无能为力。他们还需要适应小学教师的期望，并尝试采取适应策略。如果儿童无法满足教师的期望，可能会感到无力和沮丧。长此以往，这种不适应还可能导致儿童出现情绪问题、应对困难以及身心压力。

5. 儿童多种需求未得到满足

马斯洛的需要层次理论指出，在儿童成长过程中，只有当各种基本需求得到满足后，他们才能持续健康地成长。在幼小衔接过程中，儿童面临着幼儿园和小学多方面的断层，这些断层也会引发各种不同的需求。如果这些需求不能

得到满足，儿童就可能出现适应困难。

一是安全感和爱的需求，当儿童进入小学后，他们离开了熟悉的幼儿园老师，需要面对陌生的小学教师。这个过程可能给儿童带来一定的心理压力和焦虑，这种焦虑表明了他们寻求安全感和爱的需要。二是求知和游戏的需求，儿童天生充满好奇心，喜欢模仿，并拥有良好的学习能力。然而，当他们成为小学生后，他们面临新的期望和要求，学习时间增加，玩耍和游戏时间减少。儿童在被寄予高期望时会感到压力与不适应，这种压力和不适应体现了儿童求知和游戏需求没有得到满足。三是同伴交往的需求，已有研究发现，儿童进入小学后更渴望与同伴建立亲密关系。这是因为陌生的环境和同学让儿童感到不适应，使他们更渴望寻求同伴并建立友谊。四是秩序的需求，在行为规范方面，相对于幼儿园的自由，儿童进入小学后需要遵守各种规则。对于一年级的儿童来说，他们的自控能力较弱，虽然有意识遵守规则，但无法完全按照教师制定的规则行动。因此，儿童初入小学时可能会感到不适应。随着对自己和集体认知的建立，儿童会逐渐适应集体生活并学习如何遵守规则。在小学中，常出现的告状行为是儿童秩序需求的表现。

（二）家长方面的现实困境

1. 信息获取渠道杂乱，不能全面了解幼小衔接

《指导意见》的发布以及 2022 年以"幼小衔接，我们在行动"为主题的学前教育宣传月，引起了全社会对幼小衔接的高度关注。各教育部门通过各种途径进行相关主题的报告和宣传，各种媒体也争相报道相关新闻，家长们通过多种渠道接触到了大量相关信息。然而，家长们面临的问题是，这些信息并不系统，导致他们对幼小衔接的全面理解仍然有所欠缺。

家长们仍然对谁来负责幼小衔接、幼小衔接的具体内容是什么、如何帮儿童做好幼小衔接等问题感到困惑。有的家长认为幼小衔接的主体责任应由幼儿园教师承担，他们通过开展相关活动来帮助幼儿在各方面做好上小学的准备。

有的家长过于强调学习方面的准备，要求幼儿园必须完成与小学学习直接相关的教学内容。还有些家长认为家庭应承担入学准备教育的责任，于是就出现了儿童在园里游戏，在家里上课的情况，或者幼儿园大班出现"空心化"等问题。此外，家长们对幼儿园在入学准备过程中扮演的角色以及家庭中需要采取哪些行动来支持儿童做好入学准备等问题也缺乏清晰的认知。许多家长对幼儿园的日常生活和一系列活动背后老师的意图缺乏了解。这会导致家长对孩子的学习要求和发展期待上产生偏差，而过高或过低的期望都会对孩子的学习动力和自信心产生负面影响。同时，缺乏对幼小衔接的全面理解也使家长无法为儿童提供足够的支持和指导。

2. 高期待引发高压力，焦虑情绪难以控制

当前社会家长对儿童教育的关注度很高，"一切以孩子的教育为重"成为众多家长坚信不疑的人生信条。相关数据显示，在孩子的教育支出板块中，很多家长甚至愿意为了孩子未来的成功舍弃自己的工作、假期和业余爱好。家长们用心良苦的背后展现了对孩子"金榜题名"的无限憧憬[1]。俗话说，"一日之计在于晨，一年之计在于春"，面对小学这个起点，家长们都抱有特别高的期望，但是家长在儿童教育生态中处于非专业地位，这导致他们对儿童的教育虽有高期望，但缺乏促进儿童发展的具体方法。而当今社会的竞争日益激烈更加剧了家长对教育问题的焦虑和恐慌[2]。

《2020 年中国家庭教育现状调查报告》显示，焦虑情绪在家长群体中普遍存在。幼小衔接过程中家长的焦虑表现为两种：一方面，他们担心其他孩子提前学习小学知识，而自己的孩子没有进行这样的学习，怕自己孩子进入小学后"输在起跑线上"。然而，随着科学幼小衔接理念的广泛传播，家长们也逐渐认

---

[1] 陈阳，廖宏宇，周勤婧."双减"背景下家长"教育焦虑"破解路径 [J].大连教育学院学报，2023，39（1）：61-63.

[2] 曹楠，吴荔红.澄清与化解：基于家长视角对幼小衔接现实困惑的思考 [J].陕西学前师范学院学报，2021，37（10）：110-116.

识到超前学习可能对孩子造成一些危害。因此，另一方面的焦虑便是让孩子进行超前学习的家长也担心孩子可能会养成不良的学习习惯等问题。总之，无论是否让孩子进行超前学习，家长都感到焦虑不安。

3. 迷茫不知所措，教养效能感低

父母教养效能感是父母对成功完成父母角色所需能力的信心或信念，即对自身的教养能力或成功影响子女发展能力的自信程度。具有较高教养效能感的父母通常能够积极应对育儿过程中的挑战，实施高质量的家庭教育。而教养效能感较弱的父母会对自己在抚养孩子的过程中缺乏信心，也可能在情绪控制方面表现出较差的能力，在育儿过程中缺乏耐心和坚持，可能导致父母在教育孩子时过度严厉或者过度放任子女的成长，最终可能导致子女在认知和行为方面出现一系列问题。因此，教养效能感的强弱不仅直接影响着父母的育儿方式和情绪状态，而且这些育儿行为和方式又会间接地影响到孩子的成长和发展。

在科学幼小衔接理念的宣传引导下，家长们原本将幼小衔接等同于提前学习小学知识的观念受到了冲击，逐渐意识到培养孩子各种兴趣、能力和良好习惯对于做好入学准备的重要性。然而，很多家长面对如何培养孩子的专注力、学习习惯、时间观念等问题时会感到不知所措，这也导致他们对自己教育孩子能力的怀疑，出现不会教、怕教错的担忧。

（三）幼儿园和小学方面的现实困境

1. 幼儿园和小学互不了解

已有研究显示，幼儿园教师和小学教师对对方学段课程的了解程度不高，特别是对于小学教师来说，他们对幼儿园课程的理解度普遍较低。出现这一情况很大程度上与幼儿园和小学教育的特点和教学方式不同有关。幼儿园教师在开发课程时拥有更多的自由，他们能够根据班级中每个儿童的发展需求有针对性地制定班本化课程，注重个体差异，调整教育行为和课程环境的材料支持。

因此，幼儿园教师更重视儿童的个体发展，并拥有较高的课程自主权。相比之下，小学教师的课程更多采用学科体系作为主要框架，并且各学科教材已经对儿童需要掌握的知识和技能进行了系统规划和设定。小学教师需要在此基础上尝试使用不同的教育教学方法来提升教学效果。因此，基于学科体系教师的课程自主权相对较低，进而对基于儿童个体差异而进行的教学机会可能有所限制。另外，小学教师通常是以单一学科教学为主，这也限制了他们对儿童发展评价的全面性。以上差异导致了幼儿园和小学教师对彼此学段的课程理解和探知的不足。

此外，有些家长通过培训机构让儿童提前学习小学知识，因此一些儿童在一年级已经具备了一定的小学知识，而其他儿童则没有进行提前学习。这会导致小学老师对幼儿园的培养目标产生困惑，因为他们不确定幼儿园是否应该提前教授小学知识。总之，幼儿园教师和小学教师在幼小衔接工作中都更加注重自身领域的专业知识，并根据已有的经验来进行工作，很少和对方沟通和交流各自的需求，导致双方互不理解的情况出现。

2. 幼小衔接工作重形式、不系统

《指导意见》针对幼小衔接过程中幼儿园和小学的具体做法提出了具体建议，如从身心、生活、社会和学习等方面进行入学准备和适应。各省（区、市）应以县（区）为单位确定一批幼小衔接实验区，并选择试点小学和幼儿园，先行试点，分层推进。省级教育行政部门应组建专家组，选派具有儿童发展研究基础、幼儿园教育改革经验和义务教育课程教学改革经验的专家，指导县级教育行政部门制定具体试点方案，并对试点幼儿园和小学提供专业指导。文件颁布之后，各地区积极探索幼小衔接实践，但在实践过程中存在幼小衔接工作过于简单化的问题，主要体现在以下两个方面。第一，幼小衔接工作过于形式主义，成效不高。比如，为了帮儿童做好入学准备，从大班教育阶段开始逐步将幼儿园活动室的环境调整为小学教室的样子，也逐渐开始给儿童布置一些作业。但这些工作是否有实际效果，是否可以帮儿童做好入学准备却很少有人关注。

第二，幼小衔接工作不够系统。幼儿园开展了"参观小学""课间十分钟""整理小书包"等活动帮助儿童做好入学准备，小学通过丰富的校园环境和一系列活动促进一年级新生互相交流、建立友谊等方式帮儿童尽快适应小学生活。幼儿园和小学通过互相参观、同上一节课等方式进行联合活动。但总体来看，幼小衔接的相关活动比较零散，不够系统，这也影响了幼小衔接质量的提升。

3. 教师专业能力不足

幼小衔接是一个渐进的过程，需要充分尊重幼儿身心发展规律和特点。入学准备教育应有机地融入幼儿园三年的保育教育工作中，从小班开始逐步培养儿童健康的体魄、积极的态度和良好的习惯等身心基本素质。同时，也应根据大班儿童即将进入小学的特殊需要，提出科学有效的途径和方法，围绕社会交往、自我调控、规则意识、专注坚持等关键素质进行入学准备教育。在幼儿园的教育过程中，应充分理解和尊重幼儿园阶段儿童的学习方式和特点，将入学准备教育目标和要求融入幼儿园的游戏活动和一日生活中，逐步做好身心各方面的准备。而在入学适应阶段，小学需要调整一年级的课程教学及管理方式，创设包容和支持性的学校环境，减少儿童的陌生感和不适应感，促进儿童以积极愉快的情绪融入小学生活。教师要充分理解和尊重新生的经验、发展速度和水平上的差异，为每个儿童提供个性化的指导和帮助，通过正面的肯定和鼓励，支持儿童获得积极的入学体验，并促进他们以适应自己的步调和方式逐步适应小学生活。此外，小学还需关注新生的生理和心理需要，创设与幼儿园衔接一致的班级环境，适度调整作息安排，提供足够的图画书、玩具和操作材料，帮助儿童适应从游戏活动为主向课堂教学为主的转变。教学内容应合理安排，改革教育教学方式，加强以儿童为主体的探究性、体验式学习，为每个儿童搭建适应成长的阶梯[1]。

---

[1] 教育部.小学入学适应教育指导要点[EB/OL].（2021-03-31）[2024-03-18].http://www.moe.gov.cn/srcsite/A06/s3327/202104/t20210408_525137.html.

可以看出，科学的幼小衔接对幼儿园和小学的专业素养提出了更高的要求，但是目前部分幼儿园和小学教师专业素养存在不足，难以有效地适应幼小衔接工作的需求，从而影响了幼小衔接工作的深入展开。例如，有些幼儿园在进行幼小衔接活动时会盲目模仿其他幼儿园开展的活动，没有将幼小衔接工作融入日常生活中，也没有贯穿在幼儿园三年的整个过程中。教师们无法在日常生活中发现合适的教育契机，为儿童提供适宜的引导。对于小学教师而言，面对新政策提出的环境创设、游戏化教学等素养的提升也需要一定的时间和培训。已有研究显示目前小学教师的环境创设理念薄弱、环境创设知识和方法的缺失以及环境创设能力的不足问题突出，小学教师的环境创设专业能力亟待提升。[1]而对于如何设计游戏化、活动化的学习方案，许多小学老师也表示不清楚，如果需要就简单地在课堂中增加一些游戏环节。

综上看出，各利益相关者都面临着各自的困境，没有实现互相的平等合作，这也导致幼小衔接工作也会处于一个恶性循环中。面对竞争日益激烈的社会，家长对儿童有着更高的期望，但因为缺乏教养效能感而感到焦虑。家长都在担心别的孩子提前学了，自己的孩子就输在起跑线上，于是也让孩子提前学习小学知识，而当这些孩子进入小学后，发现老师讲的内容他们都了解的时候，孩子们的学习兴趣就会大大降低，这种情况无形中就会导致一年级教学进度的加快，幼儿园小学化，小学进度快严重地扰乱了教育生态。在扭曲的教育生态中，各方都面临着困难。孩子在身心发展还没有达到相应水平的时候提前学习这些知识，他们无法理解和感兴趣，只能死记硬背，孩子们的学习过程是痛苦的。而家长看到自己孩子不喜欢学习、容易分心和逃避、学习进展缓慢的情况只能看着孩子学习，逼迫他们学习，这对家长来说也是痛苦的。而这些超前学习的孩子到了小学，也很容易成为让老师头疼的孩子。因为超前学习的孩子通常会出现两种不良表现，一种表现是注意力涣散，对所学内容兴趣不高，

---

[1] 高小强，杨恩泽. 幼小衔接视域下小学教师的环境创设专业能力：挑战与对策 [J]. 当代教育与文化，2022，14（4）：65-70.

对学习之外的事情却过度好奇。这类孩子是在该玩儿的年纪没玩儿够，上学以后"自觉"补偿玩儿的缺失。另一种表现是能兴致勃勃地参与学习，但是，遇到没提前学习过的新内容就会丧失信心。这类孩子往往是因为提前学习教材内容的过程中接收到一个心理暗示：我行，是因为我提前准备了，所以，我没有提前准备过的时候，我就不行了[1]。而这一系列的表现都给小学老师造成了很大的困扰。

幼小衔接是一个长期、多层次和复杂的过程，需要各方的积极参与和合作。家长、幼儿教师和小学教师都是幼小衔接中重要的利益相关者，他们应该共同努力，形成平等合作的关系，以确保孩子顺利过渡到小学生活。

第三节　幼小衔接困境的破解路径

近年来，教育部屡次发布文件，积极推动幼小衔接工作。然而，现实中仍存在儿童身心准备不足、生活适应被忽视以及学习适应失衡等问题，这些问题构成了幼小衔接的困境。在解决这些困境的过程中，利益相关者之间存在较大的分歧，而分歧所反映出的价值差异正是困境的根源。为了解决幼小衔接问题，需要以儿童发展优先的价值观为基础，分析幼小衔接的现状、困境及其成因，逐步探索解决幼小衔接困境的路径、方法和策略，使幼小衔接生态圈逐渐修复，回归儿童发展的本源，帮助儿童做好身心、生活、社会和学习各方面的衔接，为他们的终身发展奠定良好的基础。

---

[1] 张剑澜，刘彩凤.幼小衔接那些"坑"，小幼衔接来"填"平：兼谈谁是"幼小衔接焦虑症"制造者[J].课堂内外（小学教研），2021（10）：143-146.

一、双向衔接为幼小衔接打造良好的教育生态

一直以来，国家和地方就幼小衔接教育工作相继出台过一系列教育政策，为我国开展幼小衔接工作起到了一定的指引作用。刘源等（2021）以 1949 年到 2019 年颁布的有关幼小衔接的 31 份具有代表性的教育政策为分析对象，按照幼小衔接责任主体的不同划分了三个阶段，分别是幼儿园单向执行主体时期（1949～1988 年）、幼儿园和小学双向执行主体时期（1989～2009 年）、多元利益相关者执行主体时期（2010 年至今）。[1]

在幼儿园单向执行主体时期，幼儿园或学前班是幼小衔接工作的实施主体，主要的衔接目标是在幼儿园阶段使儿童的身心在入小学前获得健全的发育，从而为入小学做准备。可以看出，在这个阶段就是单纯的幼儿园向小学单方面地靠拢，也就是"幼－小衔接"阶段。随着 1989 年《幼儿园工作规程（试行）》的颁布，其明确了"幼小衔接应是幼儿园和小学共同承担的责任"，幼小衔接的实施主体变成了幼儿园和小学，幼小衔接进入了幼儿园和小学双向执行主体时期，但在这一时期对于幼儿园和小学应该如何做的问题并没有提出具体可操作的指导性意见。到 2010 年以后，随着一系列规范学前教育的政策文件的颁布，家庭（家长）和社会的实施主体地位得以确立，幼小衔接的实施主体变成了幼儿园、小学、家庭和社会，但家庭与社会如何有效发挥责任主体的价值并未形成可借鉴的经验。所以，虽然在政策方面幼小衔接的实施主体已经发生了很大的变化，但是各方实施主体对于如何具体开展工作并不明确，在实际的工作中依然存在幼儿园单向迎合小学的问题，而幼儿园小学化则成为单向衔接走向极端化后出现的误区。

2021 年教育部颁布的《指导意见》指出"小学要强化衔接意识，将入学适应教育作为深化义务教育课程教学改革的重要任务，纳入一年级教育教学计划，

---

[1] 刘源，程伟，董吉贺.我国幼小衔接教育政策的演变与反思：基于对 1949～2019 年相关政策文本的分析 [J].学前教育研究，2021，（1）：67-84.

教育教学方式与幼儿园教育相衔接。国家修订义务教育课程标准，调整一年级课程安排，合理安排内容梯度，减缓教学进度。小学将一年级上学期设置为入学适应期，重点实施入学适应教育，地方课程、学校课程和综合实践活动主要用于组织开展入学适应活动，确保课时安排。改革一年级教育教学方式，国家课程主要采取游戏化、生活化、综合化等方式实施，强化儿童的探究性、体验式学习。要切实改变忽视儿童身心特点和接受能力的现象，坚决纠正超标教学、盲目追赶进度的错误做法"。此外，在《指导意见》中明确地指出要"坚持双向衔接，强化衔接意识，幼儿园与小学协同合作，科学做好入学准备和入学适应，促进儿童顺利过渡[1]"。并且《幼儿园入学准备教育指导要点》和《小学入学适应教育指导要点》也非常明确具体地说明了幼儿园和小学应该如何科学做好入学准备和入学适应。之后 2021 年 7 月《关于进一步减轻义务教育阶段学生作业负担和校外培训负担的意见》的出台，促使幼小衔接工作成为小学教育落实"减负"政策的重要部分，"零起点教学"已成为小学低年级教育的重要指引。2022 年 7 月教育部印发的《义务教育课程方案和课程标准》中也明确指出要"注重幼小衔接，基于对学生在健康、语言、社会、科学、艺术领域发展水平的评估，合理设计小学一至二年级课程，注重活动化、游戏化、生活化的学习设计"。至此，小学向幼儿园的衔接行动对于突破幼小衔接工作的困境至关重要，幼小衔接工作实现了从"幼-小衔接"到"小-幼衔接"的反转。

原来的幼小衔接更多地指向了学龄前儿童对小学的准备，忽视了双向衔接的另一面——小幼衔接。在幼儿园和小学缺乏沟通和了解的情况下，两个阶段的教育经常出现分离的情况。从"幼-小衔接"到"小-幼衔接"更加强调幼、小之间的双向奔赴，切实为儿童搭建幼儿园和小学之间的桥梁，从而帮助儿童消除衔接时期的不适应、减少教育内容和方法上的不科学，更加尊重和关注儿童主体，形成良好的教育生态环境。

---

[1] 教育部.关于大力推进幼儿园与小学科学衔接的指导意见[EB/OL].（2021-03-31）[2024-03-18].
http://www.moe.gov.cn/srcsite/A06/s3327/202104/t20210408_525137.html.

幼儿园和小学的双向衔接首先要强调二者的平等性。幼小双方首先要共同承担起幼小衔接的责任，而不仅仅是某一方的单向迎合，任何一方都不能因学段高低、不同教育理念、不同课程形态等外部因素对另外一方产生歧视或偏见，而应本着民主、平等的态度相互沟通合作，形成教育共同体，共同审视儿童学习与发展的现实状况。其次，要注意幼儿园和小学目标的合一性。幼小双方都要以"育人"为教育宗旨，注重童年期儿童完善人格的构建，探寻适合儿童学习方式转变的过渡"阶梯"，为促进儿童的可持续性发展、培养身心和谐健康发展的社会公民而共同努力。最后，要重视幼小衔接过程的动态性。幼小双方在沟通与合作过程中，要跟随儿童发展的变化随时做出适宜调整，以发展的眼光看待并实施沟通与合作。

（一）双向衔接注重的是全面对接

在幼儿园单向地向小学衔接时过于强调知识的衔接而忽视其他方面的衔接。在衔接内容上特别强调识字、算数等知识性内容的衔接，忽视了身心、生活和社会等方面的衔接[1]。这种片面的衔接并不利于儿童适应小学生活。因为孩子面临的小学生活是综合的，不只是学习，要适应小学生活需要更加全面地衔接。

第一，心理的衔接。离开熟悉的幼儿园进入陌生的小学时，儿童在产生体验新奇感的同时，也会感到焦虑。而且由于幼儿园和小学之间的各种差异，孩子在初入一年级时可能会遇到一些挫折，出现一些不适应的表现。因此，培养孩子的抗挫折等心理能力会使其在面临困境时，能够保持情绪稳定，以积极的态度去面对环境压力。

第二，行为习惯的衔接。与幼儿园宽松、灵活的安排相比，小学的时间安排更紧凑，对于儿童的自我管理和时间管理都提出了更高的要求。如果儿童缺

---

[1]　程伟，董吉贺，刘源. 近十年我国"幼小衔接"研究的回顾与展望 [J]. 上海教育科研，2021（7）：64-68.

乏作息适应性的衔接，可能会感到无所适从，甚至在课堂上出现无法集中注意力的情况。此外，小学也对儿童的生活自理能力提出要求，如穿衣、整理书包等。因此，养成良好的行为习惯，是儿童适应小学生活的基础。

第三，社会交往能力的衔接。儿童从幼儿园进入小学后，不仅是周围环境的变化，其身份角色、与同伴以及教师的关系也在发生转变。社会交往能力强的儿童能通过适宜的方式结交新伙伴，灵活处理同伴交往中的冲突，与老师建立和谐的师生关系，并且很快地建立对新环境的归属感，从而顺利地适应小学的学习和生活。

第四，学习品质的衔接。幼小教育衔接在学习方面并不应表现为大量学习小学一年级的内容，强化各种技能，其着重点在于提前培养儿童良好的学习习惯、学习品质以及进入小学所需的初步学习能力。具有良好学习品质的儿童会表现出强烈的好奇心，学习状态是积极主动的、投入的、专注的、不怕困难的、不断尝试创造的。这些是儿童进入小学后乃至终身学习的基础。同时，大量研究也表明，学业成绩和学习品质之间存在高度正相关的关系。

（二）双向衔接指向的是长期发展

超前学习作为单向衔接走向极端化后出现的误区与儿童的身心发展规律相悖。因为教育内容与方法和儿童的年龄特点存在较大偏差，从而容易导致儿童失去了学习的积极性与主动性，不利于儿童后续可持续发展。超前学习作为单向衔接过程中最大的"顽疾"严重危害了儿童的可持续发展。因为提前学习超出儿童认知范围的知识可能导致孩子感到枯燥和厌倦，从而讨厌学习。并且艰难的超前学习过程可能让儿童对自己的能力产生怀疑，觉得自己学不会，对未来的学习产生负面预期。而出现超前学习这种情况的原因就是在幼小衔接的过程中没有树立以儿童为中心、为儿童可持续发展负责的教育理念。双向衔接表明幼儿园和小学都应当对接作为教育对象的儿童，而不是单向的幼儿园向小学的迎合。入学准备不是为了短期的学业成绩的准备而是为了儿童成为终身学习者所做的多方准备和长期准备[1]。

（三）双向衔接能有效缓解家长焦虑

在幼小衔接的教育生态中，家长的焦虑程度是很高的。然而，究其原因，并不能简单归咎于家长急功近利或盲目跟风。实际上，家长并非教育专家，缺乏与教育相关的专业知识，很难辨别有关教育专业研究的真实与虚假信息。然而，他们是孩子的父母，希望为孩子提供最好的教育资源是无可厚非的。因此，在信息不对称的情况下，他们往往会对幼小衔接和学校教育抱有较高的期望和焦虑。同时，教育生态中的社会影响也增加了家长的焦虑。培训机构可能通过夸大宣传给家长们制造竞争的焦虑感。家长为了让孩子能够获得更好的教育机会，不得不参与竞争，并寻求培训机构的帮助。而培训机构之所以可以给家长们制造焦虑说明幼儿园和小学在衔接的过程中存在一些问题。

为了缓解家长的焦虑并减轻教育生态中的竞争压力，2020 年国家推出了义务教育阶段的"公民同招"政策，在全国范围内普遍实施。该政策禁止通过考试选拔起始年级的学生，以保障学生的平等入学权利。这一政策的推出对于改善幼小衔接的教育生态和减轻家长的焦虑具有积极意义。同时，为了有效治理幼小衔接教育的生态环境，教育部在 2021 年 3 月发布的《指导意见》中明确指出："小学要强化衔接意识，将入学适应教育作为深化义务教育课程教学改革的重要任务，并纳入一年级教育教学计划，与幼儿园教育相衔接。"小学一年级将承担起"实施入学适应教育"的责任，改变幼儿园单向衔接小学的情况，转变为双向衔接，从而在根本上解决问题。通过小学落实零起点，放慢进度，家长就不用担心自己孩子输在起跑线上而带着孩子超前学习，当然也不用焦虑超前学习是否会对孩子造成伤害。这样，社会上的幼小衔接班也无法再给家长制造

---

［1］ 程伟，董吉贺，刘源. 近十年我国"幼小衔接"研究的回顾与展望 [J]. 上海教育科研，2021
（7）：64-68.

焦虑。幼儿园也不再需要迎合家长的焦虑，能够更多地专注于培养儿童多方面的能力和良好习惯，小学也将迎来具有可持续发展的儿童。

二、"共成长"为幼小衔接提供可持续发展的动力

（一）以儿童的发展为核心

无论是在幼儿园、家庭还是在培训机构中，很多成人都简单地将幼小衔接视为提前学习小学的知识和熟悉小学的规则，以"抢跑"的方式来帮助儿童做入学准备。然而，这种短期主义的做法常常以牺牲儿童的游戏时间和全面发展为代价，对儿童的终身发展是不利的[1]。教学的真正目标应该是激发学习兴趣，而不是给儿童施加过重的学习负担，从而导致挫败感和对学习兴趣的扼杀。

为了规划好幼小衔接工作，应该立足于儿童的终身可持续发展。这不仅要考虑儿童在初入小学阶段的适应问题，还要考虑他们在小学后期和毕业之后的发展问题。儿童的可持续发展意味着他们具备全面、长期和强大的发展能力。在终身学习的时代，教育应该促进人的可持续发展，既要满足个体在当下的发展需要，又要保证其身心和谐、均衡与持久地发展。

个体的发展是一个连续的过程，前一阶段的发展是后一阶段发展的基础，而后一阶段的发展则是前一阶段发展的延伸。然而，抢跑进入小学往往会导致幼儿园教育阶段存在部分的空缺或质量不足。这种不完整的发展使得幼儿园阶段某些发展需求无法得到满足，从而破坏小学阶段教育的基础，为儿童在小学阶段的学习埋下隐患。例如，游戏体验不充分、运动能力发展不足等问题，都可能对儿童适应小学和未来终身发展造成无法弥补的遗憾。因此，在规划幼小衔接工作时，应基于儿童的终身可持续发展进行考量。幼儿园、小学和社会教育机构应该形成教育共同体，共同致力于提升那些对儿童终身发展具有重要价

---

[1] 冯婉桢.立足儿童可持续发展规划幼小衔接[J].幼儿教育，2018，（Z4）：94.

值的品质。

（二）以家长的成长为基础

从幼儿园过渡到小学是重要的转折时期，家长在此过程中扮演着关键角色，与教师、同伴和社区相比，家长与儿童的关系最为密切稳定。儿童在这个时期对家庭有着强烈的心理依赖。因此，在幼小衔接过程中，家长应负起家庭教育的责任，为儿童提供情感和行为上的支持和帮助。然而，目前许多家长的高焦虑已成为幼小衔接工作的一大障碍，而且家长的焦虑可能通过遗传或环境传递给儿童，并显著增加他们在学校中不当行为的可能性。已有研究显示，经济、文化和教育资本更高的家长更容易出现适度的"教育焦虑"，而经济、文化和教育资本较低的家长更容易有过度焦虑的倾向。在教育资本较弱的家庭中，家长的教育知识相对有限，他们期望在子女教育方面付出最大努力，但往往收效甚微，因而加剧了家长对子女学业成绩和未来发展的教育焦虑。McIntyre 等人发现有超过 80% 的家长希望了解学校对儿童学业发展的期望，三分之一的家长希望了解儿童未来老师的信息，69% 的家长想了解学校教师如何帮助孩子更好地过渡，68% 的家长希望了解在幼小衔接中他们能提供什么样的帮助。尽管大部分家长都对参与幼小衔接活动抱有强烈的意愿，但他们并不知道如何更好地发挥作用[1]。

目前，尽管大多数家长认为有必要进行衔接教育，但家庭衔接教育仍存在局限性。比如，某些家长只注重培养儿童的自理习惯，如穿脱衣物、吃饭等，却忽视了儿童整理意识、独立意识、规则意识和安全意识等方面的培养。此外，有些家长对衔接内容掌握不够明确，以为儿童步入小学后会面临各种科目的学习，因此在幼儿园阶段就给他们报了许多文体兴趣班，片面地认为这是在培养

---

[1]　李敏谊，崔淑婧，刘颖.近十年国外不同利益相关者对于幼小衔接问题看法的研究综述 [J]. 外国中小学教育，2010（5）：11-17.

儿童的学习兴趣，殊不知过早地进行各种课程学习会给儿童带来一定的压力，使其对小学学习产生消极和抵触情绪。

因此，应注重对家庭衔接教育的科学指导，向家长普及和介绍一些有用的教育方法和知识，使广大家长对于幼小衔接有更加科学的认识，提高家长参与衔接教育的积极性。帮助他们科学认识幼小衔接，了解儿童的身心发展特点，明确幼小衔接中家庭教育的内容，规范家长教育行为，提高家长教育能力，使他们能够个性化地引导自己的孩子，增强他们的教养信心，缓解焦虑情绪，确保他们在孩子进入一年级后仍能有效地进行教育引导。

（三）以教师的成长为保障

幼小衔接新政策执行对幼儿园和小学教师的专业素养提出了更高的要求。已有研究表明，在不同类型的学校和幼儿园中，教师的专业素养都需要提高。比如，刘晓红等（2012）在对河南省幼儿园教师专业素养调查中发现，幼儿园教师的专业知识结构侧重五大领域，但在幼儿发展类知识方面欠缺，保育教育类知识掌握不全面，通识性知识存在缺乏，工具性知识掌握不足，专业能力发展不均衡，过于强调教学技能，教学反思意识淡薄，途径单一，质量不高。[1] 袁丽娟（2017）对青岛市幼儿园教师专业素养的调查也显示，幼儿园教师通识性知识得分较低，需要拓宽知识面，增加自身知识量。其中保育和教育知识得分最低，幼儿园教师应该加强自身的保育和教育能力以应对特殊情况。[2] 吴海萍（2019）在其关于乡镇中心幼儿园幼儿教师专业素养的调查中发现，乡镇中心幼儿园教师在幼儿教育相关理论和专业知识方面存在不扎实、不牢固等问题。64% 的幼儿教师认为自身在专业技能、教育教学能力、教学研究能力等方面存

---

[1] 刘晓红，曹艳梅.《幼儿园教师专业标准（试行）》下的教师专业素养调查研究：以河南省"国培计划（幼儿园骨干教师）"为例 [J]. 教育导刊（下半月），2012（7）：12-16.

[2] 袁丽娟. 基于"专业标准"的青岛市幼儿园教师专业素养的调查研究 [D]. 青岛：青岛大学，2017.

在不足；67% 的幼儿教师认为自己需要在专业知识结构和知识面等方面加强培训；53% 的幼儿教师认为自己缺乏职业胜任力。[1] 申倩琳（2019）的关于民办幼儿园教师专业素养的调查显示，由于民办园教师人数众多，学历普遍较低，教龄较短，且许多民办园以营利为目的，缺乏对教师发展的关注和合理规划，很少提供继续教育的机会等因素导致民办园教师专业知识水平一般，整体专业素养较低，近半数的民办园教师专业素养仍有待提高。[2]

另外，赵爱霞（2019）的研究显示，目前大部分小学教师在教学过程中仍沿用传统的教学观念，导致实践教学与理论教学无法充分融合，随着新课程标准的要求不断提高，对教师的教学需求也更加严格。要求小学教师与时俱进，将理论知识与实际经验相结合。然而，要做到这一点并不容易，因为理论与实践之间总是存在差距，无法完全整合。比如，一些教师在讲课过程中往往只停留在教材中，无法超越书本范围。[3] 董烈霞、彭丽华等（2020）对河北省乡村小学教师专业素养的调查显示，教师的专业背景复杂，有相当一部分教师的专业背景与小学教育无关。在岗教师的学科结构不平衡，语文、数学、英语等传统学科教师数量充足，其他学科教师明显不足。整体来看，乡村小学教师的专业知识发展处于中等水平，知识结构不平衡、陈旧，知识更新不及时。综合知识素养发展相对薄弱，不能将理论知识与教育教学实际联系起来。大部分教师具备教育教学活动的基本技能，但教育研究能力相对较弱，应用新方法和进行教育创新的能力不足[4]。洪秀敏等（2022）在对东中西部五省的幼小衔接情况进行调研时发现，幼儿园和小学教师的幼小衔接教育能力较为不足。幼儿园教师

［1］ 吴海萍. 职业能力视角下乡镇中心幼儿园幼儿教师专业素养提升的路径探索 [J]. 现代职业教育，2019，（31）：166-167.

［2］ 申倩琳. 民办幼儿园教师专业素养水平现状及其影响因素研究 [D]. 南充：西华师范大学，2019.

［3］ 赵爱霞. 提升小学教师专业素养的策略探究 [J]. 天津教育，2019，（25）：160-163.

［4］ 董烈霞，彭丽华，王颖. 乡村小学教师专业素养发展现状研究：对于河北省的调查 [J]. 天津市教科院学报，2020（3）：82-88.

在入学准备教育方面存在困难，尤其是培养儿童的注意力和独立完成任务能力。超八成（84.3%）的小学教师在新生教育教学方面存在较大困难，主要表现为不了解新生学习特点、未掌握适宜的教学方式[1]。因此，提高幼儿园和小学教师的专业素养是做好幼小衔接的基础和保障。

基于以上分析，要破解目前幼小衔接的困惑，需要用双向衔接为幼小衔接打造良好的教育生态，用"儿童、家长和教师共成长"的理念为幼小衔接提供可持续发展的动力。本研究拟通过多种研究方法调查儿童、家长和教师的困境和成长需求，在此基础上探索三者共成长的路径，推进幼小衔接科学地开展。

[1] 洪秀敏，刘倩倩. 不同利益主体视域下幼小衔接的多维挑战与突围之路：基于东中西部五省的实证调查 [J]. 中国教育学刊，2022（4）：1-6.

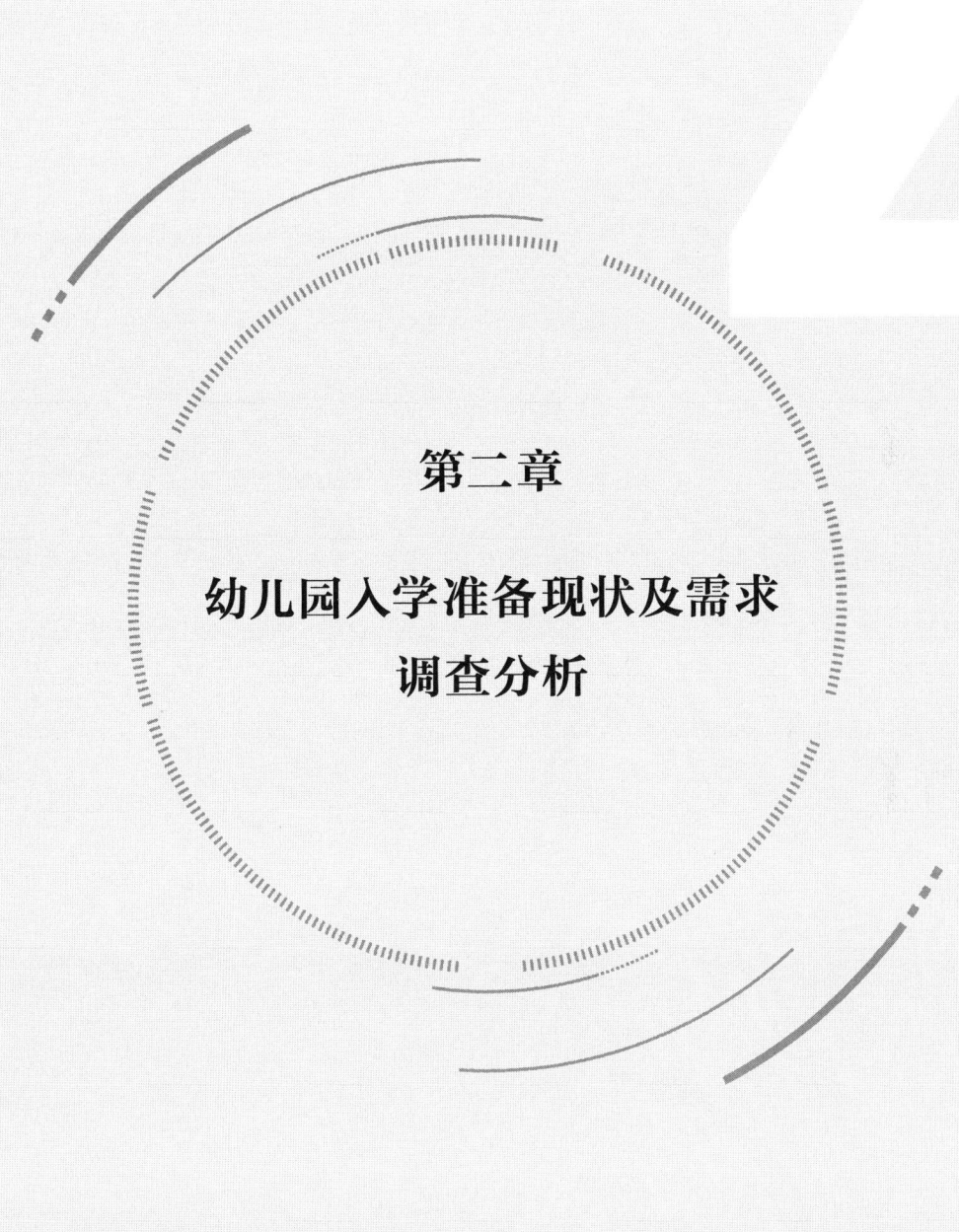

第二章

幼儿园入学准备现状及需求
调查分析

第一节　研究设计

为了全面了解幼儿园入学准备的现状，本研究从儿童、家长和教师等多方利益相关者的角度出发，通过问卷和访谈等方法调查分析入学准备阶段儿童、教师和家长的观点、态度、做法、困境和需求，以探索如何更好地帮助儿童做好入学准备。具体包括：第一，通过调查儿童在入学准备阶段的观点和体验，探索他们面临的困境和成长需求，以期确定如何提供更全面、个性化的支持。第二，倾听教师和家长的声音，了解他们帮助儿童做好入学准备的做法、挑战和需求。第三，分析儿童、家长和教师在入学准备教育过程中的相互影响。通过以上调查旨在为后续制定入学准备教育方案提供事实依据。

一、研究对象

本研究在某市各县区随机选取多所公办幼儿园大班的儿童、家长和教师作为研究对象，回收家长有效问卷 8443 份，教师有效问卷 1531 份，并随机选取 40 名儿童、90 名家长和 50 名教师进行访谈。研究对象具体信息见表 2-1-1 和表 2-1-2。

表 2-1-1　儿童和家长基本信息表

	类别	频数	百分比
所在地区	城市	3243	38.41%
	乡村	5200	61.59%
儿童所在幼儿园的性质	公办园	5160	61.12%
	民办园	3283	38.88%

续表

	类别	频数	百分比
儿童性别	男	3243	38.41%
	女	5200	61.59%
是否独生	独生	1013	12%
	非独生	7430	88%
儿童出生顺序	头胎	3177	37.63%
	二胎	4093	48.48%
	三胎及以上	1173	13.89%
家长学历	高中及以下	5465	64.73%
	专科	1373	16.26%
	本科及以上	1605	19.01%

表 2-1-2　教师基本信息表

	类别	频数	百分比
所在地区	城市	525	34.29%
	乡村	1006	65.71%
所在幼儿园的性质	公办幼儿园	837	54.67%
	民办幼儿园	694	45.33%
性别	男	54	3.53%
	女	1477	96.47%
年龄	20 岁及以下	79	5.16%
	21—30 岁	567	37.03%
	31—40 岁	672	43.89%
	41 岁及以上	213	13.91%
教龄	3 年以下	368	24.04%
	3—5 年	368	24.04%
	5—10 年	434	28.35%
	10—20 年	249	16.26%
	20 年以上	112	7.32%

续表

	类别	频数	百分比
学历	初中及以下	108	7.05%
	中专	136	8.88%
	普通高中	106	6.92%
	大专	672	43.89%
	本科	508	33.18%
	研究生	1	0.07%
主班或者配班	主班老师	1079	70.48%
	配班老师	452	29.52%

二、研究方法和工具

（一）问卷法

本研究通过问卷法了解儿童入学准备现状以及家长和教师对于入学准备的观点、态度、做法、困境和需求。具体使用的问卷及其详细信息如下：

1. 家长问卷一：《入学准备过程中家园合作情况调查问卷》

该问卷改编自雷文丽（2023）编制的《共生理论视域下幼小衔接的家园合作研究家长调查问卷》[1]，根据本研究的需要选择原问卷的部分问题进行调查，主要调查了在入学准备阶段家长对于幼小衔接的关注与认识、家园合作的主要方式和家园合作的主要效果。改编后的问卷共计11题，采用李克特5点量表方式计分，依次表示完全不符合、比较不符合、一般、比较符合、完全符合。

---

[1] 雷文丽.共生理论视域下幼小衔接的家园合作研究 [D].贵阳：贵州师范大学，2023.

2. 家长问卷二:《家长对入学准备观点的调查问卷》

该问卷改编自付浩(2023)编制的《幼儿园大班教师入学准备观念调查问卷》[1],改编后的问卷包含六个维度,身体健康和运动维度(2、3、4)、情绪发展与社会性维度(1、5—14)、学习方式维度(15—18)、家庭维度(19—22)、言语发展维度(23、24)、认知发展和一般知识基础维度(25—29),共计29个项目,采用李克特5点量表方式计分,依次表示非常不重要、不重要、不确定、重要和非常重要。

3. 家长问卷三:《入学准备之早期技能与支持指标评估简表》

该问卷采用英国剑桥大学家庭教育研究中心的《入学准备之早期技能与支持指标评估简表》,使用研究者王菠、王萍、康婧的翻译版本。该量表是在英国产生广泛影响的一份入学准备评估工具,具有较好的信度与效度。其对于入学准备的概念阐释在包括了各个层面的儿童技能的基础上,还增加了家庭支持,涵盖了"家庭支持"(4、6、7、11、14、24)、"日常生活技能"(10、12、16、18、26、28)、"语言和认知发展"(2、15、17、21、25、30)以及"行为适应"(1、3、5、8、9、13、19、20、22、23、27、29)四个层面的内容,总计30个指标项目。问卷采用李克特4点量表方式计分,依次表示完全同意、同意、不同意、完全不同意[2]。

4. 家长问卷四:《家长教养期望问卷》

该问卷采用程琳(2010)编制的《家长教养期望问卷》[3],该问卷包含五个维度,具体包括学业表现期望(1、2、3、4)、未来发展期望(5、6、7、8)、品行表现期望(9、10、11)、人际交往期望(13、14、15、16、17)、身体素质

[1] 付浩. "双向衔接"视角下幼儿园和小学教师入学准备观念的现状研究 [D]. 洛阳:洛阳师范学院,2023.

[2] 傅小格. 大班儿童入学准备水平研究 [D]. 大连:辽宁师范大学,2020.

[3] 程琳. 父母期望、初中生自我期望与学习成绩的关系 [D]. 开封:河南大学,2010.

期望（18、19、20、21、22、23、24），共计 24 个项目，采用李克特 5 点量表方式计分，依次表示非常不符合、不符合、一般、符合、非常符合。

5. 家长问卷五：《入学准备阶段家长的困境与需求调查问卷》

该问卷为自编，主要调查家长在帮助孩子做好身心、生活、社会和学习准备以及自我压力调节方面是否存在学习需求，从而为后续制定针对性的家长培训和支持提供依据。问卷共计 20 个项目，采用李克特 5 点量表方式计分，依次表示完全不需要、比较不需要、一般、比较需要和非常需要。

6. 教师问卷一：《幼儿园入学准备教育调查问卷》

该问卷为自编，用于了解幼儿园教师对幼小衔接的认识、入学准备教育的做法和入学准备教育过程中的主要困境。

7. 教师问卷二：《幼儿园大班教师对入学准备观点的调查问卷》

该问卷改编自付浩（2023）编制的《幼儿园大班教师入学准备观念调查问卷》[1]，改编后的问卷包含六个维度，具体身体健康和运动维度（2、3、4）、情绪发展与社会性维度（1、5—14）、学习方式维度（15—18）、家庭维度（19—22）、言语发展维度（23、24）、认知发展和一般知识基础维度（25—31），共计 31 个项目，采用李克特 5 点量表方式计分，依次表示非常不重要、不重要、不确定、重要和非常重要。

8. 教师问卷三：《入学准备阶段大班教师的困境与需求调查问卷》

该问卷为自编，主要调查教师在帮助孩子做好身心、生活、社会和学习准备以及自我压力调节方面和家园沟通方面是否存在学习需求，从而为后续制定

---

[1]　付浩.“双向衔接”视角下幼儿园和小学教师入学准备观念的现状研究 [D]. 洛阳：洛阳师范学院，2023.

针对性的教师培训和支持提供依据。问卷共计29个项目，采用李克特5点量表方式计分，依次表示完全不需要、比较不需要、一般需要、比较需要和非常需要。

（二）访谈法

1. 与家长的访谈

通过与家长访谈深入了解儿童的入学准备情况以及他们对于幼小衔接的看法、帮助儿童做好幼小衔接的具体做法、主要困境和需求等。具体访谈提纲如下：

《幼儿园大班家长访谈提纲》

1. 您了解入学准备吗？您认为入学准备是什么？

2. 您认为应该帮助孩子做好哪些方面的入学准备？您认为哪个重要呢？为什么？

3. 在身心准备上，比如激发孩子上小学的愿望，陪孩子锻炼身体等方面您是否开展了相关工作呢？具体是怎么做的？

4. 在生活准备上，比如培养孩子的自理能力和一些劳动能力方面您是否开展了相关工作呢？具体是怎么做的？

5. 在学习准备上，比如培养孩子的学习兴趣和好的学习习惯方面您是否开展了相关工作呢？具体是怎么做的？

6. 在社会准备上，比如提高孩子的人际交往能力、规则意识等方面您是否开展了相关工作呢？具体是怎么做的？

7. 在开展入学准备工作中，是否与幼儿园教师和孩子的其他照料人进行沟通交流呢？

8. 在帮孩子做好入学准备的过程中有哪些困难吗？您认为产生这些困难的原因是什么呢？

9. 您认为哪些方面会影响您入学准备工作的开展？

10. 您希望获得哪些条件支持呢？为什么？

2. 与教师的访谈

通过与教师访谈深入了解他们对于幼小衔接的看法、入学准备教育的具体做法、主要困境和需求等。具体访谈提纲如下：

《幼儿园大班教师访谈提纲》

1. 您认为什么是儿童的入学准备，应该包括哪些方面？

2. 您认为入学准备应从什么时候开始？

3. 您认为大班儿童在哪些方面的能力比较欠缺？

4. 预测一下儿童进入小学后可能会面对的适应困难有哪些？

5. 您在和家长接触的过程中，他们对孩子哪些方面关心得比较多？

6. 您认为家长的哪些行为会对儿童入学准备水平产生影响？

7. 家长有一些超前教育的焦虑时，您会怎样去沟通交流？

8. 我们的幼儿园在日常教学中都做了哪些入学准备工作？

9. 您开展工作的重点措施会放在哪里？

10. 有和小学老师交流过吗？（园里提供过交流机会吗？）

11. 在开展工作中有什么困难和期待需要解决的吗？

12. 您希望园所为您提供哪些帮助呢？哪些您认为更重要呢？为什么？

13. 您认为哪些方面会影响您入学准备工作的开展？您希望获得哪些条件支持呢？为什么？

3. 与儿童的访谈

通过与幼儿园大班儿童访谈了解其对于马上上小学这一事件的感受、认识和需求等。具体访谈提纲如下：

《幼儿园大班儿童访谈提纲》

1. 你知道小学是什么样的吗？小学里面都有什么呢？

2. 你知道小学要学习什么样的知识吗？

3. 小学上课时应该怎么做，你知道吗？

4. 在上课的时候不能随便上厕所，你要怎么办？

5. 你知道小学可以做什么样的游戏吗？

6. 你最喜欢小学的什么地方？

7. 你感觉小学老师怎么样呢？

8. 上小学后，如果遇到你不会的问题怎么办呀？

9. 上小学后，你会有新的同学，你怎样和他们交朋友？

10. 马上上小学了你期待吗？

11. 马上上小学了你有什么担心的吗？

12. 你觉得和你在幼儿园比起来，小学有什么事情做起来很难呢？

13. 为了顺利地上学，你认为应该做哪些准备？

14. 你希望幼儿园老师/爸爸妈妈做什么来帮助你以后成为一个厉害的小学生？

第二节　幼儿园大班儿童入学准备现状及需求调查分析

一、幼儿园大班儿童入学准备情况分析

通过对问卷《入学准备之早期技能与支持指标评估简表》的数据进行分析，了解幼儿园大班儿童的准备情况。问卷包含四个维度，行为适应维度包括 12 个问题，得分为 0 至 12 分，语言和认知发展、日常生活技能和家庭支持三个维度均包括 6 个问题，得分为 1 至 6 分。依据儿童在每个维度中具体的分数，将其划分为"绿色组""琥珀组"与"红色组"。在家庭支持、日常生活技能、语言

和认知发展子量表中，儿童得分低于 2 分即为"绿色组"，2 分即"琥珀组"，3 分或超过 3 分即"红色组"；对于行为适应子量表，儿童得分低于 5 分即"绿色组"，5—7 分即"琥珀组"，8 分或者超过 8 分即"红色组"。在各维度中得分较高，则体现了儿童在该维度的入学准备水平较低[1]。

（一）幼儿园大班儿童行为适应方面的准备情况分析

本研究中入学行为适应方面的准备关注的是儿童的情感、社会技能与行为问题。主要包括 12 个调查项目：当被要求做什么时（如：轮流、排队），善于耐心等待；发脾气；注意力容易分散；当被要求做什么时，善于平静下来（控制自己的情绪）；能够和很多同龄伙伴一起玩耍；对于训斥反应不强烈（如：顶嘴、生气）；如果任务太难很容易产生挫败感；当被要求做什么时，不能够安静地坐下来（安静地坐下来有困难）；通常乐意与同伴分享；抢夺其他孩子的物品；对成人很有礼貌 / 尊敬；经常不合时宜地打断谈话[2]。

根据调查结果显示，在行为适应表现方面，大部分的大班儿童都表现出较好的准备情况。其中，6271 名儿童处于绿色组，占总数的 74.3%；2156 名儿童处于琥珀组，占总数的 25.5%；而仅有 16 名儿童处于红色组，占总数的 0.2%。这意味着大部分儿童在日常行为规范和同伴交往方面有良好表现。他们能够尊重他人，掌握轮流、排队、分享和不争抢等行为规则，同时在遇到一些挫折或不如意的情况时，也能较好地控制情绪。进一步分析不同地区、性别、是否独生、出生顺序、家长学历等因素是否对大班儿童的行为适应准备情况产生显著影响，结果见表 2-2-1 至表 2-2-3。

---

［1］ 傅小格.大班儿童入学准备水平研究 [D].大连：辽宁师范大学，2020.

［2］ 王菠，王萍.学前儿童入学准备的评估工具研究：基于英国剑桥大学入学准备之早期技能与支持评估简表的分析 [J].外国中小学教育，2017（6）：26-31.

表 2-2-1　地区、性别、是否独生对大班儿童行为适应准备情况的影响

	N	平均数 ± 标准差	T	P
城市	3243	4.03 ± 1.65	1.628	0.103
农村	5200	3.97 ± 1.62		
男	4410	3.98 ± 1.64	−0.666	0.506
女	4033	4 ± 1.61		
独生	1013	4.28 ± 1.58	6.104	<0.01
非独生	7430	3.95 ± 1.63		

表 2-2-2　出生顺序对大班儿童行为适应准备情况的影响

	N	平均值 ± 标准差	F	P
头胎	3177	4.2 ± 1.62	43.033	<0.01
二胎	4093	3.88 ± 1.61		
三胎及以上	1173	3.81 ± 1.67		

表 2-2-3　家长学历对大班儿童行为适应准备情况的影响

	N	平均值 ± 标准差	F	P
高中及以下	5465	3.9 ± 1.64	31.589	<0.01
专科	1373	4.06 ± 1.64		
本科及以上	1605	4.25 ± 1.56		

以上研究数据显示，不同地区和不同性别的大班儿童在行为方面的入学准备没有显著差异，但是否独生、出生顺序以及家长学历会对其行为方面的入学准备产生显著影响。进一步分析具体差异显示，非独生儿童在行为方面的准备水平显著高于独生儿童；出生顺序为头胎的儿童在行为方面的准备水平显著低于出生顺序为二胎和三胎的儿童，而出生顺序为二胎和三胎的儿童之间没有显著差异；家长学历为高中及以下的儿童在行为方面的准备水平显著高于家长学历为专科、本科及以上的儿童，家长学历为专科的儿童的准备水平显著高于家

长学历为本科及以上学历的儿童。总结来看，非独生儿童、非头胎儿童和家长学历为高中及以下的儿童在行为准备方面表现更好。

【访谈】

家长1：孩子社交能力没什么问题，可能是家里孩子多的原因，他比较擅长交朋友。平时也跟他说，和朋友发生矛盾要自己去解决，所以他从小就比较独立，好朋友一大堆，人家也愿意跟他玩，他天天跟大哥一样带着自己弟弟和附近的孩子一块玩，有什么好吃的也一起分着吃。在家他也很有眼色，平时能帮我干点活，我有时候说他几句，他也笑嘻嘻的。

【案例】

贝贝是一个独生女，妈妈博士毕业，平时对贝贝的关注度比较高，总会询问老师贝贝在幼儿园的表现。从老师那里得知，贝贝的朋友比较少，只和固定的一个玩伴一起玩耍。贝贝专注力较差，上课经常不能集中注意力，同时，心理也比较脆弱，在学习儿歌或者听故事时，总是走神，最后看到别人都会了，自己还不会，就会流泪。在自主游戏时，每次遇到困难就告诉老师：我不想玩了。妈妈认为贝贝的这些表现的确要注意，但是问题不大，每个孩子都有差异，孩子年龄再大一些就好了。

出现以上研究结果的原因可能是非独生儿童相对于独生儿童来说，家庭环境中有更多的同龄兄弟姐妹，与他们一起玩耍、学习、分享等活动的机会更多，更容易养成一些社交技能和行为规范。头胎儿童可能在成长过程中受到更多的家庭成员的注意，缺乏与同龄人交流和互动的机会，这导致了他们在社交技能方面的准备相对较低。调查结果显示，学历越低的家长更倾向于生多个孩子，这也是家长学历越低儿童行为方面的准备水平越高的原因之一。此外，学历越高的家长可能更注重儿童知识和学业方面的指导，对孩子的行为规范可能相对较少关注，导致在行为准备方面可能存在一些差异。

高学历家长应该树立全面发展观和"以幼儿为主体"的教育观念，除了注重儿童学业，还应关注儿童社交能力与行为规范的重要性。同时，家长应做好时间规划，合理安排工作时间与育儿时间，学习科学的育儿理念，留给儿童更多的时间。独生子女家庭更应关注儿童的性格问题与社交能力的发展，多为儿童提供人际交往的机会，培养儿童乐于分享、耐心等待等优良品质，引导儿童学会情绪管理。多胎家庭中的家长应更加关注头胎的心理健康与良好行为习惯的培养。不同类型的家庭都存在只单一关注儿童某种能力的问题，针对家长缺乏科学的育儿理念与幼小衔接认知的情况，幼儿园应该帮助家长端正家庭教育理念，可利用"家长会""家长学校""家访""微信群推送育儿小贴士""团体辅导""育儿经验分享会"等多种途径向家长传授知识与经验，帮助家长了解幼小衔接与良好行为准备之间的关系，引导儿童做好行为上的准备。

（二）幼儿园大班儿童日常生活技能方面的准备情况分析

日常生活技能是指儿童在日常生活中照料自己生活的自我服务性劳动能力，简单地说就是自我服务，自己照顾自己，是入学需要具备的最根本的生活能力。儿童日常生活技能的准备状态（如：独立如厕的能力）直接关系到其日后入学的适应水平、独立性及自信心。本研究中关于日常生活技能的调查包括6个项目：大多数任务能够自己独立完成；能够安全地使用剪刀或其他锋利的工具；选择活动时经常表现出漫无目的；使用刀或叉时不需要帮助；照管自己的物品时经常需要帮助；接受过独立上厕所的训练[1]。

根据调查结果显示，在日常生活技能准备方面，有4360名儿童处于绿色组，占总数的51.6%；3309名儿童处于琥珀组，占总数的39.2%；有774名儿童处于红色组，占总数的9.2%。这意味着大约一半的儿童在日常生活技能方面表现良好，另外一半的儿童在独立完成任务、安全地使用剪刀、熟练使用筷子、物品管理和独立如厕等方面的表现不尽如人意。导致这一结果的原因一方面是当前社会竞争激烈，家长普遍更关注儿童的学业表现，而忽略了培养儿童的日

---

[1] 王菠，王萍.学前儿童入学准备的评估工具研究：基于英国剑桥大学入学准备之早期技能与支持评估简表的分析[J].外国中小学教育，2017（6）：26-31.

常生活技能。另一方面，技术的发展也对儿童的日常生活能力造成了一定的影响。现代生活中许多事情都可以依赖智能设备完成，这种便利性使得儿童缺乏锻炼的机会，导致他们在日常生活技能方面的准备不够充分。

进一步分析不同地区、性别、是否独生、出生顺序、家长学历等因素是否对大班儿童的日常生活技能准备情况产生显著影响，结果见 2-2-4 至表 2-2-6。

表 2-2-4 不同地区、性别、是否独生对大班儿童日常生活技能准备情况的影响

	N	平均数 ± 标准差	T	P
城市	3243	1.95 ± 0.85	1.038	0.299
农村	5200	1.93 ± 0.85		
男	4410	1.94 ± 0.86	0.236	0.813
女	4033	1.93 ± 0.84		
独生	1013	2.03 ± 0.84	3.837	<0.01
非独生	7430	1.92 ± 0.85		

表 2-2-5 出生顺序对大班儿童日常生活技能准备情况的影响

	N	平均值 ± 标准差	F	P
头胎	3177	1.95 ± 0.84	6.325	<0.01
二胎	4093	1.9 ± 0.86		
三胎及以上	1173	1.99 ± 0.82		

表 2-2-6 家长学历对大班儿童日常生活技能准备情况的影响

	N	平均值 ± 标准差	F	P
高中及以下	5465	1.95 ± 0.84	4.864	<0.01
专科	1373	1.87 ± 0.87		
本科及以上	1605	1.95 ± 0.86		

以上研究数据显示，不同地区和不同性别的大班儿童在日常生活技能方面

的入学准备没有显著差异，但是否独生、出生顺序以及家长学历会对其日常生活技能方面的入学准备产生显著影响。进一步分析具体差异显示，非独生儿童在日常生活技能的准备水平上显著高于独生儿童；出生顺序为二胎的儿童在日常生活技能的准备水平上显著高于出生顺序为头胎和三胎的儿童；家长学历为专科的儿童在日常生活技能的准备水平上显著高于家长学历为高中及以下和本科及以上的儿童。

【访谈】

家长2：孩子可以自己吃饭，就是容易弄脏，也会自己穿衣服，但是很慢，容易穿反，家里就他一个孩子，我们是和老人一起住，老人比较疼孩子，所以他在家衣来伸手饭来张口，我们一直觉得他小，长大自然就会了，所以没特意训练过。他的老师反映说孩子自理能力不行，说他在班里很多事情都不会自己做，让家里配合一下，可是在家里他一撒娇，老人就不舍得让他自己做了，我有时候说他几句也不太管用。

【案例】

翔翔是一个三胎家庭中的老二，上面有一个姐姐，下面有一个弟弟，翔翔自理能力强，从上小班开始，基本就是自己穿衣吃饭，现在读大班，已经可以自己洗头、洗澡、整理书包，平时能帮父母做一些简单家务，也可以帮着带弟弟。

衡衡的妈妈是市里的高层次人才，平时工作比较忙，衡衡从小班开始，老师就发现他不会开水龙头，不会洗手，至于穿衣吃饭，更是需要老师帮忙，甚至连简单的搬椅子都做不到。老师联系衡衡妈妈，得知衡衡妈妈由于工作忙，没有时间教给孩子一些基本的生活技能，常常为了赶时间，直接包办代替，而不是给孩子时间让其去慢慢尝试。现在衡衡大班了，在老师的教育下，渐渐学会了一些基本技能，但是比起同龄人，衡衡依然属于自理能力较差的孩子。

出现以上研究结果的原因可能有以下几个方面：首先，在非独生子女的家庭中，父母没有足够的时间和精力无微不至地照顾每一个儿童，所以很多事情孩子自己独立完成，或者被要求承担一些相对独立的家务任务，例如整理房间、帮助照顾年幼的兄弟姐妹、清洁等。这种参与家庭责任和任务的经历可以促进他们在日常生活技能方面的培养。其次，出生顺序为二胎的儿童可以通过观察、模仿和与哥哥姐姐的交流互动来学习各种生活技能。但是由于妈妈的精力有限，很多三胎儿童在出生后则会由奶奶或姥姥等祖辈抚养者照顾，而祖辈抚养者大都不太关注儿童日常生活技能方面的培养。最后，家长的学历水平与他们对孩子日常生活技能培养的重视程度有关。专科学历的家长可能更注重实践性技能和实用技能的培养，因此在日常生活技能方面给予孩子更多的指导和关注。

面对独生子女家庭、高学历家庭、多胎家庭出现的育儿误区，应及时予以指导。3—6 岁是培养孩子日常生活技能的最佳时间段，学会日常生活技能又是儿童独立性发展的第一步，这对其身心健康、自信心、责任感、问题解决能力等方面有重大影响。缺乏日常生活技能，将严重影响儿童对一年级的适应。因此，家长首先要认识到孩子正处于动作发展的关键期，一旦错过关键期，孩子养成依赖性，再去培养自理能力就更加困难，因此家长要树立科学的教育观念，避免过于重视学习能力而忽视自理能力的准备。其次，家长可以为孩子制订生活计划，鼓励孩子每天自己完成穿衣、洗漱、吃饭、整理个人物品等，同时，家长还要"袖手旁观"，学会放手，耐心等待，多为孩子提供锻炼机会，及时表扬，随时为孩子发布一些小任务，鼓励其自己完成，循序渐进地提高孩子的日常生活技能水平。

（三）幼儿园大班儿童语言和认知发展方面的准备情况分析

本研究中针对幼儿园大班儿童语言和认知发展的调查项目主要有 6 个：表达清晰并易于成人理解；对汉字感兴趣；理解疑问句（什么，在哪里，何时，为什么）；能够识别自己名字的印刷体；对应物品能够连续数到 5；喜欢歌曲和韵律[1]。

---

[1] 王菠，王萍.学前儿童入学准备的评估工具研究：基于英国剑桥大学入学准备之早期技能与支持评估简表的分析 [J].外国中小学教育，2017（6）：26-31.

根据调查结果显示，在语言和认知发展准备方面，有 6586 名儿童处于绿色组，占总数的 78%；1386 名儿童处于琥珀组，占总数的 16.4%；471 名儿童处于红色组，占总数的 5.6%。这意味着大部分的儿童在语言和认知发展方面表现良好。进一步分析不同地区、性别、是否独生、出生顺序、家长学历等因素是否对大班儿童的语言和认知发展准备情况产生显著影响，结果见表 2-2-7 至 2-2-9。

表 2-2-7 不同地区、性别、是否独生对大班儿童语言和认知发展准备情况的影响

	N	平均数 ± 标准差	T	P
城市	3243	1.58 ± 1.1	1.14	0.255
农村	5200	1.55 ± 1.08		
男	4410	1.57 ± 1.1	0.687	0.492
女	4033	1.55 ± 1.07		
独生	1013	1.64 ± 1.09	2.312	<0.05
非独生	7430	1.55 ± 1.09		

表 2-2-8 出生顺序对大班儿童语言和认知发展准备情况的影响

	N	平均值 ± 标准差	F	P
头胎	3177	1.55 ± 1.05	1.459	0.233
二胎	4093	1.56 ± 1.13		
三胎及以上	1173	1.61 ± 1.06		

表 2-2-9 家长学历对大班儿童语言和认知发展准备情况的影响

	N	平均值 ± 标准差	F	P
高中及以下	5465	1.57 ± 1.07	1.904	0.149
专科	1373	1.51 ± 1.08		
本科及以上	1605	1.58 ± 1.13		

以上研究数据显示，不同地区、性别、出生顺序和家长学历对大班儿童在语言和认知发展方面的入学准备没有显著差异，但是否独生对其语言和认知方发展面的入学准备会产生显著影响，具体为非独生儿童在语言和认知方面的准备水平显著高于独生儿童。

【访谈】

家长3：我家老二特别能说，从小就比她哥哥话多，情商也比较高，小嘴很甜，每天哄得奶奶乐呵呵的，从还没上幼儿园开始，就是个小话痨，和谁都能聊几句，明明比哥哥小了四五岁，他哥哥经常说不过他。有时候俩人一块吃零食，老大细嚼慢咽吃了不到一半，老二狼吞虎咽吃光了，吃完还要想办法把他哥哥没吃完的给弄过来，常常把他哥哥气哭。

家长4：我家一个孩子，我一直搞不清楚为什么孩子不爱跟我们说话，很多在幼儿园发生的事情回来都不说，都得我一点点去问，问他在幼儿园吃的什么，他就说忘了，问他老师教的什么，也说忘了，每天回到家就是玩奥特曼，假装自己是超人，自言自语也不愿意搭理我和他爸爸。

【案例】

小宇爸妈工作忙，小宇由爷爷奶奶照看，小宇最喜欢放学看动画片，不怎么外出和同龄人玩，也不喜欢跟爷爷奶奶聊天。小宇爸妈觉得孩子太孤僻，可是又不知如何改变孩子，努力跟孩子沟通交流，可是孩子就是喜欢自己待着看电视。

出现这一结果的原因可能是在非独生儿童家庭中，兄弟姐妹之间的社交互动和交流机会相对较多。他们通过与兄弟姐妹的互动，不断练习和发展语言表达能力。这种丰富的社交环境提供了更多的语言输入和输出机会，从而促进了他们在语言方面的准备。同时，非独生儿童生活中有更多的互动、合作和竞争机会，这为他们提供了更多的认知刺激。兄弟姐妹之间的游戏、探索和解决问题的经验可以促进他们的认知能力和智力发展。他们在兄弟姐妹之间的交流中需要理解和解释信息，这进一步提高了他们的思维和认知能力。

提升独生子女家庭中的孩子语言表达能力与认知能力，首先需要家长提升自身的倾听能力和认知水平，很多独生子女在成长中唯一的交流对象就是自己的父母，但父母常常由于工作繁忙忽视儿童的表达需求，在孩子没有组织好语言的时候替孩子说出其想法，不能耐心听完孩子的表述，或面对孩子的"为什么"总是没耐心地让孩子自己去玩，因此家长要耐心倾听孩子，鼓励孩子说出完整句子，并对孩子的表达及时回应，同时家长要增加自身知识储备，适当装傻，在孩子问"为什么"时引导孩子说出自己的认知，然后与孩子进行深入探讨，在孩子提高认知的过程中同时形成语言表达的习惯。其次，多带领孩子外出活动，为孩子提供与不同的人表达交流的机会，例如经常带孩子去小区花园或者游乐场，鼓励孩子与同龄人玩耍，带孩子去超市、商店、博物馆、科技馆等场合时，鼓励孩子自主选购，自主咨询服务人员，引导孩子自己与不同的行业人员交谈并表达需求。最后，家长要多多陪伴孩子，为孩子筛选合适的书目，引导孩子海量阅读，在阅读过程中增长见识，在阅读结束后共同讨论，鼓励孩子表达自己的观点。

（四）幼儿园大班儿童家庭支持方面的准备情况分析

家庭支持是影响儿童入学准备的重要因素，包括父母的养育认知、父母的教养方式、家庭的文化资源、家庭教育的投入等。本研究关于家庭支持的调查主要包括 6 个项目：经常获得照料者的表扬和鼓励；经常出现困倦及疲惫感；总是很守时；很少旷课（缺席幼儿园学习）；在家里谈论有趣的、共享的活动；在家里有规律地阅读。

根据调查结果显示，在家庭支持准备方面，有 6172 名儿童处于绿色组，占总数的 73.1%；1861 名儿童处于琥珀组，占总数的 22%；410 名儿童处于红色组，占总数的 4.9%。这意味着大部分的儿童在家庭支持方面准备良好。进一步分析不同地区、性别、是否独生、出生顺序、家长学历等因素是否对儿童的家庭支持准备产生影响，结果见表 2-2-10 至表 2-2-12。

表 2-2-10 地区、性别、是否独生对大班儿童家庭支持准备情况的影响

	N	平均数 ± 标准差	T	P
城市	3243	1.65 ± 0.95	0.573	0.566
农村	5200	1.64 ± 0.93		
男	4410	1.64 ± 0.95	0.189	0.85
女	4033	1.64 ± 0.93		
独生	1013	1.63 ± 0.94	4.401	<0.01
非独生	7430	1.76 ± 0.94		

表 2-2-11 出生顺序对大班儿童家庭支持准备情况的影响

	N	平均值 ± 标准差	F	P
头胎	3177	1.61 ± 0.97	6.926	<0.01
二胎	4093	1.69 ± 0.91		
三胎及以上	1173	1.63 ± 0.93		

表 2-2-12 家长学历对大班儿童家庭支持准备情况的影响

	N	平均值 ± 标准差	F	P
高中及以下	5465	1.62 ± 0.94	8.03	<0.01
专科	1373	1.64 ± 0.92		
本科及以上	1605	1.73 ± 0.97		

以上研究数据显示，不同地区和不同性别的大班儿童在家庭支持方面的入学准备没有显著差异，但是否独生、出生顺序以及家长学历会对其家庭支持方面的入学准备产生显著影响。进一步分析具体差异显示，独生儿童在家庭支持方面的准备水平显著高于非独生儿童；出生顺序为头胎的儿童在家庭支持方面的准备水平显著高于出生顺序为二胎的儿童；家长学历为本科及以上的儿童在家庭支持方面的准备水平显著低于家长学历为高中及以下和专科的儿童。

【访谈】

教师1：之前统计家长基本信息的时候，我有留意过，本班高学历家庭有6个，其中5个家庭的幼儿有一个共同点，就是孩子性格有各种问题，和别的孩子显得格格不入，要么是不太合群，不愿意参加集体活动，要么是遇到事情先退缩，每个任务开始之前，都要先说：老师，我不会。他们都不太自信勇敢。

教师2：班里每天迟到的基本就是那几个孩子，有一种情况是家里孩子多，所以父母照顾不过来的。还有一种情况是父母工作忙让爷爷奶奶接送的，爷爷奶奶不舍得准时喊起来，总是幼儿园早点时间结束了才把孩子送来。

【案例】

小向是个大班男孩，他是独生子，他的爸爸学历不高，但是每天晚上，他的爸爸会陪伴他阅读至少一个小时。从小班时期，他的爸爸就拿着绘本一个字一个字地对他念，现在到了大班，孩子阅读量已经非常惊人，附近儿童绘本馆的书已经被他读了大半，在阅读中他认识了大量的汉字。他对阅读也极其感兴趣，阅读时非常专注。研究者在绘本馆遇到他时，希望他接受访谈，他手里拿着一本书不肯撒手，专注于阅读，拒绝在阅读时接受访谈。直到读完手里那本书，才和研究者沟通。

出现以上调查结果的原因可能有以下几个方面：首先，独生儿童是家庭中唯一的孩子，家长有更多的时间和机会与独生儿童进行有趣的、共享的活动，并常常有规律地进行阅读。且独生儿童所在的家庭更容易形成稳定的日常生活规律和节奏，使得他们更容易养成守时的习惯、减少旷课的可能性，并有助于形成良好的入学准备。其次，对于头胎儿童来说，父母第一次经历育儿，更加关注儿童的成长和发展，会投入更多的时间和精力给予他们照顾、鼓励和支持。最后，家长学历为本科及以上的儿童的父母通常更有可能从事较为专业的职业，面临更多的工作要求和时间压力。这可能导致他们在家庭中分配较少的时间和精力用于照顾和支持孩子的成长，对家庭支持的准备水平产生负面影响。

提高家庭支持水平，首先要为孩子创设一个温馨、民主、充满爱与尊重的家庭环境，时常表扬与鼓励孩子，不因孩子年龄小就忽视他们的需求，站在孩子的角度考虑问题，当孩子有进步时给予充分肯定。其次，为孩子培养良好的作息习惯，培养孩子的时间观念，与孩子共同制订每日学习生活时间安排表，引导孩子合理分配自己的学习、生活、游戏、锻炼时间，家长也要共同遵守时间安排，以身作则，认真工作，用自己的一言一行影响孩子的行为习惯与学习习惯，如：孩子认真写作业时，家长陪伴在旁边进行阅读或工作，同时在每天睡前陪伴孩子进行阅读，为孩子养成乐于阅读的好习惯。最后，家长要拥有积极向上的人生态度，陪伴孩子进行各种有趣的活动，学习亲子互动的方法，为孩子培养健康向上的良好心态。

二、幼儿园大班儿童入学准备的困境与需求分析

幼儿园大班儿童对小学已有了一定程度的了解，他们对小学的认知多是来自家中父母或哥哥姐姐的描述，也有一部分儿童对小学的了解是来源于幼儿园老师的描述。通过分析收集到的资料，发现儿童对小学的认识和感受呈现出多样性。

当问及"小学是什么地方？"时儿童给出了不同的看法。大部分儿童认为"小学是学习知识的地方"，这些儿童普遍觉得小学是一个重要的学习场所，是学习知识和技能的地方；有儿童觉得"上完幼儿园要去的新学校"，这说明孩子们已经意识到小学是他们继续学习和成长的新阶段；此外，还有儿童认为"小学是一个有很多规则的地方"，"不能吃点心，不能大声说话""不能迟到，不能睡觉""每天都要学习写作业，还要考试""要认真听课，不认真会罚站"，这意味着儿童对小学有初步的了解，同时也伴随着一些困惑。儿童对小学充满了丰富的想象和期望，不过也有部分儿童对于心目中的小学缺乏明确的形象。从空间方面来看，儿童认为小学是"要比幼儿园大很多的"，有一部分儿童这样描述"小学很大，房子很大，操场很大"。还有部分儿童对小学教室也有部分了解，比如："小学的桌椅都是一人一个的""小学的黑板很大""小学教室里没有厕所""小学的桌子都有洞洞，可以放自己的东西"，这些都显示出儿童已经对小学的

教室有了一些基本的认识。

"如果要真正达到对幼小衔接的正确全面认识，是离不开对儿童的经验和期待的深入理解的。"[1] 面对儿童对小学的认知与需求，我们采用马赛克方法收集了相关资料。

（一）大班儿童对小学物质环境的需求

通过儿童绘画与儿童访谈的方式，我们调查了儿童对小学物质环境的需求，可以发现儿童对理想中的小学充满了丰富的想象和期望，他们希望小学如幼儿园一样有趣，相信小学有更广阔的空间由他们来探索，有更多种类的活动室可以供他们学习和玩耍，认为小学是一个有趣、多样化和充满活力的环境，但在绘画作品中我们也不难看出儿童对于小学生活也存在一部分担忧，例如，很多儿童对上学迟到以及迟到的后果有片面看法，对小学门口的交通状况也感到担心。

儿童 1：我希望我的小学楼很高大漂亮，有很高的大树，我有点儿担心上厕所不在教室里了，在很远的地方。

图 2-2-1

---

[1] Sue Dockett, Bob Perry, 2007. Transitions to School: Perceptions, Expectations, Experiences [M]. University of New South Wales Press: 47.

儿童 2：我希望我的操场大一些，比幼儿园的要大，要有绿色的大草坪和红色跑道，我希望操场旁边和幼儿园一样有很多大玩具。

图 2-2-2

儿童 3：我希望我的小学很美丽，有草坪，有国旗，有一座高楼可以上课，在一座小楼里可以玩很多东西，像爸爸带我去的体能运动馆一样。

图 2-2-3

儿童4：我希望小学可以有很高很高的楼，里面有很多好玩的房间，我可以上课、读书、玩球、玩电脑、画画，大楼外面还要有一个大大的钟表，我很远就可以看到时间，这样我就不会迟到了。

图 2-2-4

儿童5：我做了一个高楼，这是我希望的小学，我希望它是高高大大的，楼上有大时钟，还有红绿灯，大时钟是为了告诉小朋友不要迟到，红绿灯帮助疏散交通，让小朋友上学不堵车。

图 2-2-5

儿童6：我希望我的班级有很多桌子，桌子上有书也有花。

图 2-2-6

儿童7：我希望我的班级桌椅很整齐，每个小朋友都有自己的桌子，还有大大的黑板和橱子。

图 2-2-7

儿童8：我希望我的班级和幼儿园一样漂亮，有很多区域，小朋友可以排队进入区域。

图 2-2-8

儿童9：我想我的小学应该是很温馨的，有很多绿树、花草，还有大花园，有漂亮的大操场和红旗，应该还会有喷泉。教室里也有很多漂亮的植物，还有小沙发。

儿童10：我认为我的新班级里，大家就像一家人一样生活在里面，就像我们现在一样，有很多区域，也有很多玩具，还有很多书籍，都是我没看过也没玩过的。

大班儿童对小学物质环境的需求主要聚焦于其风格和功能性，在小学的风格上，儿童普遍希望未来的小学是美丽的、宽敞的、多彩的、像幼儿园一样有趣，在功能性上，儿童希望小学有更多的功能室，班级内有更多区域，学校能有更多可供探索的空间。面对孩子在幼小衔接阶段中对物质环境的需求，建议小学增强与幼儿园的联动，多多参考幼儿园的布置与装饰，合理布置小学一年级的教室，打造温馨、活泼的校园环境，利用环境布置来减缓儿童初入一年级的心理压力。

（二）大班儿童对小学人际交往的需求

儿童对老师的态度和看法反映了他们在人际关系中的需求。大部分儿童在访谈中提到，希望新老师是温柔的、爱笑的，这表明儿童渴望在学校里得到关爱和支持。然而，他们也担心违反规则会受到老师的批评，害怕老师太过严厉，这表明孩子们可能需要一定的时间来适应小学新的纪律要求，并在亲身体验中去认识新老师。儿童对新同学的看法则是希望能尽快交到新朋友，能和新的好朋友在新学校一起学习和生活，这表明他们期待寻求与同伴建立友谊关系，但也有儿童担忧在新学校交不到新朋友，非常依恋在幼儿园的好朋友，这反映出儿童在建立新的人际关系时可能会面临一定的困难和挑战。

儿童 11：我希望我和我的好朋友去同一个小学，我们还能在一起上学、上课、一起玩，还能交到更多好朋友。

图 2-2-9

儿童 13：我想上小学有好几个好朋友，我们一起听课，一起在操场跑步，一起睡觉，一起放学，我最担心交不到好朋友，只能我自己一个人。

图 2-2-10

儿童 14：我希望我在一年级里，老师喜欢我，同学也喜欢我，老师提问我，还奖励我小红花。我的老师是粉色的，我希望我的老师很温柔。

图 2-2-11

儿童 15：我希望我喜欢新老师，我有新朋友，我们可以一起玩。我有点担心老师太严厉，如果我做错了事情会不喜欢我，我想让她和现在的老师一样温柔爱笑。

图 2-2-12

儿童 16：我希望上了小学好好听课，下课了我和好朋友一起打篮球，老师也和我们一起打篮球。妈妈总说我太调皮了，小学老师会批评我，我不知道新老师会不会讨厌我。

图 2-2-13

儿童 17：我会很难过我的好朋友以后和我不在一个小学，在新学校我很孤单，我画的是担心在新的学校交不到好朋友，我就伤心地哭了。

图 2-2-14

儿童 18：我还是喜欢幼儿园的好朋友，我不想交新朋友。

儿童 19：我一想到要离开我的老师就想流泪，我不愿意离开大四班。

儿童 20：我很愿意有新老师、新朋友，但是我还可以见到幼儿园的老师和朋友吗？

在人际交往方面，儿童普遍希望与老师、同学建立和谐的人际关系。对于老师，他们希望新老师温柔、耐心，能容许自己犯错，尽量多鼓励、少批评；对于同伴，他们希望进入新环境，可以尽快交到更多的朋友并迅速建立亲密的同伴关系，和新朋友一起玩耍。建议一年级教师结合儿童的身心发展规律，了解并借鉴幼儿园课堂的教学风格与教学方法，用心琢磨，耐心引导，多给孩子一些时间，帮孩子顺利度过入学适应期。建议家长多多为孩子创造交往机会，并在日常生活中教会孩子沟通、分享、合作、解决冲突等交往技能，提高孩子的社会交往能力。

（三）大班儿童对小学学业学习的需求

从儿童绘画与访谈中可以发现，儿童对小学的学习内容与规则、任务有了一定的了解，并且也有了一定的担忧，他们认为小学知识学起来是非常困难的，可能学不会、完不成作业，担心小学上课太无趣，时间又漫长，不确定自己是否能坚持。同时，他们对小学的学业学习也存在一定的误解，部分儿童认为小学上课只有数学课和语文课两门课，且老师很严厉，不允许犯错，对小学并没有太大期待。通过访谈发现，大班儿童在讨论到小学生活时既有对新环境的期待，又有对小学学业中学习的紧张和焦虑。

儿童21：我担心上了小学听不懂老师讲的什么，害怕老师说的我都听不懂，老师批评我，我也不想天天做题。

图 2-2-15

儿童22：我担心题太难，我做不出来，害怕作业太多，我完不成作业。

图 2-2-16

儿童23：我担心上课时间太长，上课的时候也不能自己下座位去上厕所，我还担心晚上一直写作业，听说上小学每天晚上都要写作业不能出去玩。

图 2-2-17

儿童24：我担心上课很没意思，我姐姐说小学上课都是坐着听课，没有游戏，老师也不会带着去户外做游戏，我希望小学能像幼儿园一样上课。

儿童25：妈妈每天晚上都在家教我拼音，我不想上小学天天坐在教室学拼音做数学题，我还是喜欢上幼儿园。

在大班儿童的学业需求方面，儿童普遍关注小学的学习内容、学习方式与学习时间安排三个方面，如：担心学习内容太难自己跟不上，担心上课太无趣自己不能坚持，担心每天一直学习没有时间出去玩。建议小学放缓入学初始阶段的教学进度，开展"新生入学"系列主题活动，适当借鉴幼儿园的教育方式，课堂活动形式多样、丰富有趣，培养孩子良好的学习习惯与生活自理能力。幼儿园方面则是要多为儿童正面介绍小学的日常学习生活，让儿童提前了解和体验小学生活，培养幼儿的规则意识与自我管理意识。

（四）大班儿童对家长支持的需求

在儿童对家长的期望上，有的儿童希望家长能满足他们的物质需求，能为他们购置新文具，有的儿童希望父母能与他们一起学习，辅导他们的作业，有的儿童希望家长及时鼓励表扬，不要批评他们。还有部分儿童对上小学有一定的紧张情绪，希望父母能陪同自己走到学校门口或教室门口。由此看出，在幼小衔接时期，儿童对家长是有一定的期望和诉求的。

儿童26：我希望我的爸爸妈妈可以给我买新的大书包，我现在的书包都有点儿破了，我还想要个铅笔盒。

图 2-2-18

儿童 27：我想让妈妈把我送到学校门口，我自己再走进去。

图 2-2-19

儿童 28：我想让妈妈开汽车送我上学，陪我走到楼下。

图 2-2-20

儿童 29：我害怕小学作业很多，写不完，我想写作业的时候，妈妈一直陪着我。

图 2-2-21

儿童30：我希望我可以考100分，妈妈亲亲我，回到家爸爸妈妈抱着我睡觉。妈妈奖励我，给我去买玩具，等我回家就把玩具送给我。

图 2-2-22

儿童31：我希望我的妈妈能一直陪着我学习，如果我在学校学不会，妈妈会教我。

儿童32：我希望我妈妈不要批评我，现在每天妈妈都批评我，可是我就是学不会妈妈教的拼音，我是不是太笨了。

在大班儿童对家长支持的需求上，大班儿童普遍关注家长能否提供高质量的陪伴，希望家长能耐心温柔地同自己沟通，这意味着儿童对家长的情感参与更加重视。建议家长尊重孩子的心灵，接受孩子的节奏，不超前学习影响孩子的学习兴趣，允许孩子"慢慢来"。在和孩子沟通时，注意措辞和态度，不给孩子贴标签，互相尊重，彼此包容。

（五）大班儿童对自己能否适应小学生活与规则的担忧

儿童对幼小在规则方面的担忧也非常明显，儿童认为上课的时候是不能吃东西、喝水、上厕所，更不能随意走动的。相比之下，幼儿园在这方面管理比较宽松，这意味着儿童在进入小学后将会面临一段时间的规则适应期，儿童在这个过程中将会感受到困难和挑战。另外，儿童普遍认为"小学要比幼儿园严格很多"，而这种严格体现在方方面面，尤其体现在儿童对规则遵守和学习方面的要求。

儿童33：我担心上了小学要升国旗，我不会升国旗。

图 2-2-23

儿童34：我担心上小学我会忘记穿校服，不穿校服会不会被批评？

图 2-2-24

儿童35：我担心我早晨起床太晚，吃饭太慢，上学就迟到了，老师罚站。

图 2-2-25

儿童36：我怕小学的教学楼太高，没有电梯，我爬不上去，最后会迟到，我还担心我不会升国旗。

图 2-2-26

儿童37：我担心上课不能喝水、不能上厕所。

儿童38：上课不能走动，也不能站起来，也不能睡觉，我如果不遵守纪律，可能会被赶出去。

儿童39：听说小学和幼儿园不一样，上课要坐得端正，下课不能乱跑，也不可以大声讲话，更不可以吃点心。

儿童40：上了一年级，上课要认真听讲，回答问题要举手，不能直接站起来回答问题，做错了事情老师会严厉批评。

在规则遵守方面，大班儿童普遍担忧规则本身和教师造成的规则压力，儿童主要担心规则的掌握和执行，对于自己不熟悉的一年级，儿童担心自己不熟悉规则而犯错；在教师造成的规则压力方面，儿童主要担心自己破坏规则后教师给予的惩罚。建议小学教师走进幼儿园大班，为大班儿童讲解小学生规则，帮助儿童熟悉小学生活，正面介绍小学一年级，为儿童建立入学期待，使儿童认识遵守规则的重要性，让孩子知道规则并不可怕，提前消除儿童对一年级与一年级教师的陌生感与紧张感。

从幼儿园过渡到小学，是幼儿生命早期的一次重大转变，成人要充分尊重儿童的主体地位，关注儿童身份的转变，倾听儿童的心声，关注儿童内心的感受，从儿童角度出发，帮助儿童调整情绪状态，激发其积极入学的兴趣，尽快适应入学的生活。

第三节　幼儿园大班家长入学准备教育现状及需求调查分析

一、幼儿园大班家长对入学准备的认识

家长作为幼小衔接生态中的重要利益相关者，其对入学准备的正确认识对于幼小衔接工作的开展非常重要。首先，正确认识入学准备可以促使家长更加积极地参与和支持幼小衔接工作。家长会更加关注孩子的入学准备，给予孩子足够的关注、鼓励和支持。其次，家长正确认识入学准备，知道孩子需要具备哪些基本技能和知识，以及如何培养孩子适应小学教育的需求。这样，家长可以有针对性地为孩子提供相关的培养计划和资源，确保孩子在幼小衔接过程中平稳过渡。最后，正确认识入学准备还能帮助家长、老师建立起有效的沟通和合作。家长了解到入学准备的内容和目标后，可以与学校教师密切配合，共同制订合适的学习计划和培养方式。因此，本研究考察了家长对于儿童入学准备的认识，旨在了解家长的主要观点，为后续有针对性地开展支持活动提供依据。

（一）家长对于儿童入学身心准备的认识

儿童入学身心准备主要包括期待上小学、具备良好的情绪状态、具备抗挫折能力、身体健康、大运动和动手操作能力等多个方面。调查显示，家长在身心准备中最为关注的身体健康，其次是具备抗挫折能力和良好的情绪状态。而对儿童的大、小动作的发展和向往上小学的心态关注相对少一些。（见表2-3-1）

表 2-3-1　家长对儿童入学身心准备的认识

	N	平均数	标准差	排名
向往上小学，期待上小学	8443	4.41	0.778	5
不平白无故地发脾气，具备良好的情绪状态	8443	4.72	0.586	3
面对挫折不退缩，具备抗挫折能力	8443	4.74	0.532	2
身体健康、营养均衡	8443	4.75	0.525	1
具备大运动、大肌肉等运动技能	8443	4.13	1.062	6
具备一定动手操作的能力	8443	4.65	0.593	4

【访谈】

家长 1：身心准备就是身体和心理健康吗？我觉得他身体健康最重要，做父母的，对孩子最大的希望就是身体健康，心理也要健康，其他的我也没有很大的要求。你说的那些什么大动作、抗挫折能力也很重要，就是之前没有想过这些。

家长 2：我觉得上小学的话，除了身体健康，就是抗挫折能力和良好的情绪状态比较重要，但是身体健康我知道应该给孩子提供营养的饭菜，多带孩子锻炼，那抗挫折能力怎么培养呢？我家孩子总是遇到一点儿困难就放弃，说她几句就开始掉泪，打不得、骂不得、说不得，我一直很发愁她这个心理素质，到了小学万一适应不了新环境，也受不了老师批评，到时候该怎么办。

家长 3：我觉得具备良好的情绪状态这一点挺重要，因为现在的孩子都比较任性，脾气也都大。我自己就是一名小学老师，不过我教的是四年级，我们班有几个孩子一直让我很头疼，有一次有个孩子上英语课的时候说话，老师批评他，他就跟老师顶嘴，英语老师气坏了，班长喊我过去的时候，他已经举起凳子要打老师了。还有一个孩子上课的时候，也是因为接受不了批评，爬到窗台上跟我说要跳楼。我不知道现在的孩子怎么了，如果从小就注意培养孩子的情绪管理能力，让孩子做一个积极乐观、情绪稳定的孩子，也不会出现现在这种状况。

家长 4：孩子现在抗挫折能力较差，但是运动能力强，耐力强，我想培养他的抗挫折能力，但是不知道怎么培养。

　　基于以上调查结果，很多家长在孩子的成长过程中能够认识到身心健康的重要性，但对儿童的大、小动作的发展和向往上小学的心态关注相对较少。访谈中发现，家长在培养孩子良好的情绪状态和抗挫折能力方面缺乏相关的经验。基于此，建议家长可以通过多种方式萌发孩子对小学的向往，例如带孩子走近小学，了解小学生的日常生活，介绍小学里的有趣课程，耐心与孩子沟通，了解孩子在入学准备方面的需求，帮助孩子消除顾虑等。在大、小动作的发展上，可以多带孩子进行体育运动，锻炼攀爬、跳跃、翻滚、快慢跑等项目，例如每天晚上带孩子外出散步、跳绳，周末陪伴孩子骑行、徒步、打球、游泳等，在室内也可以开展一些简单的亲子体育游戏，通过不同形式的运动，既能发展孩子的大、小动作，又有助于建立和谐的亲子关系。在良好的情绪状态和抗挫折能力培养方面，家长要培养孩子从小学会合理表达内心的情绪，6岁之前的孩子往往由于年龄小，在内心愤怒、迷茫、无助的时候无法正确识别和发泄，也无法用合适的语言表达需求，只能通过发脾气来缓解内心的不适。此时，家长的处理方式则会影响孩子的情绪状态，有的父母会妥协，满足孩子一切要求；有的家长采取冷处理方式，不理会孩子的脾气；有的家长采用言语攻击或者暴力去压制孩子，在孩子遇到困难发脾气时，家长有时会以不当的方式批评孩子，打击孩子的自信心。建议家长给孩子提供表达的机会与宣泄情绪的渠道，接纳孩子的坏脾气，不当众打骂，在孩子遇到困难发脾气时，耐心等待孩子发泄完毕，及时疏导孩子的负面情绪，引导孩子说出自己的心声，告诉孩子自己能理解孩子的心情，然后轻声抚慰、低声教育，尊重孩子的人格。帮助孩子认识情绪、表达需求、以合理的方式解决问题，就能帮助孩子培养良好稳定的情绪和抗挫折能力。

（二）家长对于儿童入学生活准备的认识

　　在生活准备方面，家长最为关注的是儿童的自我保护能力，其次家长关注的是儿童讲文明、懂礼貌的行为习惯和自理能力，而对于儿童对一些生活常识的了解，家长们关注相对较少。这可能是由于孩子进入小学后，他们面临着陌生的环境，而且小学老师不像幼儿园老师时时刻刻陪伴着孩子们，所以家长非常希望孩子在陌生环境下遇到危险时能及时向他人救助，具备自我保护能力以及自理的能力。此外，家长们认为良好的行为习惯和懂礼貌的举止有助于儿童在与同学、老师以及其他人的交往中获得更好的沟通和相处体验。而对于儿童生活常识的学习，家长们通常比较依赖学校对儿童进行这方面的教育。（见表2-3-2）

表 2-3-2　家长对儿童入学生活准备的认识

	N	平均数	标准差	排名
讲文明，懂礼貌	8443	4.79	0.498	2
每天能自己整理书包和文具，具备自理的能力	8443	4.73	0.532	3
具备一定的生活常识	8443	4.64	0.564	5
具备一定防范攻击和不攻击他人的准备	8443	4.66	0.636	4
遇到危险时能及时向他人求助，具备自我保护能力	8443	4.8	0.488	1

【访谈】

家长 5：主要就是担心孩子在新环境万一遇到不好的同学，他不会处理，现在他在幼儿园，班里有调皮的孩子，我都让他离人家远点，如果真有冲突，他都是找老师，而且我平时找他老师比较多，所以他老师很关注他，我怕等他上了小学，没有老师保护，他又不会处理，万一被人打伤了怎么办。

家长 6：我比较重视孩子的自理能力，因为我家老大上小学的时候，自理能力有点儿跟不上，一开始放学的时候都不知道整理书包，直接就跑出来了，而且他自己想不起来增减衣物，衣服拉链还不会拉，放学经常不穿外套就出来，有次还着了凉，小学老师不像幼儿园老师那样时时照顾孩子，我当时忽略了，所以现在老二要上一年级了，我从中班时期就教给她扣扣子、拉拉链、戴围巾和手套。

家长7：生活常识没有特别教过，有时候想起来了就给她提一嘴，比如在马路上散步时告诉她遇到陌生人送食物一定要拒绝，洗澡的时候告诉她隐私部位不让除了父母以外的人看，在家告诉她不要碰烧水壶、燃气、药物、电源插座等，基本是一些安全方面的生活常识，不过很多常识幼儿园天天都教，所以这个我也不是很担心。

基于以上调查结果，家长们较少关注儿童生活常识的学习，虽然在日常生活中偶尔有渗透，但并没有系统地为孩子讲解过，而是将重点放在自我保护能力、自理能力、文明礼貌等好习惯的培养方面，生活常识往往依赖幼儿在园的学习。建议家长梳理出不同主题的生活常识，在日常生活中抓住一切教育契机渗透给孩子，例如培养孩子良好的生活习惯，引导孩子饭前便后去洗手，晚上准时洗漱睡觉不熬夜，吃饭时细嚼慢咽不挑食；培养孩子的安全常识，比如在排队时告诉孩子文明排队不插队、不推挤，人多的地方不要去，过马路时看好红绿灯和路况，不靠近水边，不玩火不碰火。在环境保护方面，家长以身作则，不乱丢垃圾，进行垃圾分类处理，节约水资源、电资源；在社交方面，引导孩子尊老爱幼，文明礼貌，教给孩子一些基本礼仪等。

（三）家长对于儿童入学社会准备的认识

在社会准备方面，家长们更关注儿童与老师、同学的相处情况，而对于学校规则的遵守和教师指令的理解关注相对较少。他们认为良好的人际关系是儿童正常学习和适应学校环境的重要因素。家长希望儿童在进入小学后与老师、同学建立友好的关系、积极融入班级。此外，他们也意识到社交能力是孩子未来成功的关键因素，所以更加关注孩子在人际交往中的表现和能力。家长希望孩子具备良好的沟通能力、合作精神和解决问题的能力。而对于学校规则和教师指令的理解，许多家长认为应该在孩子进入小学后由小学老师进行培养，所以家长在入学准备阶段对这方面的关注度较低。而且由于幼儿园阶段的规则不是特别明确和严格，家长也比较容易忽视对孩子规则意识的培养。（见表2-3-3）

表2-3-3　家长对儿童入学社会准备的认识

	N	平均数	标准差	排名
学会听从教师的安排、指导	8443	4.66	0.583	4
能遵守相应规则的准备	8443	4.71	0.533	3
愿意与教师接触、沟通，讲出自己的烦恼	8443	4.75	0.524	1
与同伴能友好交往和相处	8443	4.73	0.526	2

【访谈】

家长8：我希望孩子上了小学以后，能很快找到好朋友，也能获得老师的喜欢，这样他心态会稍微轻松一些，也比较有利于他适应新环境，还有就是希望他遇到事情能主动告诉老师，他在幼儿园倒是没事，什么事情都会找老师，但是他一直对小学老师很敬畏，因为邻居家的哥哥就是小学生，之前跟他说过小学老师的情况，他有点儿紧张。

家长9：就是想让他朋友多一些，因为社会交往能力太重要了，人一辈子不可能自己过，从小学会交朋友对他以后的发展比较有利，而且去一个新环境，交到很多好朋友，他就会比较喜欢这个新环境。

家长10：希望他能当班长，和老师、同学都建立好的关系，平时多和老师打交道，遇到事情可以及时跟老师说。

家长11：理解规则和遵守规则应该是在学校里学的吧，在家没有强调过，因为在家里也没有什么事儿是他必须按规则办的呀。

家长12：他现在和同学有矛盾会跟老师说，但是心里有烦恼只会跟家长说，我希望他以后能和同学处好关系，烦心事也可以讲给好友和老师。

基于以上调查结果，家长比较重视儿童与同学、老师的交往情况，对于学校规则的遵守和教师指令的理解关注相对较少。但培养儿童初步的规则意识和遵守规则的能力对其愉快学习、生活、交往和尽快适应小学有重要影响，家长应重视对儿童规则意识的培养。首先，建议家长与儿童共同制定要遵守的规则，并讲清楚为何要遵守规则，比如讲清楚早晨早起锻炼的好处，共同探讨为何看电视不能超过半个小时，为什么吃饭前一定要洗手，为什么学习时不可以吃东西玩玩具，为什么出门不能乱跑要抓紧大人的手，为什么要排队等待不能插队等，当儿童理解了规则就更容易遵守规则。此时，家长还需要与儿童共同讨论破坏规则的后果，由儿童自己制定惩罚措施。其次，家长要以身作则，在日常生活中同样遵守规则，破坏规则同样要承担后果。同时，在遵守规则时，家长要内心坚定，不因为孩子哭闹撒娇就妥协，在孩子破坏规则以后，首先提醒孩子、重申规则，孩子执意破坏规则时，就让孩子去承担自己当初制定的后果。最后多用鼓励、正向的语言肯定孩子，在孩子遵守规则时及时表扬，激发孩子的积极性，孩子也就更愿意遵守规则。只有在家庭中、在日常生活中能够遵守不同的规则，才能在小学中适应更多的规则，更好地适应小学生活。

（四）家长对于儿童入学学习准备的认识

在学习准备方面，家长们主要关注的是儿童的学习兴趣和一些基本的学习习惯，比如正确的坐姿、握笔姿势、学会听课和阅读习惯。而对于理解能力、表达能力和注意力的培养关注较少，这可能是由于对于学习而言，坐姿、握笔姿势、学会听课和阅读是更为显性、可见的准备，家长更容易观察和引导。（见表2-3-4）

表2-3-4　家长对儿童入学学习准备的认识

	N	平均数	标准差	排名
学习兴趣	8443	4.75	0.528	2
掌握正确的坐姿、握笔姿势，做好会听课的准备	8443	4.77	0.509	1
做事能坚持	8443	4.74	0.522	3
具备一定的注意力	8443	4.67	0.55	6
能清晰地理解别人的语言	8443	4.66	0.563	7
能表达自己的意愿	8443	4.69	0.544	5
具备一定的阅读能力	8443	4.73	0.546	4

【访谈】

家长 13：我认为应该重点培养学习兴趣和坚持性，我大儿子从小就对学习不太上心，我们想着他小，爱玩是天性，就没怎么管过他的学习，他老师也说他在幼儿园一上课就走神，学得稍微深一点他就直接说不会，老师让小朋友们画画，他从不画，总是跟老师说："我现在不会，我回家再画。"其实他就是不愿意动手，也不想学，不管做什么都坚持不了。后来他上了一年级，特别费劲，上了两个月还是完全跟不上，我们没办法就给他退学了，先让他去私立的幼小衔接班恶补，第二年才重新读一年级。所以我现在就觉得学习兴趣和坚持性非常重要，只有他对学习感兴趣才能在课上认真听，做事只有坚持到底才能出成绩。

家长 14：我觉得阅读能力很重要，因为等孩子上了小学，不管是数学课还是语文课，归根结底都是要看孩子的阅读理解能力，如果阅读能力跟不上，课文和数学题目都读不懂。

家长 15：孩子现在的理解能力不够，一些直观的题目没问题，有些逻辑的题目稍微有些困难，我认为学习兴趣和坚持性比较重要，但当务之急是不知道怎么提高他的理解能力。

基于以上调查结果，家长更加关注儿童的学习兴趣与良好坐姿、握笔姿势以及会听课的准备等方面，对儿童理解能力、表达能力和注意力的培养关注较少。而提高儿童的理解能力、表达能力、专注力是增强人际交往能力、思维能力、意志力、创造力等能力的基础，是一切学习的开始，在儿童的成长过程中起着至关重要的作用。在提升儿童理解能力与表达能力方面，建议家长为儿童提供自由表达的机会，在日常生活中把握一切机会，为孩子介绍眼前的事物并鼓励孩子说出自己的观点，如陪孩子阅读完毕，可以引导孩子自己讲述；带孩子逛超市时，可以为孩子介绍超市里的商品和功能；带孩子逛公园时，可以为孩子介绍沿途的美景，并鼓励孩子说一说自己的所见所闻；同时对孩子的表达及时作出回应。其次，多带孩子外出看一看世界，感受各地的风土人情，增长见识。在提升儿童的专注力方面，建议家长在日常生活中尽量不要打断孩子正在做的事情，比如孩子在阅读或拼搭时，家长不要总去送水、送水果，或者与孩子闲聊等。最后，家长可以与孩子一起进行一些专注力小游戏，为孩子提供拼图、迷宫、积木、棋、专注力卡片等材料，与孩子共同完成。家长还可以运用"番茄钟"方法，划定时间，在这个时间段内只能做一件事情，不能做其他无关的事情。

（五）家长对于入学家庭准备的认识

在入学家庭准备方面，家长们认为良好的亲子关系和民主温暖的家庭教养方式对于孩子的入学准备十分重要，而对于家庭的经济状况是否优越没有过多的关注。家长们能够认识到尽管家庭的经济状况对孩子的入学准备也有一定的影响，但更重要的是家庭提供的支持和鼓励，以及家庭教养方式的积极性和亲子关系的质量。（见表 2-3-5）

表 2-3-5　家长对儿童入学家庭准备的认识

	N	平均数	标准差	排名
良好的亲子关系	8443	4.77	0.495	1
民主温暖的家庭教养方式	8443	4.73	0.536	2
父母教育孩子的程度	8443	4.63	0.599	3
优越的家庭经济状况	8443	4.02	1.014	4

【访谈】

家长 16：家庭中的亲子关系最重要，如果父母和孩子之间关系不好，或者父母没有亲自教养，对孩子的健康成长来说非常不利。相比于家庭的贫富，和谐的亲子关系更容易让孩子感受到幸福。我的发小家里就是比较富裕，但是发小的父母都不太管孩子，从一年级开始，每天给他饭钱自己解决一日三餐，他从小自理能力强，但是和父母关系很差，因为没人监督，他放了学就开电脑，学习也不行，后来初中上完就进入社会了。我和他完全相反，我们家虽然不富裕，但是很温馨，我后来可以读到研究生要归功于我的家庭对我的教养，所以，我非常重视家庭中人与人之间的关系，无论是夫妻关系还是亲子关系，我要给我的孩子同样温暖的家庭氛围，让他顺利适应小学生活，有勇气迎接未来漫长的人生中遇到的各种困难。

家长17：孩子马上要一年级了，家里应该给孩子提供温馨、温暖的环境，家人之间充满信任与关爱，这样孩子上了小学，遇到困难就不会紧张害怕，遇到自己解决不了的事情知道向家长寻求帮助。

可以看出，家长们更加关注良好的亲子关系和民主温暖的家庭教养方式。基于此，为了帮助家长建立良好的亲子关系、拥有民主温暖的家庭教养方式，建议家长首先要让孩子感受到家庭带来的温暖，比如夫妻之间要恩爱和睦，对老人要孝顺关爱。其次，家长要让孩子享受到民主的地位，对家中的大事小事能共同商议解决，尊重孩子的主张和见解，不批判孩子幼稚的想法，让孩子拥有成就感。家长还要为孩子提供独立的空间，培养孩子的隐私意识，让孩子拥有一块属于自己的可以释放压力的个人空间。最后，家长要多与孩子进行谈话活动，多与孩子拥抱，走进孩子的内心世界。

二、幼儿园大班家长入学准备教育实施的情况

（一）家长对于超前学习的认识

幼儿园"小学化"问题是制约科学幼小衔接推进的关键问题和主要障碍。张佳思（2019）、孙振华（2019）认为家长对孩子有过高的教育期待，贾少慧（2019）则指出传统的教育理念导致家长们急功近利，应试教育的影响使家长只注重见效快、表面化的知识掌握，一味地要求孩子超前学习，忽视了培养儿童良好的学习品质、人际交往能力、生活习惯等有利于儿童长远发展的能力[1]。本

---

[1]　凌丁玲.幼小衔接过程中去"小学化"政策实施现状的研究[D].南宁：广西大学，2020.

研究通过调查旨在了解家长倾向于让儿童超前学习哪些内容，通过什么样的方式进行学习，为什么进行超前学习等。深入了解家长的想法，从而为家长后续制定成长支持方案提供依据。

1. 超前学习的内容

在调查中，当被问及"您计划在入学前让孩子超前学习哪些小学知识"时，只有 14.56% 的家长表示不会让孩子进行超前学习。相比之下，有 78.66% 的家长计划让孩子提前学习拼音，65.47% 的家长计划提前让孩子练习写字，59.28% 的家长计划提前让孩子学习两位数的加减法。（见表 2-3-6）可以看出，"小学化"现象在拼音学习上表现得最为突出。这种现象出现的原因在于拼音是儿童进入小学后需要快速掌握的一项技能。家长认为，在短期内使孩子学会拼音相对困难，而一些课外培训机构的宣传也渐渐使家长接受了提前学习拼音的有效性。他们认为这样做可以让孩子在入学后更轻松地适应学习，取得优势，从而"赢在起跑线上"。此外，家长们还关注让孩子提前练习写字和学习简单的两位数加减法。尽管这两项内容不是孩子进入小学后短期内必须掌握的，但从长远来看，它们是孩子小学学习的重要基础。因此，很多家长希望在孩子进入小学前就着手学习。

表 2-3-6　家长对儿童超前学习内容的观点

选项	频数	百分比
不会超前学习	1229	14.56%
学习拼音	6641	78.66%
练习写字	5528	65.47%
两位数的加减法等数学学习	5005	59.28%

【访谈】

家长 18：我们现在已经开始学拼音了，提前先教着，慢慢教一年，就不会害怕她一年级跟不上了。加减法的话，幼儿园也教了 10 以内的，我们现在家里在教 20 以内的，等到下学期开始练习书写汉字，到时候上一年级就差不多准备好了。

家长 19：孩子现在已经认识一千多个汉字了，都是每天教几个字，教了一年了，加减法不是问题，他数学很好，我们教得早，他现在乘法口诀都会背了，就是拼音才刚刚开始，但是还有半年才上小学，时间也够用，拼音慢慢教，得把他拼音基础打好。

家长 20：必须提前都学好，要不然人家小学可不等你，到时候再着急也来不及，我是计划先给孩子学拼音，然后积累阅读量，到时候理解能力就上去了。

家长 21：我知道提前学弊大于利，但是拼音不提前学，到时候真的跟不上，其他的我可以先不教，但是上一年级之前，他怎么都得先学会读字母，开学前的暑假学会拼读。

家长 22：我觉得不能超前学习，这一点我和家人有分歧。我认为要按照国家政策走，国家肯定有他的道理，但是孩子妈妈不同意。

2. 超前学习的方式

对于如何进行超前学习，有 38.58% 的家长反映目前孩子上的幼儿园已经提前教了拼音等小学知识，有 1.85% 的家长目前周末会带孩子去上"幼小衔接班"，9.87% 的家长计划下学期让孩子上"幼小衔接班"，32.5% 的家长计划在大班毕业后的暑假让孩子上"幼小衔接班"。（见表 2-3-7）可以看出，家长采取的主要超前学习的方式是让孩子上一个小学化的幼儿园或者在幼儿园毕业后的暑假进行超前学习。

表 2-3-7　家长对儿童超前学习方式的观点

选项	频数	百分比
孩子上的幼儿园已经提前教了拼音等小学知识	3257	38.58%
目前周末上"幼小衔接班"	156	1.85%
计划下学期上"幼小衔接班"	833	9.87%
计划在大班毕业后的暑假上"幼小衔接班"	2744	32.5%
觉得没必要	1453	17.21%

【访谈】

家长 23：孩子在公立幼儿园上了两年，大班只上了一个月我就给他转走去学幼小衔接了，现在就在幼小衔接班学拼音计算什么的。

家长 24：幼儿园教了这些拼音计算，他不需要再去幼小衔接班了，我儿子现在上的就是私立园，教得不少，小班就会写数字，中班就学加减法，大班拼音都快学完了，下学期都是复习了，我觉得他现在上一年级肯定没问题。

家长 25：我和孩子爸爸商量过，让他幼儿园毕业去上"幼小衔接班"，我们认为，提前俩月学就够了，反正到了小学还会再学一遍。

家长 26：不上幼小衔接班，尽量"零起点"入学。

3. 超前学习的原因

家长为什么要让孩子进行超前学习呢？有 72.33% 的家长害怕小学进度快，担心孩子在小学阶段无法跟上教学进度，因此希望通过超前学习，使孩子提前掌握一些小学知识，以减少学习压力；48.93% 的家长认为其他孩子都在进行超前学习，如果他们的孩子不参与，可能会导致学习上的差距和竞争劣势。为了让自己的孩子不被甩在后面，他们也选择让孩子进行超前学习；38.01% 的家长认为自己的孩子学习能力相对较弱，担心孩子在小学阶段跟不上同学们的学习进度。因此，他们希望通过超前学习来增强孩子的学习能力，确保孩子能够跟上小学的教学内容；28.34% 的家长是因为孩子自己感兴趣，所以提前学习。（见表 2-3-8）可以看出，家长让孩子超前学习的主要原因集中在小学的教学进度过快上，其次就是看到其他孩子超前学习，怕自己的孩子处于劣势。

表 2-3-8　家长让儿童超前学习的主要原因

选项	频数	百分比
害怕小学进度快，自己孩子跟不上	6107	72.33%
害怕别的孩子都学了，自己孩子跟不上	4131	48.93%
害怕自己的孩子能力弱跟不上	3209	38.01%

续表

选项	频数	百分比
孩子自己感兴趣，提前学习	2393	28.34%
不会超前学习	1124	13.31%

【访谈】

家长27：不提前学肯定跟不上，到时候老师不喜欢，孩子没自信，那就坏了。

家长28：咱班很多家长已经给孩子转学了，我们私底下有联系，他们孩子现在学了好多了，我看我闺女还是傻呵呵地玩我就着急，我准备过了寒假就给她转园。

家长29：我们年龄小了一点，去年已经上了一个大班了，本来该去一年级，没去成，他的小伙伴都去上一年级了，他特别想上小学，他的小伙伴跟他说上小学得学会加减法和拼音，还得会写字，他现在天天着急学这些，我们就教了。

家长30：孩子的反应不是特别快，我问过老师，他在班里属于中等水平，我怕这种情况下不提前学，一年级就比不过别人，孩子的自尊心受打击。

（二）家长入学准备教育实施情况

家长伴随儿童一同经历幼小衔接的全过程，但相较于幼儿园教师、小学教师而言，家长在幼小衔接中的教育经验是少之又少，然而，家庭教育所产生的影响却是深远且巨大的。对于大部分家长而言，其所产生的幼儿入学焦虑将在家庭教育中以不同行为影响着儿童的成长，提前学习拼音、学习计算、学习英语是多数家长首选的幼小衔接教育策略。

【访谈】

家长31：入学准备就是在家学了拼音字母。

家长32：主要学习汉字、20以内加减法和一部分拼音。

家长 33：我们在家学汉字、增加识字量，学拼音认读，还没开始写汉字。

家长 34：我的女儿现在是学了舞蹈锻炼了身体素质，学了绘画锻炼了专注力，还学了数学、拼音、英语，防止上了小学跟不上。

家长 35：我们目前的准备主要是学习兴趣、自理能力和知识方面，平时让孩子在家多读绘本、多听故事，对学习有初步兴趣，再就是让她多做家务，锻炼动手能力，还学习拼音、识字、加减法计算。

家长 36：培养孩子的自理能力，尽可能多认字，通过数字游戏学习两位数加减法。

家长 37：平时主要学习认字、绘本、加减法、拼音，再就是每天按时早睡早起，按时完成作业。

家长 38：我们主要准备的是识字，在家准备了黑板，每天认识五个字，有时候一次性记住，就接着认。

家长 39：我们告诉孩子九月份就要上一年级了，告诉了他一些一年级基本情况，让他对一年级有个基本了解，然后每天监督他按时完成作业和一些家里的小任务，培养任务意识，再就是学习一些一年级的基本知识。

家长 40：提前沟通了上小学的基本流程和学校要求，调整了作息时间，培养了自理能力，让他自己洗漱、穿衣、洗衣。

家长 41：还没有准备，想让他过阵子直接去幼小衔接班。

家长 42：平时注重孩子的识字量、表达能力、看图说话能力，我们家长会陪伴孩子看故事绘本和科普书籍。习惯方面培养孩子的专注力，生活方面尽量让孩子自己的事情自己做，体能方面让孩子学习了游泳和舞蹈。

家长 43：现在是让孩子多识字、认拼音、背诵古诗、读经典古文。

家长 44：生活自理上是让孩子自己上厕所、喝水、吃饭、穿衣，学习上是让孩子认字、看图书、听故事，作息上是让孩子调整生物钟，保证充足睡眠。

家长 45：就是陪伴孩子多读书，从小养成读书的好习惯。

家长 46：培养正确的人生观、价值观，培养好的学习习惯。

家长 47：培养孩子良好的学习习惯，比如写作业时不讲话、不吃东西，和孩子制订学习计划，每完成一项就打个对号；培养孩子自我保护意识，如防火、防触电、交通安全等。

家长48：调整孩子的作息，培养自理能力，激发孩子上小学的兴趣，在家里创造温馨的环境。

家长49：让孩子自己整理文具和书包，回到家先完成老师布置的任务再去做其他事。

家长50：提前给孩子做了思想工作，告诉孩子小学和幼儿园的差别。

家长51：经常给孩子讲幼儿园和小学的不同，再就是学识字和计算。

家长52：在家学习了加减法，学写字先学描红，现在在家学习笔顺和偏旁部首。

家长53：我们就是为孩子做心理准备，告诉她小学和幼儿园的不同，其他都没准备。

家长54：主要帮助孩子准备了三个方面，学习上是培养良好的学习习惯，心理上是讲一讲小学的有趣之处，激发孩子对上小学的兴趣，时间上是让孩子建立合理的时间观念。

家长55：培养孩子良好的习惯，生活和学习都要有好习惯；在学习上，孩子主要学习绘本阅读、数学逻辑、古诗词积累、英语；在心理上，提前铺垫小学生活，让孩子知道小学的学习模式，鼓励孩子。

家长56：给孩子买了很多课外学习资料，每天让孩子先完成幼儿园作业，再学习课外资料，完成我们布置的作业，现在学习数学偏多，拼音也学了，但是感觉孩子接受得很慢。

家长57：我们学习了认字、算术、乘法口诀、拼音。

家长58：学习了600个汉字，10以内加减法，学了单韵母。

家长59：让孩子提前适应小学生活，所以每晚都是学习写字、读书、加减法、凑十法、拼音读写。

家长60：帮孩子养成复习的习惯，每天监督孩子复习白天在幼儿园学习的东西，另外我们再学一点儿拼音，最后让孩子自己整理书包。

从访谈资料来看，家长在为孩子进行入学准备时，普遍提到要培养孩子良好的学习习惯与自理能力，但是在提到具体做法时，家长们认为每晚在家学习一年级知识即为培养孩子好的学习习惯。由此可见，当前大部分家长对入学准备的理解非常狭隘，将提前学习小学知识视为入学准备，在家中提前教授孩子拼音、汉字书写、20以内加减法甚至是英语与乘法，忽视幼儿学习兴趣、学习能力和学习习惯的培养，重知识传授，轻能力培养，尤其忽视儿童的社会准备与身心准备。这意味着，大部分的家庭教育中对"幼小衔接"的准备方法、亲子沟通、学习习惯培养等多项核心要素的认知缺失与实践偏差急需有科学的指导与反馈，需联动幼儿园、小学双方办学机构，辅以社区联动，多方协力修正家长片面的衔接教育观与激进的衔接教育行为，提高指导方法可行性，促使家长逐步建立符合儿童发展规律的儿童发展优先价值观，进而逐步理解与掌握合适的衔接教育行为。

三、幼儿园大班家长对儿童的教养期望分析

（一）幼儿园大班家长对儿童教养期望的现状分析

选择描述性统计分析、单样本T检验来考察幼儿园大班家长的教养期望现状。结果显示，学业表现期望、未来发展期望、品行表现期望、人际交往期望和身体素质期望的均分分别为4.14、3.89、4.55、4.06和4.53，全部显著高于3分（中立），单样本T检验的P值全部小于0.01，这意味着幼儿园大班家长对孩子的学业表现期望、未来发展期望、品行表现期望、人际交往期望和身体素质期望都比较高。（见表2-3-9）

表2-3-9　幼儿园大班家长教养期望的现状分析

	N	平均值 ± 标准差	检验值	T	P
学业表现期望	8443	4.14 ± 0.81	3	128.891	<0.001

	N	平均值 ± 标准差	检验值	T	P
未来发展期望	8443	3.89 ± 0.85	3	97.038	<0.001
品行表现期望	8443	4.55 ± 0.7	3	202.216	<0.001
人际交往期望	8171	4.06 ± 1.12	3	85.472	<0.001
身体素质期望	8443	4.53 ± 0.64	3	221.166	<0.001

注：因为是李克特5度量表，因此3分表示中立，所以检验值为3。

父母之爱子，则为之计深远，每一位家长都希望自己的孩子能成为栋梁之材，能够拥有光明的未来，健康的体魄是一切活动的基础，好的品行是行走世间的通行证，好的学习成绩是通往成功道路的重要途径，社交能力是人在社会生存的重要技能，因此，家长都对自己的孩子有很高的期望，希望孩子身体健康、品行端正、学习成绩优异、社交能力强，未来能够前途光明。

【访谈】

家长61：那肯定是我希望我的孩子什么都好，无论是学习、身体还是品行，越好我就越满意，不过如果要选择最看重的，那就是身体健康和品行了。

家长62：我希望孩子能上个好大学，有个好工作，因为我自己没有上过大学，是个遗憾。虽然现在的工作能挣钱，但是作为山东人，还是想让孩子学习好，以后考个公务员。

家长63：孩子现在还在幼儿园，对孩子的期望就是成为很厉害的人物，在某一领域能是佼佼者，比如当个厉害的科学家或者名医，都可以。

家长64：我对孩子的期望就是希望他安安稳稳的，品行好一些，以后当个老师。

总的来看，所有的家长都希望自己的孩子在各个方面表现优异，但家长最为看重的还是孩子的身体与品行表现。建议家长除了从观念上重视孩子的身体素质与品行表现，还要从实际行动中去培养孩子，例如在提高孩子的身体素质方面，建议家长引导孩子选择他喜欢的运动方式，每天有固定的时间与孩子共同运动，使孩子养成运动的好习惯；在品行表现方面，建议家长以身作则，孩子是父母的镜子，父母的一言一行都会投射到孩子身上，潜移默化地影响孩子，因此家长要严格要求自己，做个品行端正的人。

（二）幼儿园大班家长对儿童教养期望的差异分析

1. 所在地区对大班家长教养期望的影响

选择独立样本 T 检验比较城市和农村家长的各个维度教养期望的差异，结果显示，城市和农村的大班家长在教养期待的各维度上没有显著差异，P 值全部大于 0.05，即城市和农村大班的家长都存在较高教养期待，二者没有显著差异。无论是城市父母还是农村父母，都愿意为自己的孩子竭力付出全部，愿意创造条件给予孩子更好的生活，也都对孩子有着深深的期盼。（见表 2-3-10）

表 2-3-10　不同地区幼儿园大班家长教养期望差异分析

	城市（3243）	农村（5200）	T	P
学业表现期望	4.12 ± 0.82	4.15 ± 0.8	−1.202	0.23
未来发展期望	3.89 ± 0.86	3.9 ± 0.84	−0.52	0.603
品行表现期望	4.54 ± 0.7	4.56 ± 0.71	−0.874	0.382
身体素质期望	4.53 ± 0.62	4.53 ± 0.64	0.332	0.74
人际交往期望	4.04 ± 1.13	4.07 ± 1.12	−0.951	0.342

【访谈】

家长 65：我希望他健康、品行好、有孝心、肯上进，以后不要跟我一样在外打工，希望他能好好学习有出息，长大以后能和他叔叔一样靠着努力读书成为大学老师。

家长 66：我希望我的孩子身心健康就行，喜欢和同学、老师相处，上课即使听不懂也没关系，有努力的态度就行，有问题能跟老师或者同学大大方方地沟通，能喜欢小学，最后想说的就是健康第一。

家长67：我比较看重她的品行，现在也看不出她以后的学业和前途，就是现在一步步地先做个好孩子，健健康康，进入小学能适应新环境，目前这些就行了。

家长68：我的孩子老生病，从小班到现在，总感冒，有时候还会转成肺炎去住院，我这几年就怕听到他咳嗽，我对他的期望就是上了小学以后身体能强壮一些，不生病。

总的来看，农村父母和城市父母都希望孩子健康、品行好、能顺利适应小学，有好的学习态度，因此，建议家长都能在日常生活中为孩子做好表率，不要仅仅把"期望"留在口头上为孩子增加压力。家长可以每天早晨带孩子户外运动，每晚陪伴孩子学习复习，每天睡前与孩子进行亲子阅读二十分钟，利用日常生活中的点滴小事为孩子进行品德教育，鼓励孩子多做好事、多献爱心，培养孩子爱运动、爱阅读、爱学习、喜欢献爱心的好习惯。

2. 是否独生对大班家长教养期望的影响

选择独立样本 T 检验比较独生子女和非独生子女家长的教养期望的差异，结果显示，独生子女家长和非独生子女家长对儿童的品行表现期望、身体素质期望和人际交往期望没有显著差异，P 值大于 0.05。但是非独生子女的家长在儿童的学业表现和未来发展方面的期望显著高于独生子女的家长，P 值小于 0.01。（见箐 2-3-11）

表 2-3-11 是否独生对大班家长教养期望的影响分析

	独生（1013）	非独生（7430）	T	P
学业表现期望	4.07 ± 0.8	4.15 ± 0.81	−2.674	0.007
未来发展期望	3.83 ± 0.83	3.9 ± 0.85	−2.771	0.006
品行表现期望	4.54 ± 0.69	4.55 ± 0.71	−0.372	0.71
身体素质期望	4.54 ± 0.6	4.53 ± 0.64	0.534	0.593
人际交往期望	4.07 ± 1.08	4.06 ± 1.13	0.199	0.842

【访谈】

家长69：两个孩子，希望他们都有好的发展，我家经济情况一般，以后不可能给孩子提供多大帮助，只能我们夫妻俩努力挣钱，他们兄弟俩努力学习，他们越有本事，我们的压力以后能小一些。

家长70：三个孩子，希望他们兄妹三人以后都能发展得比较好一点，谁也不用靠着谁，各有前途，因为孩子的爷爷奶奶四个孩子，有在大学里做教授的，也有在农村种地的，孩子的爷爷奶奶就总让过得好的帮衬过得差的，最后兄弟感情也不好了，所以我希望我的孩子能在不同领域都优秀。

非独生子女家庭往往对儿童的教育较为重视，主要是由于家长经济与精力有限，需要更多的时间投入工作中来获得足够的金钱抚养孩子，因此相比起品行教育、社交能力培养、体育锻炼等需要花费大量时间的项目，多子女家庭更加重视对孩子们的教育投入，也更重视孩子的学业与未来发展。多子女家庭的养育压力更大，但孩子的成长离不开父母无条件的爱与支持、接纳与认可，因此建议家长营造温馨有爱的氛围，更加关注孩子的品行表现、社交能力、身体素质，培养身心健康的儿童。

3. 出生顺序对大班家长教养期望的影响

选择单因素方差分析比较家长对不同出生顺序孩子教养期望的差异，结果显示，不同出生顺序儿童的家长对儿童的学业表现期望和未来发展期望没有显著差异，P值大于0.05。但是在品行表现期望、身体素质期望、人际交往期望方面差异显著，P值小于0.01。进而事后比较分析显示，在品行表现、身体素质、人际交往方面，出生顺序为三胎以上儿童的家长对儿童的期望显著低于出生顺序为头胎和二胎儿童的家长。（见表2-3-12）

表2-3-12　出生顺序对大班家长教养期望的影响分析

	头胎（2312）	二胎（3332）	三胎及以上（502）	F	P
学业表现期望	4.15±0.79	4.14±0.82	4.11±0.83	1.175	0.309

续表

	头胎（2312）	二胎（3332）	三胎及以上（502）	F	P
未来发展期望	3.87 ± 0.84	3.91 ± 0.85	3.9 ± 0.84	2.385	0.092
品行表现期望	4.58 ± 0.67	4.55 ± 0.71	4.48 ± 0.77	7.635	<0.001
身体素质期望	4.56 ± 0.59	4.53 ± 0.64	4.42 ± 0.7	21.353	<0.001
人际交往期望	4.13 ± 1.05	4.05 ± 1.15	3.9 ± 1.21	18.787	<0.001

【访谈】

家长 71：我有三个孩子，家里投入最大的目前是老大，对他的期望也最大，他是家里的第一个孩子，他的爷爷奶奶对他期望也比较高。

家长 72：肯定是希望他们都过得好，所以对俩孩子都有很高的期望，目前对哥哥要求更严格一些，因为他已经上小学了，性格比较调皮，害怕他平时在学校里捣乱或者惹事儿，所以对他各方面都抓得紧，也怕他给下面的妹妹做个坏榜样。

一般家庭里的头胎往往会被寄予厚望，家长在面对长子时，总会希望老大像个小大人，独立，充满责任感，能够有担当，可以照顾弟弟妹妹，因此，出生顺序为三胎以上儿童的家长对儿童在品行表现、身体素质、人际交往方面的期望显著低于出生顺序为头胎和二胎儿童的家长。建议家长提高自身教育水平，用科学方法教育每一个孩子，平等关爱每一个孩子，无论是头胎、二胎、还是三胎，父母都要关注孩子的心理变化，不要给孩子过高的压力，尤其是幼小衔接阶段的儿童，更需要关注孩子内心的需求。

4. 家长学历对大班家长教养期望的影响

选择单因素方差分析比较不同学历的家长对儿童教养期望的差异，结果显示，不同学历的家长对儿童的品行表现期望没有显著差异，P 值大于 0.05。但是在学业表现期望、未来发展期望、身体素质期望和人际交往期望方面差异显著，P 值小于 0.01。（见表 2-3-13）

进而事后比较分析显示，在学业表现期望方面，学历为高中及以下的家长显著高于学历为专科的家长，专科学历的家长显著高于本科及以上学历的家长。在未来发展期望方面，本科及以上学历的家长显著低于高中及以下学历和专科学历的家长。在身体素质期望方面，本科及以上学历的家长显著高于高中及以下学历的家长。在人际交往期望方面，高中及以下学历的家长显著低于专科学历的家长。

表 2-3-13　家长学历对大班家长教养期望的差异分析

	高中及以下（5465）	专科（1373）	本科及以上（1605）	F	P
学业表现期望	4.18 ± 0.79	4.11 ± 0.82	4.03 ± 0.87	21.624	<0.001
未来发展期望	3.92 ± 0.84	3.88 ± 0.84	3.8 ± 0.86	13.133	<0.001
品行表现期望	4.55 ± 0.68	4.57 ± 0.72	4.53 ± 0.78	1.032	0.356
身体素质期望	4.51 ± 0.63	4.56 ± 0.64	4.57 ± 0.66	6.394	0.002
人际交往期望	4.04 ± 1.15	4.13 ± 1.05	4.08 ± 1.08	4.262	0.014

【访谈】

家长 73：总不能太差，一年级的题目那么简单，咱这村里的小孩考试都是拿"双百"回来，他也不比别人傻，等他上小学，总能考到九十多分吧。

家长 74：我们家是坚持"零起点"，因为我们都学过相关的知识，知道超前学习的危害，所以我们目前就是希望孩子健康快乐地度过一年级，有个好的学习态度就行，学习不好也没关系，一年级只是个开始。

高中及以下学历的家长往往对学业表现和未来发展更加重视，或许是在自己的人生道路上因没有好的学业表现而失去很多，或许认为好的学业表现能带给孩子更光明的未来。本科及以上的家长更加关注孩子的身体素质，或许是由于本科及以上学历的家长更加懂得健康的重要性，认为健康的身体才是最大的财富，因此更重视孩子的身体素质。建议家长树立全面发展的教育观，大班儿童即将步入小学，面临未知的新环境总是充满担忧与忐忑，家长对孩子建立合理的期望值，不要对孩子施加过高的压力，坦然面对孩子的学业表现，更加重视孩子的全面发展，让孩子快乐适宜的发展，及时表扬孩子，为孩子树立自信，多为孩子提供锻炼的机会，促进儿童身心健康。家长自身也要树立终身学习的理念，在对孩子有较高期待的同时，也要关注自身的成长，言传身教，才能为孩子树立好榜样。

四、幼儿园大班家长的教养压力分析

本研究在调查大班家长压力时采用张耀文（2022）编制的《家长教养压力问卷》中的父母角色满意度压力维度，共计 3 个项目，分别为"我有时会怀疑自己教养孩子的方法是否正确""和孩子在一起时，我觉得自己作为父母的能力不足""缺少教养经验和科学的育儿知识让我倍感压力"，采用李克特 5 点量表方式计分，依次表示完全不符合、比较不符合、一般符合、比较符合、完全符合，得分越高说明家长的教养压力越大[1]。

（一）幼儿园大班家长教养压力的现状分析

选择描述性统计分析、单样本 T 检验来考察大班家长父母角色满意度压力的现状，结果显示，大班家长在怀疑自己教养方式、感觉自己能力不足和缺少教养经验和科学的育儿知识让我倍感压力方面的平均值为 3.77、3.64 和 3.67，全部显著高于 3 分（中立），单样本 T 检验的 P 值全部小于 0.01，这意味着幼儿园大班家长的教养压力较大。（见表 2-3-14）

表 2-3-14　幼儿园大班家长教养效能感的现状分析

	N	平均值 ± 标准差	检验值	T	P
我有时会怀疑自己教养方式是否正确	8443	3.77 ± 0.97	3	73.607	<0.001

[1] 张耀文. 父母教养压力问卷儿童版的编制及信效度检验 [D]. 广州：广州大学，2022.

续表

	N	平均值 ± 标准差	检验值	T	P
和孩子在一起时，我觉得自己作为父母的能力不足	8443	3.64 ± 1.05	3	56.347	<0.001
缺少教养经验和科学的育儿知识让我倍感压力	8443	3.67 ± 1.06	3	58.079	<0.001

注：因为是李克特 5 度量表，因此 3 分表示中立，所以检验值为 3。

【访谈】

家长 75：我经常怀疑自己教育方法不对，因为在这个幼儿园快三年了，老师也没变过，他们班孩子一块上的幼儿园，三岁的时候都差不多水平，现在大班了，差距拉开了不少，老师总是找我说我家孩子上课总是神游，一点儿都听不进去，我在想到底是哪里的问题。

家长 76：我很矛盾，孩子在童年时期应该过得开心点，上小学以后肯定很累，我希望在幼儿园即将结束的这一年，让他快乐过完，但是你看别的孩子都转去上"幼小衔接班"了，我就很焦虑，没给他转园，也没在家里辅导，我不知道我这样做到底行不行。

【案例】

大班老师张老师表示，虽然班里孩子即将升入一年级，但是有部分孩子水平还没有达到应有的水平，每天老师会花费更多的精力来教育这些孩子，但收效甚微，因为孩子的问题并不是突然存在的，从小班开始就已经有了苗头，但无数次联络家长，家长总是口头答应，但在家里并不会去锻炼或教育孩子，有时候家长还会直接跟老师说："还是得依靠你们老师，我们也不懂怎么教育孩子，麻烦老师多费心。"因此，张老师认为家庭教育在幼小衔接阶段至关重要，但不同的家庭，家庭教育水平差异却很大。

幼儿园大班家长的教养压力普遍较大，因为小学的学习方式与学习环境都与幼儿园差距甚大，家长不知如何科学地进行幼小衔接，看到别的孩子"抢跑"，他们怕孩子输在起跑线上，于是家长之间"互相攀比"，还有的家长开始

"盲目从众"。一些学前班和幼小衔接班抓住家长的焦虑情绪开始大肆宣传"超前学习"的重要性。因此，家长面对社会上纷杂的信息非常容易不知所措，无形中增加了教养压力。建议幼儿园从小班开始就多为家长进行"幼小衔接"培训讲座，讲清楚"超前学习"的危害，帮助家长坚定"零起点"教育信念。同时，家长自身也要学会分辨"幼小衔接班"与"学前班"的虚假宣传，不盲目跟风，不互相攀比，提高自身教育水平，多陪伴孩子进行一些好习惯养成教育，相信孩子能顺利适应小学。

（二）幼儿园大班家长教养压力的差异分析

1. 所在地区对大班家长教养压力的影响

选择独立样本 T 检验比较城市和农村家长的教养压力的差异，结果显示，城市和农村的大班家长在怀疑自己教养方式和感觉自己能力不足方面没有显著差异，P 值全部大于 0.05。但是在缺少教养经验和科学的育儿知识导致压力过大方面，农村的家长压力显著高于城市的家长，P 值小于 0.05。（见表 2-3-15）

表 2-3-15　不同地区幼儿园大班家长教养压力的差异分析

	城市（3243）	农村（5200）	T	P
我有时会怀疑自己教养方式是否正确	3.77 ± 0.96	3.78 ± 0.97	−0.34	0.734
和孩子在一起时，我觉得自己作为父母的能力不足	3.61 ± 1.05	3.66 ± 1.05	−1.949	0.051
缺少教养经验和科学的育儿知识让我倍感压力	3.64 ± 1.06	3.69 ± 1.06	−2.199	0.028

【访谈】

家长 77：我不懂什么是幼小衔接，上完幼儿园就该上小学。你说的那些衔接内容，我还真没听说过，也没给孩子培养过，听完觉得很有用，就是不知道怎么去做。

家长78：我对幼小衔接懂得不多，听老师提过，具体怎么做不知道，也不知道从哪儿学。

家长79：我们村里的幼儿园就是主要教知识，我对孩子上小学不担心，但是听了你说的幼小衔接真正应该衔接的内容和提前学习的危害，我觉得村里幼儿园做得不对，但是之前缺少这方面的消息，一直以为幼儿园都是学这些。

近年来，尽管国家对农村教育加大了投入，但很多农村家庭依然存在家庭教育水平低下的情况，一方面是由于农村经济发展相对落后，农村父母往往忙于务农或外出打工，缺少时间与精力来专门教育孩子，教育经费也投入不足；另一方面，农村家长的教育观念落后，由于农村家长的学历普遍较低，对幼小衔接的认识和重视程度有限，因此，新理念难以在农村家庭广泛传播，很多家长缺乏幼小衔接相关的知识与经验。建议农村家长积极转变自身观念，认识到教育的重要性，多读书，提高自身素质。农村家庭的教养压力需要全社会的共同努力，农村孩子需要更公平、优质的教育资源。

2. 是否独生对大班家长教养压力的影响

选择独立样本 T 检验比较独生子女家长和非独生子女家长教养压力的差异，结果显示，在怀疑自己教养方式方面，独生子女家长和非独生子女家长无显著差异，P 值全部大于 0.05。但是在感觉自己能力不足和因为缺少教养经验和科学的育儿知识让我倍感压力方面差异显著，P 值全部小于 0.01。具体差异为在以上两个方面非独生子女家长的压力都显著高于独生子女家长。（见表 2-3-16）

2-3-16 是否独生对大班家长教养压力的影响分析

	独生（1013）	非独生（7430）	T	P
我有时会怀疑自己教养方式是否正确	3.73 ± 0.95	3.78 ± 0.97	−1.423	0.155
和孩子在一起时，我觉得自己作为父母的能力不足	3.56 ± 1.07	3.65 ± 1.05	−2.76	0.006
缺少教养经验和科学的育儿知识让我倍感压力	3.56 ± 1.08	3.68 ± 1.06	−3.368	0.001

【访谈】

家长80：我生完老二以后身体就不是特别好了，再加上还得工作，常常觉得力不从心，老大现在大班，老二现在是中班，我有同事告诉我一定要让孩子提前学习一年级知识，但是孩子老师又说不能提前学，我现在很迷茫，想读点专业书籍看看，可是两个孩子常常忙得我晕头转向。

家长81：我家大女儿已经三年级了，小女儿是大班，按说我是有一些经验了，但是大女儿之前上的私立园，平时学得很多，上一年级的时候我很轻松，基本没对她学习操过心，可是她老师从一年级就反映她上课容易走神儿，现在三年级学习成绩也不如一年级了，我就怀疑之前在私立园提前学是不是错了，小女儿上学的时候正好这边新开了公立园，就让她来公立园了，现在她大班了，我也不敢给她转，我是学护理的，虽说两个孩子，可是俩孩子性格和成长经历都不同，我在教育这方面就是摸着石头过河。

家长82：我之前听孩子老师说了一大堆幼小衔接方面的准备，我认为老师说得很对，这些都要准备好，可是具体方法我不太清楚，我不知道怎么才算做好了准备，我的三个孩子都在幼儿园，老大是大班，老二老三双胞胎在小班，平时就是照顾他们的吃喝拉撒，也没有时间考虑幼升小的教育问题。

独生子女家庭中，父母养育一个孩子，往往在经济与精力方面的压力较小，对孩子的教育问题也更加重视，也有时间去学习了解幼小衔接方面的专业知识，非独生子女家庭的家长往往在教养孩子时，由于孩子多，精力相对不足，经济压力也较大，因此，较少有时间去学习相关的教育知识。建议幼儿园针对非独生子女家庭进行专业而有效的培训，丰富家长的专业知识，同时针对家长专业知识不足的情况，为家长提供幼小衔接家长指导手册，帮助家长从日常生活入手，为孩子做好幼小衔接准备；家长自身也要多多培养孩子的自理能力，不要包办代替，节省自己的精力，多多抽出时间丰富自身的知识素养，在日常生活中、一言一行中去影响孩子。例如，与儿童每天共同外出锻炼，提高身体素质；鼓励儿童每天自己整理衣物、玩具、文具等，培养孩子的自理能力；与孩子共同制定日程表，让孩子按照自己的时间计划做事情，帮助孩子培养时间观念与任务意识；为孩子创设安全、温馨的家庭氛围，在孩子做事情时不打扰，培养孩子专注力等。

3.出生顺序对大班家长教养压力的影响

选择单因素方差分析比较家长对不同出生顺序孩子教养压力的差异，结果显示，不同出生顺序儿童家长在感觉自己能力不足与由于缺少教养经验和科学的育儿知识，让我倍感压力方面无显著差异，P 值大于 0.05。但是在怀疑自己教养方法方面，不同出生顺序儿童家长的压力有显著差异，P 值小于 0.01。（见表 2-3-17）

进而事后比较分析显示，头胎儿童家长怀疑自己教养方式的压力水平显著高于出生顺序为二胎和三胎及以上儿童的家长。

2-3-17　出生顺序对大班家长教养压力的影响分析

	头胎（2312）	二胎（3332）	三胎及以上（502）	F	P
我有时会怀疑自己教养孩子的方法是否正确	3.82 ± 0.95	3.75 ± 0.98	3.74 ± 0.95	5.656	0.004
和孩子在一起时，我觉得自己作为父母的能力不足	3.66 ± 1.05	3.62 ± 1.06	3.68 ± 1.01	1.777	0.169
缺少教养经验和科学的育儿知识让我倍感压力	3.69 ± 1.05	3.65 ± 1.07	3.7 ± 1.04	1.878	0.153

【访谈】

家长 83：我有两个孩子，老大现在大班，老二还没上学，刚上大班的时候，幼儿园的幼小衔接家长会我去听了，我觉得老师说得很有道理，决定不超前学习，可是现在上了半年大班，我看很多小朋友转走去"幼小衔接班"了，心里还是会怀疑自己的决定是否正确？我没有这方面的经验，听别的家长说什么的都有，越临近大班毕业，我越焦虑，就怕自己不懂科学的教育方法，耽误孩子。

在养育二孩、三孩的过程中，家长往往已经从养育大孩的试错过程中掌握了一定的经验，而头胎儿童的家长往往对孩子有较高的期望值，却缺乏教养经验和教育策略，因此头胎儿童家长怀疑自己教养方式的压力水平也较大。建议头胎儿童家长掌握必备的科学育儿知识，并根据头胎儿童的特点进行科学的教育，配合教师积极学习家庭教育知识与幼小衔接的科学方法，让儿童在丰富的劳动实践、社会交往、体育锻炼、阅读交流、亲近自然等过程中得到成长，更好地为上小学做好准备。幼儿园也要为家长提供了解国家相关制度与政策的机会，例如，举办"幼小衔接"专题讲座，定期开设家长学校课程，邀请小学生家长来园为大班家长讲解教养经验等，减少头胎儿童家长的教养压力。

4. 家长学历对大班家长教养压力的影响

选择单因素方差分析比较不同学历的家长教养压力的差异，结果显示，不同学历家长的教养压力有显著差异，P 值全部小于 0.01。事后比较分析显示，在怀疑自己教养方式方面，高中及以下家长的压力水平显著高于本科及以上学历的家长。在感觉自己能力不足方面，高中学历家长的压力水平显著高于专科和本科及以上学历的家长。在缺少教养经验和科学的育儿知识让我倍感压力方面，高中学历家长压力水平显著高于专科学历家长，专科学历家长的压力水平显著高于本科及以上学历家长。（见表 2-3-18）

表 2-3-18　不同学历的大班家长教养压力的差异分析

	高中及以下（5465）	专科（1373）	本科及以上（1605）	F	P
我有时会怀疑自己教养方式是否正确	3.81 ± 0.95	3.74 ± 0.96	3.67 ± 1.01	14.549	<0.001
和孩子在一起时，我觉得自己作为父母的能力不足	3.72 ± 1.02	3.54 ± 1.06	3.46 ± 1.11	45.039	<0.001
缺少教养经验和科学的育儿知识让我倍感压力	3.76 ± 1.03	3.57 ± 1.07	3.45 ± 1.13	61.013	<0.001

【访谈】

家长 84：我和孩子爸爸学历都不高，都是高中毕业，他在外面打工，我自己在家照顾孩子，你们说的"幼小衔接"我以前没听说过，我教育孩子就是让他在幼儿园听老师的，不要惹事，好好学习，回到家要先写作业，然后帮我带带妹妹。但是他比较皮，回到家也不爱学习，就喜欢在村里跑着玩，我想着快上小学了，该好好学习了，我现在给他买了很多故事书，但是他不爱看，我也不知道到底怎么教育他。

家长85：肯定是有压力的，想让孩子出人头地，又不知道咋培养，我和孩子妈妈都学习不好，学历不高，也没有经验，生怕孩子长大以后跟我一样没有体面的工作。

一般来说，高学历父母文化水平高，知识面广，在孩子漫长的学习生涯中，高学历父母无疑能为孩子提供更多的帮助和支持，低学历父母往往心有余而力不足，因此压力也就更大。然而，学历的高低绝不是评判父母能否教育出优秀孩子的标准，只要家长树立正确的教育观，多多学习育儿知识，不断提高自身修养，给予孩子充分的爱和陪伴，同样能培养出优秀的孩子。

五、幼儿园大班家长的学习需求分析

当问及幼儿园大班家长在儿童入学准备阶段是否存在一些学习需求时，数据显示所有项目的平均分都显著高于中立3分。说明家长在儿童入学准备阶段的各方面的学习需求较高。（见表2-3-19）

2-3-19 幼儿园大班家长学习需求的现状分析

	平均值 ± 标准差	检验值	T	P
学习如何帮助孩子建立入学期待	4.3 ± 0.76	3	156.485	<0.001
学习如何帮助孩子了解小学生活	4.33 ± 0.74	3	164.91	<0.001
学习帮助孩子增强体质的方法	4.39 ± 0.72	3	177.399	<0.001
学习如何让孩子学会正确面对挫折和承受失败	4.46 ± 0.71	3	189.773	<0.001
学习如何调整孩子入学前的作息时间以便适应小学的集体生活	4.41 ± 0.74	3	174.791	<0.001

续表

	平均值 ± 标准差	检验值	T	P
学习如何帮助孩子养成良好的卫生习惯	4.44 ± 0.73	3	182.194	<0.001
了解如何让孩子学会自己的事情自己做，不依赖大人	4.45 ± 0.73	3	184.171	<0.001
学习如何让孩子学会自觉按时完成规定的任务	4.47 ± 0.7	3	192.525	<0.001
学习如何让孩子在入学后能很快地融入班级和学校。例如：如何结交新朋友、与朋友和老师相处，如何面对同学彼此竞争、如何分享等	4.46 ± 0.71	3	188.551	<0.001
学习如何帮助孩子增强规则意识	4.45 ± 0.7	3	190.237	<0.001
学习如何让孩子做事情时学会坚持	4.5 ± 0.68	3	202.866	<0.001
学习如何让孩子在别人说话时认真倾听	4.47 ± 0.7	3	192.312	<0.001
学习如何让孩子学会清楚地说出自己的想法	4.49 ± 0.7	3	195.388	<0.001
学习如何提升孩子的认知能力（包括观察力、记忆力、思维力、想象力、专注力等）	4.52 ± 0.68	3	207.055	<0.001
学习如何培养孩子良好的学习习惯，例如：如何培养正确的坐姿、握笔姿势、阅读习惯等	4.52 ± 0.68	3	206.062	<0.001
学习如何帮助孩子增强任务意识	4.49 ± 0.69	3	198.14	<0.001
学习如何激发孩子的学习兴趣	4.5 ± 0.68	3	202.636	<0.001
学习舒缓自己的情绪与压力的方法	4.48 ± 0.7	3	194.942	<0.001
了解小学的基本情况	4.42 ± 0.73	3	177.749	<0.001
了解幼儿园开展入学准备教育的情况	4.44 ± 0.72	3	185.294	<0.001

注：因为是李克特 5 度量表，因此 3 分表示中立，所以检验值为 3。

【访谈】

家长 86：孩子从小就爱感冒，这个冬天住院两回了，常常感冒好了，上学两三天又开始咳嗽，我现在就发愁他的体质，上了一年级再生病请假，肯定耽误功课啊。

家长87：我担心孩子的心理素质，现在的人心理压力都太大了，我这几年看到很多中小学生轻生的新闻，我想着是不是现在的社会越来越内卷，孩子的压力也越来越大，孩子快上小学了，这么美好的幼儿园生活即将结束，我怕他适应不了小学的学习方式和学习压力。

家长88：我在家每天锻炼孩子的自理能力，可是效果不明显，孩子还是很依赖我，每天喊我帮他穿衣服，书包从来不自己整理，我每次说他，他就过来抱我撒娇，自己的事情都做不好，更别说帮我做家务了。

家长89：我比较忧心孩子的性格，因为她很内向，老师反映她很慢热，小班的时候都是独来独往，不怎么跟别的孩子交流，中班才好了一些，现在大班有几个固定的朋友了，但是在小区里，还是不敢跟别的孩子主动说话，每次都鼓励她，她总是很胆怯，我怕她社交能力太差，进了小学不能适应。

家长90：我不知道怎么培养孩子的专注力和学习兴趣，感觉他常常做事半途而废，书看一半就丢了去玩玩具，积木搭一半儿就又去吃饼干了，晚上做作业完成很慢，不盯着他，他就玩去了，盯着他，他也老走神，这可怎么上一年级呢。

从数据与访谈结果来看，家长在儿童入学准备阶段的各方面的学习需求都较高，作为孩子的第一任老师，家长承担着对孩子实施家庭教育的责任。但在当前社会环境下，家长担负的教育责任越来越重，但其家庭教育能力越来越难以满足教育需求。建议幼儿园要完善家长学校的运行机制，构建适合家长需求的课程，注重实用性，解决家长在日常生活中遇到的教育难题，既要包含儿童德育、心理健康、学习习惯培养之类的专家讲座式课程，还要为家长提供问题咨询、案例研讨、情景体验、线上育儿知识推送等活动，家长可根据自身需求和时间安排来选择最适合自己的课程。家长自身也要培养终身学习的理念，不断丰富自己的学识，了解孩子的身心发展规律，与时俱进，为孩子做好榜样示范，家长只有先让自己进步了，才能教育好孩子。

第四节 幼儿园大班教师入学准备教育现状及需求调查分析

一、幼儿园大班教师对入学准备的认识

幼儿园大班教师对入学准备有正确的认识是提高入学准备教育质量的关键因素。调查幼儿园教师的入学准备观念，可以及时了解他们对入学准备教育的认识和理解程度。如果发现教师对入学准备教育存在错误观念或不足甚至存在偏差，可针对性地进行培训和指导，提高其专业水平和教育能力，从而为儿童提供更好的入学准备教育。通过调查幼儿园大班教师对入学准备的认识，结果（见表2-4-1至2-4-5）。

表2-4-1 大班教师对儿童入学身心准备的认识

	N	平均数	标准差	排名
向往上小学，期待上小学	1531	4.57	0.757	5
不平白无故地发脾气，具备良好的情绪状态	1531	4.71	0.607	2
面对挫折不退缩，具备抗挫折能力	1531	4.71	0.582	3
身体健康、营养均衡	1531	4.73	0.648	1
具备大运动、大肌肉等运动技能	1531	4.32	1.013	6
具备一定动手操作的能力	1531	4.67	0.655	4

表2-4-2 大班教师对儿童入学生活准备的认识

	N	平均数	标准差	排名
讲文明，懂礼貌	1531	4.78	0.575	2

续表

	N	平均数	标准差	排名
每天能自己整理书包和文具，具备自理的能力	1531	4.74	0.576	3
具备一定的生活常识	1531	4.6	0.617	5
具备一定防范攻击和不攻击他人的准备	1531	4.63	0.692	4
遇到危险时能及时向他人求助，具备自我保护能力	1531	4.79	0.562	1

表 2-4-3　大班教师对儿童入学社会准备的认识

	N	平均数	标准差	排名
学会听从教师的安排、指导，能服从权威的准备	1531	4.65	0.632	4
能遵守相应规则的准备	1531	4.7	0.577	3
愿意与教师接触、沟通，讲出自己的烦恼	1531	4.74	0.573	1
与同伴能友好交往和相处	1531	4.73	0.573	2

表 2-4-4　大班教师对儿童入学学习准备的认识

	N	平均数	标准差	排名
学习兴趣	1531	4.76	0.564	1
掌握正确的坐姿、握笔姿势，做好会听课的准备	1531	4.76	0.568	2
做事能坚持	1531	4.71	0.588	3
具备一定的注意力	1531	4.64	0.601	6
能清晰地理解别人的语言	1531	4.63	0.606	7
能表达自己的意愿	1531	4.67	0.592	5
具备一定的阅读能力	1531	4.71	0.585	4

表 2-4-5　家长对儿童入学家庭准备的认识

	N	平均数	标准差	排名
良好的亲子关系	1531	4.75	0.567	1
民主温暖的家庭教养方式	1531	4.69	0.624	2

	N	平均数	标准差	排名
父母教育孩子的程度	1531	4.58	0.687	3
优越的家庭经济状况	1531	3.71	1.21	4

分析数据发现，幼儿园大班教师和家长之间表现出对于入学准备内容的相似理解和共识。

此外，在幼儿园大班教师被问及儿童上小学前掌握拼音的认读和拼写以及掌握两位数的加减法是否重要时，有 40.89% 的幼儿园大班教师认为拼音的认读和拼写非常重要，而 36% 的教师则认为掌握两位数的加减法非常重要。这些结果表明一部分幼儿园教师对幼小衔接的认识存在误区，因此后续需要强化对幼儿园教师的相关培训，帮助他们掌握科学的幼小衔接观念。

【访谈】

教师 1：幼小衔接的四大准备我们都知道，之前幼儿园给做过培训，我们也在跟家长开家长会的时候讲过这一方面。

教师 2：我们平时的幼小衔接工作做得还不错，坚持不超前学习，严格按照国家政策走，根据"四大准备"我们制订了一系列的计划，我们老师对幼小衔接还算了解。

教师 3：我们有相关培训，也按照领导要求没有教拼音，但是我还是觉得，仅仅按照"四大准备"去做还不够，因为小学进度太快了，我觉得我们还是有必要教一点。

教师 4：我认为孩子们应该掌握拼音的认读和两位数的加减法，我们这是私立园，平时家长就跟我们说这些一定得教，我认识的小学老师也说这些得教。

教师 5：我觉得提前学拼音和加减法还是很有必要的，不学怎么跟得上小学的进度呢，我们的生源基本是奔着我们教拼音来的。

教师 6：我不知道该怎么界定那个"度"，超前学习仅仅是拼音和两位数的加减法吗？有时候讲课的时候，孩子们会突然问一些涉及小学的知识，我不知道该怎么去解释。

教师7：我有时候讲古诗，让孩子们学古诗，我都不知道该怎么去讲才不会"小学化"，我在想到底怎么样才算是"小学化"。

教师的专业素养会对政策执行的落实成效产生影响。在教育政策的指引下，幼儿教师由于缺乏经验和相关的知识储备，对政策的解读和执行存在偏差。因此需要一套系统可行的指导方案指引其开展幼小衔接工作。

二、幼儿园大班入学准备教育实施的情况

（一）政策学习和培训情况

89.03%的大班教师表示幼儿园开展过与儿童入学准备相关的培训，10.97%的大班教师表示幼儿园没有开展过与儿童入学准备相关的培训。进一步分析不同地区和不同性质的幼儿园开展培训的情况，结果显示，有92%的城市幼儿园教师和87.48%的农村幼儿园教师表示幼儿园开展过相关培训；有85.54%的公办幼儿园教师和93.23%的民办幼儿园教师表示幼儿园开展过相关培训。（见表2-4-6）

表2-4-6　不同地区、不同性质幼儿园开展入学准备相关培训的情况

	开展培训的幼儿园占比	未开展培训的幼儿园占比
城市幼儿园（N=525）	483（92%）	42（8%）
农村幼儿园（N=1006）	880（87.48%）	126（12.52%）
公办幼儿园（N=837）	716（85.54%）	121（14.46%）
民办幼儿园（N=694）	647（93.23%）	47（6.77%）

当问及幼儿园大班教师是否阅读过《义务教育课程标准（低年级）》时，有84.91%的教师表示阅读过，有15.09%的教师表示没有阅读过。进一步分析不

同地区和不同性质的幼儿园政策学习的情况，结果显示，有83.24%的城市幼儿园教师和85.79%的农村幼儿园教师表示阅读过《义务教育课程标准（低年级）》；有81.84%的公办幼儿园教师和88.62%的民办幼儿园教师表示阅读过《义务教育课程标准（低年级）》。（见表2-4-7）

表2-4-7　不同地区、不同性质幼儿园学习《义务教育课程标准（低年级）》的情况

	开展培训的幼儿园占比	未开展培训的幼儿园占比
城市幼儿园（N=525）	437（83.24%）	88（16.76%）
农村幼儿园（N=1006）	863（85.79%）	143（14.21%）
公办幼儿园（N=837）	685（81.84%）	152（18.16%）
民办幼儿园（N=694）	615（88.62%）	79（11.38%）

【访谈】

教师8：我们每年都培训，但是说实话，很枯燥，就是个形式。

教师9：这些文件我们都学习过，但是学得不深入，都是念文件。

当前的政策文件具有高度的概括性，导致幼儿教师容易在落实过程中陷入困境。后续的培训中，除了要有政策解读，还要对教师有具体指导。幼儿教师在政策解读过程中存在的困惑主要体现在对幼小衔接的"度"把握不足以及缺少制定长期衔接计划的能力。针对以上问题，可通过打造学习共同体的方式帮助教师摆脱困境，促进幼儿教师对政策的理解。首先，邀请学前教育领域专家围绕幼小衔接开展专题讲座，并针对幼儿教师的困惑进行答疑。其次，打造区域学习共同体。以科学幼小衔接为目的，成立区域教研支持小组。在教研过程中，幼儿教师围绕"度"的问题进行探讨，深入分析相关案例，结合相关的政策文件制定评价标准。最后，成立园内学习共同体。各年龄组教师立足本园的实际情况展开教研，整合幼儿园资源，构建幼小衔接的园本教研体系。各教研组应根据文件要求制定嵌套于各年龄段的长期幼小衔接教学方案，对幼小衔接任务进行分工，每个年龄段完成相应的教学任务，达到对应的教学目标。

（二）幼儿园入学准备教育实施情况

在入学准备的实施方面，有 87.85% 的幼儿园选择培养幼儿的阅读兴趣和习惯；有 74.79% 的幼儿园引导幼儿承担适当的劳动任务，如值日生等；有 74.53% 的幼儿园带幼儿参观小学，体验小学课堂；有 67.93% 的幼儿园适当减少一日生活中的统一安排，帮助孩子学会个人生活管理；60.35% 的幼儿园扩展幼儿的交往范围，如进行混龄游戏等；58.2% 的幼儿园为幼儿调整作息，适当减少午睡，延长单次集体活动的时间；57.02% 的幼儿园让幼儿自己做计划；42.33% 的幼儿园进行一系列与前书写相关的活动；13.85% 的幼儿园进行了一些其他入学准备活动。（见表 2-4-8）

表 2-4-8　入学准备教育实施的情况

选项	频数	比例
培养幼儿的阅读兴趣和习惯	1345	87.85%
引导幼儿承担适当的劳动任务，如值日生等	1145	74.79%
带幼儿参观小学，体验小学课堂	1141	74.53%
适当减少一日生活中的统一安排，帮助孩子学会个人生活管理	1040	67.93%
扩展幼儿的交往范围，如进行混龄游戏等	924	60.35%
调整作息，适当减少午睡，延长单次集体活动的时间	891	58.2%
让幼儿自己做计划	873	57.02%
进行一系列与前书写相关的活动	648	42.33%
其他入学准备活动（请尽可能多地总结出您所在幼儿园开展的入学教育活动）	212	13.85%

【访谈】

1. 幼儿园身心准备教育实施情况

教师 10：我们幼儿园在身心准备方面，主要是通过观看小学宣传片、讲一讲"我喜欢的小学"、画一画"我喜欢的小学"、参观小学、体验小学课堂方式来帮助幼儿做好心理准备，环创方面也会增加一些小学元素，身体准备方面就是鼓励孩子多锻炼，每天都有安全教育。让孩子知道保护自己的方法。

教师11：我们平时很注意锻炼小朋友的身体素质，比如每天坚持至少两小时的户外活动，每天下午组织不同的体育游戏，提高幼儿的奔跑、攀爬、跳跃、支撑等运动能力，增强幼儿的耐力、速度、柔韧、灵敏度等，平时也会开展一些亲子体育游戏，激发幼儿运动的积极性。心理方面，我们会通过"认识小学"的主题开展一系列活动，激发幼儿对上小学的期待。

教师12：小朋友身体好了才不容易生病，避免上了小学总请病假，我们幼儿园很重视幼儿的身体健康，每天都有充足的时间户外活动，每天早晨还有二十分钟早操时间，食谱都是由专业人士制定，注意营养均衡。心理准备的话，我们临近毕业的时候，去对接的小学参观，上课的时候讲一讲上小学的注意事项。

教师13：我们带大班幼儿去小学参观教室、观看升旗仪式、和一年级小朋友互动等。临近毕业也会在班里布置成小学课堂的样子，让大班小朋友模仿小学生上课，去体验一年级的一日生活。我们也比较注意调整幼儿的作息，集体活动时间适当延长，经常让孩子体验课间十分钟，知道自己课间应该做什么。

由访谈资料可知，在儿童的身心准备方面，幼儿园基本是通过每日户外活动来提高儿童身体素质，通过开展"认识小学"一系列活动来激发幼儿入学期待，但身心准备还包括"保持良好的情绪，不乱发脾气"等，当前虽然开展了形式多样的活动，但都是形式大于内容，活动专业性和针对性都不强，也缺乏儿童抗挫折教育与心理健康教育，因此常常会出现衔接效果不理想的后果。幼小衔接是幼儿园和小学两个教育阶段平稳过渡的教育过程，它需要二者有良好的沟通和了解。幼儿园应该对小学生活和学习有所了解，才能有的放矢，例如让大班教师了解小学阶段学生的行为习惯、心理特点和小学的教育目标、要求、方法等，才能提前帮助大班儿童做好入学准备；小学也应该熟悉幼儿园日常生活的特点，做好衔接的后续拓展。

2.幼儿园生活准备教育实施情况

教师14：从小班开始，我们在一日生活各个环节都进行了自理能力锻炼，比如活动后幼儿自主整理材料，吃饭时自主进餐，午睡起床后自己叠被子、穿衣服，放学前，幼儿自己整理外套和书包，我们也会让幼儿帮老师做一些力所能及的事情，比如扫地、擦桌子。

教师15：主要就是锻炼幼儿自理能力，培养良好作息，尽量让孩子们自己的事情自己做。

教师16：我们会培养孩子讲卫生的好习惯，餐前、便后严格按照"七步洗手法"洗手，饭后鼓励孩子洗嘴巴、漱口。

教师17：会培养小朋友学习收纳、整理个人物品，每个小朋友都要自己收纳自己用过的材料，自己整理书包。还锻炼他们的自理能力，让他们自己穿衣、洗漱，知道一些自救方法和逃生方法，比如防火、防震、防拐骗等。

由访谈资料可知，在儿童的生活准备方面，幼儿园主要是针对儿童进行自理能力教育、安全教育和卫生习惯培养，但生活准备还应包括"有初步的时间观念、做事不拖沓""能按需喝水、如厕、增减衣物""有良好的生活习惯"等，建议幼儿园培养儿童的时间观念、锻炼幼儿自我管理的约束力和自制力，引导幼儿根据自身需求进行自我管理，例如幼儿园可以引导幼儿认识常用的时间工具，感受时间的流动，同时为儿童设置不同的小任务，计时完成，加强儿童的时间观念；每天在不同时间段，引导儿童自己感受身体的冷热，自己考虑是否增减衣物。

3.幼儿园社会准备教育实施情况

教师18：培养规则意识吧，我们幼儿园比较注重一日常规的培养，每个环节都有一定的规则需要小朋友遵守。这样小朋友上了一年级，也会尽快适应一年级的规则。

教师19：培养任务意识，我们每天会为小朋友布置一定的任务让他们做，比如在自主游戏前做计划，自主游戏后做表征，放学回家完成阅读或者绘画任务。

教师20：比较重视社交能力的培养，尽量让孩子们自己解决矛盾，比如班里开设了"和平桌"，平时孩子们有矛盾，可以去"和平桌"解决，实在解决不了再求助老师。

教师21：我们会教育孩子尊重劳动者，鼓励他们向保安师傅、保洁阿姨、食堂叔叔阿姨表示感谢，感恩社会各界劳动者，也会引导他们尊重自己的父母，积极向父母、亲人、朋友表达爱意。也会鼓励他们积极帮助别人，培养劳动意识和合作精神、奉献精神。

由访谈资料可知，在儿童的社会准备方面，幼儿园主要是培养幼儿的规则意识、任务意识、社交能力和感恩之心，在"诚实""合作""热爱集体""主动表达想法和需求"方面则关注较少，建议幼儿园通过一日生活各个环节来培养幼儿这些方面的能力。例如，开展各种趣味游戏活动，在游戏时引导儿童合作游戏；通过绘本故事、集体教学等形式开展诚信教育；利用餐前餐后、午睡前后等环节鼓励儿童互帮互助，引导儿童热爱集体，服务集体；抓住一日生活各种时机鼓励儿童勇敢表达需求。

4. 幼儿园学习准备教育实施情况

教师22：主要培养小朋友好的学习习惯，比如引导幼儿每天坚持阅读，回到家和父母复述今日老师布置的任务，自己记住自己的作业。再就是和家长合作监督幼儿，在幼儿学习时、活动时不干扰幼儿，培养他们的专注力。

教师23：阅读是比较多的，孩子们每天坚持阅读，还有就是我们从中班就开始学习书写数字和简单的加减法，大班孩子学习拼音、分成、破十法等，学习准备是没问题的。

教师24：培养他们的逻辑思维能力，比如会通过"逻辑狗"课程来锻炼，或者每天为他们念一段故事，再针对故事内容进行提问，里面会有一些需要推理才能找到的答案，既锻炼了专注力，又提高了逻辑思维能力，最后还能提高孩子们的理解能力。

教师25：学习准备的话，我们教了拼音、算数、识字，还弄了一年级试题给学生做，帮助孩子认识一年级试卷的题型，理解题意，平时一周一首古诗，每天认识三个汉字，现在大班小朋友会很多古诗和汉字了。

　　教师26：我们是有双语教学，平时会有国学经典方面的教学，还会有外教老师进行英文授课。

　　由访谈资料可知，在儿童的学习准备方面，幼儿园更加关注儿童的专注力、逻辑思维能力等，还有的幼儿园认为学习准备就是知识准备，教师缺乏专业的幼小衔接指导，不清楚应该对幼儿进行哪些能力的培养。在学习准备上，幼儿园应培养幼儿"好奇好问""学习习惯""学习兴趣""学习能力"等，只有全方位做好学习准备，儿童才能更平稳、顺利地过渡到小学阶段，为后续的学习和未来发展奠定良好的基础。建议幼儿园邀请专家对教师进行专业指导，引导教师把握一日活动中的过渡环节等教育契机，有机渗透好奇好问、学习习惯、学习兴趣与学习能力，科学帮助幼儿做好入学准备。

（三）入学准备教育过程中家园校共育情况

　　在与小学沟通交流方面，有32.65%的幼儿园老师表示一个月会与小学老师交流1次以上，21.49%的幼儿园老师表示一个学期会与小学老师交流2—3次，有24.43%的幼儿园老师表示一个学期会与小学老师交流1次，有3.85%的幼儿园老师表示两个学期会与小学老师交流1次，还有17.57%的幼儿园老师表示从未和小学老师交流过。（见表2-4-9）以上数据显示出，幼儿园与小学的交流是不够充分的，还是有近一半的幼儿园教师与小学教师交流得非常不充分，没有办法做到互相了解，基于这一情况也很难做好双向衔接。

表2-4-9　幼儿园教师与小学教师的沟通交流情况

选项	频数	比例
一个月交流1次及以上	185	32.65%
一个学期2—3次	329	21.49%

续表

选项	频数	比例
一个学期 1 次	374	24.43%
两个学期 1 次	59	3.85%
从未交流过	269	17.57%

在与家长沟通方面,有 67.99% 的幼儿园大班教师经常和家长沟通入学准备的相关内容,有 29% 的幼儿园教师偶尔与家长沟通,只有 3% 的幼儿园教师没有与家长交流过。说明绝大部分的幼儿园教师有意识地与家长针对入学准备的内容进行沟通。

进一步地,本研究通过对大班家长进行问卷调查,通过家长的角度了解幼儿园开展家园沟通工作的效果,结果见表 2-4-10。

表 2-4-10　幼儿园家园沟通工作的效果分析

	比较符合	非常符合	合计
我认为孩子从幼儿园过渡到小学,需要专门的准备	32.76%	33.90%	66.66%
我会主动关注幼儿园开展的幼小衔接工作	33.60%	42.33%	75.93%
我参与了所有与幼小衔接相关的活动	23.53%	25.87%	49.40%
我参与这些活动大多数场所是在幼儿园	30.08%	29.34%	59.42%
我参与这些活动大多数是通过手机和网络	25.71%	17.42%	43.13%
我通过家长会获得过很多有关幼小衔接的科学知识	26.40%	25.56%	51.96%
我通过接送孩子与其他家长交流获得过很多有关幼小衔接的科学知识	24.79%	21.90%	46.69%
我通过家长课堂／专家讲座获得过很多有关幼小衔接的科学知识	24.53%	23.40%	47.93%
我通过手机和老师交流获得过很多有关幼小衔接的科学知识	26.70%	24.04%	50.74%
我很赞同老师说的幼小衔接方面的观点	34.05%	38.06%	72.11%
我对幼儿园开展的幼小衔接工作很满意	31.48%	41.94%	73.42%

从表 2-4-10 可以看出约有 66.66% 的家长认为幼小衔接非常重要，需要帮助孩子做好准备。此外，约有 75.93% 的家长表示会主动关注幼儿园开展的幼小衔接工作，这显示大多数家长非常重视幼小衔接工作。另外，约有 72.11% 的家长非常赞同老师在幼小衔接方面的观点，同时，约有 73.42% 的家长对幼儿园开展的幼小衔接工作很满意。这表明家长们对于幼儿园老师在家园沟通过程中的观念表示认同。

然而，需要注意的是，在幼儿园的幼小衔接活动中，家长的参与度并不高。只有大约一半的家长参与了与幼小衔接相关的所有活动。无论是在现场还是通过手机和网络进行的线上活动，家长的参与率也仅约为 50%。这表明有必要改进家园共育的方式，以便让更多的家长参与到相关活动中去。关于沟通效果方面，大约有五成的家长通过参加家长会、与其他家长沟通、参与家长课堂或专家讲座，以及与老师交流等方式获取关于幼小衔接的知识。

三、幼儿园大班教师入学准备教育过程中的困境与需求分析

（一）幼儿园大班教师入学准备教育过程中的困境

了解幼小衔接工作效果不够理想的原因，有助于采取相应的措施提高幼小衔接工作的质量。通过调查发现，幼儿园教师认为当前幼小衔接效果欠佳的主要原因集中在家长和小学两个方面。首先是家长方面，家长缺乏正确的儿童发展观（51.08%）、家长未主动学习入学准备相关知识（40.76%）、家长对家园共育活动支持度不高（31.55%）。其次是小学方面，小学未实施"零起点"教学（46.44%）、小学教学进度较快（38.15%）、小学未主动与幼儿园衔接（35.34%）。（见表 2-4-11）

表 2-4-11 幼儿园教师角度幼小衔接效果欠佳的原因分析

选项	频数	比例
家长缺乏正确的儿童发展观	782	51.08%
小学未实施"零起点"教学	711	46.44%
家长未主动学习入学准备相关知识	624	40.76%
小学教学进度较快	584	38.15%
小学未主动与幼儿园衔接	541	35.34%
家长对家园共育活动支持度不高	483	31.55%
幼小教师联合教研制度没有落实	269	17.57%
幼小衔接监督机制不完善	243	15.87%
教师培训制度落实不够	210	13.72%

【访谈】

教师27：我们也为家长开设了专题讲座，那几天比较管用，家长都能配合，过一阵儿家长又开始焦虑了，又开始担心"零起点"跟不上小学进度。

教师28：我们和小学的联络太少了，我们有时候会和对接的小学沟通，希望举行一些活动或者教研，但是小学那边总是兴致不高，以小学工作忙碌为由推掉，我觉得需要双方共同制定具体的工作方案和工作流程，双方都有专人负责，每个月都进行推进。也需要上级的监督，否则，只依靠我们幼儿园单方面有衔接热情是不够的。

教师29：说了那么多年的幼小衔接，不知道为什么大家都认为这是幼儿园要做的事情，小学目前做得太少了，很多小学根本不"零起点"，所以无论我们幼儿园做得再多，家长都认为没有用，总说"公立园不学东西，上大班要去私立园，要不然上小学跟不上"，归根结底，家长对我们所做的一些隐性的教育看不见所以不认可，小学也不配合，这是我们很多老师感觉到有压力的地方。

教师30：还是需要上级监督，每个月小学和幼儿园都要共同教研，共同组织一些衔接活动或者开展讲座，只有双方都拥有共同的目标，幼小衔接工作才能推进。

教师 31：我觉得我迷茫的是家长的不信任，希望我们幼儿园在组织幼小衔接专题讲座的时候，有小学一年级教师和大学教授过来一起讲，很多家长对我们幼儿园老师的话是不信任的，只有专家和一年级教师亲自过来说一说超前学习的危害，或许家长才能相信。

教师 32：我们需要联合教研，一年一次太少了，很多困难得不到解决，每次跟走形式一样，小学还是进度快，家长还是不相信幼儿园。

教师 33：每次都是我们跟家长说超前学习的危害和幼小衔接该如何准备，家长没有主动学习过，很多家长听完就忘了，回到家依然认为幼小衔接就是知识衔接，就是要提前学习，我认为如何激发家长的学习热情也很重要。

此外，调查显示幼儿园教师在入学准备教育中面临的困难还包括：家长的衔接理念不科学，沟通合作困难（52.78%）。这可能包括家长对于幼小衔接的认知偏差、期望过高或者缺乏相关的教育知识。另外，幼儿园和小学之间的合作机制不健全，合作形式单一，难以深入（40.1%）也是一个问题。这可能意味着需要加强幼小学校之间的交流和协作模式，以确保幼小衔接工作能够得到更好的实施。同时，幼儿园和小学之间的教学内容和方法差异大，难以衔接（31.61%），这表明了需要对教学内容和方法进行更好的衔接和过渡，从而帮助孩子顺利地适应小学学习生活。最后，幼小衔接活动流于形式（29.26%），缺乏实质合作效果。（见表 2-4-12）这需要幼儿园和小学认真审视现有的幼小衔接活动，探讨如何使这些活动更具有实质性和积极的影响，以促进幼小衔接工作的有效开展。

表 2-4-12　幼儿园教师在入学准备教育中存在的困难分析

选项	频数	比例
家长的衔接理念不科学，沟通合作困难	808	52.78%
幼儿园和小学之间的合作机制不健全，合作形式单一，难以深入	614	40.1%
幼儿园和小学之间的教学内容和方法差异太大，难以衔接	484	31.61%

续表

选项	频数	比例
幼小衔接活动流于形式，效果甚微	448	29.26%
没有对接的小学进行衔接合作	318	20.77%
幼小衔接会增加工作量，时间、精力不够	302	19.73%
幼儿园对于幼小衔接工作不够重视	221	14.44%
感觉自己不了解孩子的身心发展特点，对他们进行教育时有困难	210	13.72%

【访谈】

教师34：我觉得家长关于"害怕跟不上小学进度"的执念太深，因为他们缺乏科学理念，所以即使我们讲很多，沟通效果也不是很好，很多话不应该我们去说，应该由专家和小学来提前告诉他们科学的衔接方法。

教师35：我们一学期一次联合教研，再就是临近毕业组织小朋友参观一次小学，就没有其他合作了，所以幼小衔接工作始终无法深入开展。

教师36：幼儿园是游戏化教学、生活化教学，而小学每天从早到晚都是端坐着进行集体教学活动，小朋友一下子进入那样的学习状态，肯定不适应，幼儿园和小学都要针对这个情况进行调整。

教师37：我们这个农村幼儿园好像没有跟小学对接，因为我们没有组织过幼儿去小学，也没有小学老师到我们这里来，幼小衔接工作，我们就是给幼儿介绍一下小学，平时活动的时候，也会偶尔提起。

教师38：幼儿园每个月甚至每周都有各种活动，活动太多了，作为幼儿园老师，每天筋疲力尽地忙于各种活动和环创，我们知道幼小衔接重要，可是精力不允许啊。

教师39：很多事情不是我们老师决定的，比如何时开展联合教研，何时联合组织活动，何时组织家长活动，这些都需要上级发布任务并出方案，我们才能去做，平时工作已经够忙了，我们也没有精力去思考如何系统地去进行科学的幼小衔接，这应该是幼儿园行政人员去考虑的问题，她们没有制订系统的方案，我们自然就没法实施。

教师40：我认为根本原因是幼儿园活动太多，幼儿园老师太忙，每天无数个任务等着老师去做，幼小衔接工作就做得少一些，再加上很多家长一直焦虑，也根本不信任老师说的，小学那边也不配合，上面政策文件发得不少，但是缺乏有效的监督机制，一线老师又很累，所以就形成了现在的局面。

教师41：我们老师没有科学地指导，就像这个幼小衔接工作，我们没有幼小衔接教材和课程，也没有指导手册，老师们平时缺少"扶手"，每个老师的侧重点都不一样。

针对以上情况可以从以下几个方面采取相应的措施提高幼小衔接工作的质量。首先，加强家长教育，针对家长缺乏正确的儿童发展观和未主动学习入学准备相关知识的情况，可以开展家长教育活动，例如举办家庭教育讲座、制作指导手册等，帮助家长深入了解儿童发展规律和入学准备知识，以引导他们更科学地对待孩子的成长和学习。其次，提高家园共育活动的吸引力，针对家长对家园共育活动支持度不高的情况，可以考虑丰富多样的活动形式，增加亲子互动环节，同时加强对家长的宣传和引导，增强家长参与活动的意愿和积极性。最后深化幼小衔接合作机制，针对小学未实施"零起点"教学、小学教学进度较快和小学未主动与幼儿园衔接的情况，可以定期举行幼小衔接会议，加强幼小学校之间的沟通与协作，共同研究制定更适合儿童发展的衔接计划和教学安排，确保儿童平稳过渡到小学生活并获得良好的学习体验。

（二）幼儿园大班教师入学准备教育过程中的需求

当问及幼儿园大班教师开展入学准备教育是否有一些学习需求时，数据显示所有项目的平均分都显著高于中立3分。说明幼儿园大班教师各方面的学习需求都比较高。（见表2-4-13）

2-4-13 幼儿园大班教师学习需求的现状分析

	平均值 ± 标准差	检验值	T	P
学习如何帮助孩子建立入学期待	4.57 ± 0.66	3	92.665	<0.001
学习如何帮助孩子了解小学生活	4.57 ± 0.68	3	90.219	<0.001
学习如何帮助孩子增强体质	4.61 ± 0.65	3	97.207	<0.001
学习如何帮助孩子提高手眼协调能力	4.63 ± 0.61	3	105.21	<0.001
学习如何让孩子学会正确面对挫折和承受失败	4.67 ± 0.6	3	108.635	<0.001
学习如何让孩子学会正确表达自己的情绪	4.68 ± 0.6	3	110.253	<0.001
学习如何帮助孩子调整作息时间以便适应小学的集体生活	4.64 ± 0.64	3	100.944	<0.001
学习如何帮助孩子养成良好的卫生习惯	4.68 ± 0.61	3	108.847	<0.001
学习如何让孩子学会自己的事情自己做，不依赖大人	4.68 ± 0.6	3	109.672	<0.001
学习如何让孩子学会爱护自己的物品	4.65 ± 0.61	3	105.575	<0.001
学习如何让孩子学会自觉按时完成规定的任务	4.69 ± 0.59	3	111.953	<0.001
学习如何让孩子懂得保护自己	4.73 ± 0.57	3	118.601	<0.001
学习如何让孩子在入学后能很快地融入班级和学校	4.67 ± 0.62	3	105.811	<0.001
学习如何让孩子更自信	4.7 ± 0.6	3	111.416	<0.001
学习如何增强孩子的规则意识	4.67 ± 0.61	3	106.835	<0.001
学习如何增强孩子的任务意识	4.67 ± 0.62	3	105.668	<0.001
学习如何培养孩子的独立性	4.68 ± 0.6	3	110.084	<0.001
学习如何激发孩子爱集体、爱家乡、爱祖国的情感	4.7 ± 0.6	3	110.605	<0.001
学习如何让孩子做事情时学会坚持	4.69 ± 0.59	3	112.244	<0.001
学习如何让孩子学会清楚地说出自己的想法	4.69 ± 0.59	3	111.251	<0.001
学习如何让孩子在别人说话时认真倾听	4.68 ± 0.6	3	109.398	<0.001

续表

	平均值 ± 标准差	检验值	T	P
学习如何提升孩子的认知能力（包括观察力、记忆力、思维力、想象力等）	4.7 ± 0.57	3	117.334	<0.001
学习如何培养孩子良好的学习习惯	4.69 ± 0.62	3	107.326	<0.001
学习如何提升孩子的专注力	4.72 ± 0.57	3	116.91	<0.001
学习如何激发孩子的书写兴趣，做好书写前准备	4.6 ± 0.65	3	95.996	<0.001
学习如何激发孩子学习数学兴趣	4.63 ± 0.64	3	100.433	<0.001
学习如何与家长进行有效的沟通	4.67 ± 0.61	3	107.403	<0.001
学习如何舒缓自己的情绪与压力的方法	4.66 ± 0.62	3	105	<0.001
深入了解小学的情况	4.48 ± 0.75	3	77.271	<0.001

注：因为是李克特 5 度量表，因此 3 分表示中立，所以检验值为 3。

【访谈】

教师 42：作为幼儿教师，我一直很头疼幼儿的安全问题，我相信这也是绝大部分幼儿教师困扰的，从幼儿小班开始，我们每天都会开展安全教育，一日生活的每个环节、每个活动我们都在提醒幼儿注意安全，可是还是会经常出现磕碰现象，孩子们一激动就完全顾不上自我保护，我不知道该如何让孩子懂得保护自己。

教师 43：提升幼儿的专注力对我来说是非常困难的一件事，我们班三十个小朋友，有大概四五个小朋友属于注意力非常不集中的孩子，我们集体教学时，他们从来不看老师，也不跟着老师节奏走，我一度以为是课程不够有趣，可是后来我发现，无论什么活动，游戏的时候他们还配合一下，老师讲的时候，他们就完全不听了，包括做操、吃饭、喝水、阅读等，做什么都不专注，吃饭、喝水走神儿，总是把餐具和食物打翻，阅读就是不停地翻，然后不停地换书，做眼保健操或者早操的时候，他们直接就抠衣服玩或者喊旁边的小伙伴说话玩耍，我试了很多方法吸引他们的注意力，可是保持住他们的专注力很难。

教师44：提升孩子的观察力、记忆力、思维力、想象力等认知能力很难，这不像是教一首诗或者一首儿歌那样，多教几遍就能看见成果，在我上大学期间，也没有老师告诉我如何提升儿童的这些能力，我不知道具体怎么操作，班里有的小朋友记性很差，上午讲的内容下午就忘光了，我需要提升记忆力的具体方法。

教师45：我不知道如何提升幼儿的自信心，我当了很多年老师，带的每一届孩子里都有几个不自信的孩子，比如在做手工的时候，总有孩子拿到材料第一句话就是：老师我不会。我每次听到孩子这句话都很无奈。在鼓励小朋友上台表演的时候，也总有几个小朋友是从来不举手，让他们上去吧，就一直摇头。我们在玩安吉滚筒和爬梯的时候，这几个孩子总是不敢尝试，有时候好不容易尝试了，发现有困难，就赶紧下来，怎么都不肯再去练习，有很强的畏难情绪。

教师46：如何与家长进行有效的沟通对我来说有点儿难，有几位家长始终对我们老师有一些不信任，我们反映说孩子需要提升专注力，家长说孩子爱玩是天性，我们说孩子对学习有抵触心理，遇到任何困难都会哭着放弃，家长说孩子长大了就好了，有时候我们想家园共育，可是家长不配合，尤其是一些高学历的家长，总会觉得自己懂得比我们幼儿教师要多，无论我们说什么或者做什么，总是得不到支持与信任。

教师47：我不知道如何让孩子正确面对挫折与失败，班里有的小朋友事事争第一，喜欢接受表扬，但完全接受不了批评，有时候做错事情被老师批评，就特别崩溃，我都不知道等他上了小学怎么面对更难的任务，联系家长，家长说孩子是"顺毛驴"，不能批评，需要多鼓励、多夸奖。

教师48：我不知道如何舒缓自己的情绪与压力，每天入了园，就开始精神高度紧绷，既要注意每个孩子的安全，又要操心一日生活每个环节的开展，每一堂课的内容都需要准备充足的教具与材料，户外游戏更不敢大意，既想放手让孩子自由探索玩耍，又怕出现不能预料的安全事故，每天还有数不清的表格与材料要撰写，要抽空观察每个孩子的行为表现并记录分析，还有数不清的各种检查与公开课评比，小朋友放了学老师还要进行各种消毒清洁，对墙面进行"环境创设"，晚上下了班还要接收很多家长的信息，并向家长一一回复与解释，如果哪天碰上孩子有磕碰，一整晚就更是难过，既要跟家长道歉，还得跟领导解释，有一些家长更是会因为一些小磕碰而大吵大闹责骂老师。无穷无尽的工作与巨大的精神压力让我越来越不开心，去医院检查每年都要得一些新病，我不知道自己怎么缓解自己的精神压力。

幼小衔接教育工作主体是教师，教师整体水平和综合素养决定了幼小衔接教育效果，幼小衔接教育师资建设以及人才队伍培养对完善幼小衔接教育体系、提升幼小衔接教育质量有重要影响。因此，首先要通过多种途径提升教师的理论知识以及对专业技能的掌握，加强教师的个人素养。建议在教师培训过程中，同时组织幼儿园大班教师与小学一年级教师共同培训学习，对幼小衔接教育问题进行针对性的探讨，加强幼儿园、小学一二年级教师教育的连贯性以及双向性。其次，还应对幼儿园和小学管理者进行系统性、专业性的幼小教育衔接培训，提升他们的管理水平和衔接意识。培训内容应包括教育理念、管理方法、沟通技巧等，确保管理者具备处理幼小教育衔接问题的能力[1]。最后，针对教师压力过大的问题，建议幼儿园降低各类检查与会议的频率，帮助教师了解与家长沟通的方法，为教师打造多功能活动空间，成立减压——健康生活休息室，营造温暖的园所氛围，关注每一位教师，让每一位教师拥有被肯定、被认可的机会，唤醒教师内在的、积极向上的力量。

[1]　陈映熹. 广东省幼小衔接中存在的问题及对策研究 [D]. 广州：广州大学，2023.

第三章

小学入学适应现状及需求
调查分析

第一节　研究设计

为了全面了解小学入学适应的现状，本研究从儿童、家长和教师等多方利益相关者的角度出发，通过问卷和访谈等方法调查分析入学适应阶段儿童、教师和家长的观点、态度、做法、困境和需求，以探索如何更好地支持儿童在小学入学阶段的过渡和发展。具体包括：第一，通过调查儿童在入学适应阶段的观点和体验，探索他们面临的困境和成长需求，以期确定如何提供更全面、个性化的支持。第二，倾听教师和家长的声音，了解他们在帮助儿童适应新环境方面的做法、挑战和需求，以促进家校合作和共同努力。第三，分析儿童、家长和教师在入学适应教育过程中的相互影响。通过以上调查旨在为后续制定入学适应教育方案提供事实依据。

一、研究对象

本研究在某市所有县区随机选取一所小学的一年级学生、家长和教师作为研究对象，回收家长《儿童入学适应情况调查问卷》6835 份，《家长教养压力问卷》《家长教养效能感量表》《家长教养期望问卷》6146 份；回收教师《小学一年级新生入学适应教育情况调查问卷（教师）》《教师关于一年级学生适应困难原因的观点的调查问卷》《一年级新生入学适应表现问卷》176 份，《中国中小学生学校适应量表》（小学 1—2 年级学段的量表）110 份。并随机选取 30 名儿童、50 名家长和 40 名教师进行访谈。研究对象具体信息见表 3-1-1 和表 3-1-2。

表 3-1-1　家长基本信息表

	类别	频数	百分比
所在地区	城市	5723	83.73%
	乡村	1112	16.27%
儿童性别	男	3611	52.83%
	女	3224	47.17%
是否独生	独生	730	10.68%
	非独生	6105	89.32%
儿童出生顺序	头胎	2564	37.51%
	二胎	3697	54.09%
	三胎及以上	574	8.4%
家长学历	大专及以下	4214	61.65%
	本科	2343	34.28%
	硕士	278	4.07%

　　家庭教育对孩子的成长和发展有着深远的影响，家长对儿童幼小衔接阶段的学习与成长也起着至关重要的作用，儿童的家庭情况也会对儿童入学适应产生重要影响。本研究从家庭所在地区、家长学历、儿童基本情况等方面对其家庭基本信息进行统计分析，从儿童家庭所在地区看，83.73% 的家庭为城市家庭；从儿童性别看，男生为 52.83%，女生为 47.17%；从是否独生子女来看，89.32% 的儿童不是独生子女；从儿童出生顺序看，二胎比例占 54.09%；从家长学历看，大专及以下学历占 61.65%。这表明参与调查的大部分家庭为城市家庭，且绝大部分儿童都不是独生子女，高学历家长占比较少。

表 3-1-2　教师基本信息表

	类别	频数	百分比
所在地区	城市	130	73.86%
	乡村	46	26.14%

	类别	频数	百分比
性别	男	16	9.09%
	女	160	90.91%
教龄	1—5 年（含 5 年）	98	55.68%
	5—10 年（含 10 年）	33	18.75%
	11—15 年（含 15 年）	14	7.95%
	15—20 年（含 20 年）	4	2.27%
	10—25 年（含 25 年）	9	5.11%
	25—30 年（含 30 年）	4	2.27%
	30 年以上	14	7.95%
学历	中专	13	7.39%
	专科	26	14.77%
	本科	132	75%
	研究生	5	2.84%
是否担任班主任	是	115	65.34%
	否	61	34.66%

　　教师的文化水平、专业素质以及教学方法等都会对幼小衔接工作的开展产生重要影响。本研究从教师所在地区、教师性别、教师教龄、教师学历、是否担任班主任工作等方面对教师的基本信息进行统计分析。从教师的所在地区看，73.86% 的教师为城市教师；从性别结构的角度来看，男教师占比 9.09%，女教师占比 90.91%；从教师的教龄来看，教龄 1—5 年的新教师占比最高，达 55.68%；从教师的学历来看，本科生的比例占了绝大部分，占 75%；从是否担任班主任来看，65.34% 的教师承担了班主任工作。这说明参与调查的大部分教师为本科学历的城市学校新手教师，有较为丰富的学科知识与教育理论，但也存在经验不足的问题。

二、研究方法和工具

（一）问卷法

本研究通过问卷法了解儿童入学适应现状以及家长和教师对于入学适应的观点、态度、做法、困境和需求。具体使用的问卷及其详细信息如下：

1. 家长问卷一:《儿童入学适应情况调查问卷》

该问卷为本研究自编问卷，主要调查家长对幼小衔接的认识（如家长了解幼小衔接的程度、谁是幼小衔接的责任主体等）、在孩子进入小学前的一些做法（如入小学前是否和孩子讨论过小学、孩子是否提前学习小学知识等）、目前孩子的小学适应情况（如孩子适应学校环境、生活、学习等方面的表现），旨在从家长视角了解儿童的入学适应情况。

2. 家长问卷二:《家长教养压力问卷》

该问卷采用张耀文（2022）编制的《家长教养压力问卷》[1]，该问卷包含八个维度，具体包括教养期望压力（1、2、3）、问题儿童压力（4、5、6）、儿童外界环境压力（7、8、9）、教养经济压力（10、11、12）、父母生活适应压力（13、14、15）、共育冲突压力（16、17、18）、亲子互动压力（19、20、21）、父母角色满意度压力（22、23、24），共计24个项目，采用李克特4点量表方式计分，依次表示完全不符合、不符合、符合、完全符合。

3. 家长问卷三:《家长教养效能感量表》

本研究根据刘淑玲（2014）编制的《幼儿母亲教养效能感量表》[2]将个别表

［1］　张耀文.父母教养压力问卷儿童版的编制及信效度检验 [D].广州：广州大学，2022.

［2］　刘淑玲.托育机构服务品质、教养效能与亲师沟通之相关研究 [D].台湾：中国文化大学，2014.

述由"母亲"改成"父母"形成《家长教养效能感量表》，问卷主要包括照顾效能（1、2、3、4、5、6）、情感沟通效能（7、8、9、10、11、12、13）、教养信心（14、15、16、17、18、19）三个维度，共计19个项目，采用李克特5点量表方式计分，依次表示非常符合、符合、一般、不符合、非常不符合。

4. 家长问卷四:《家长教养期望问卷》

该问卷采用程琳（2010）编制的《家长教养期望问卷》[1]，该问卷包含五个维度，具体包括学业表现期望（1、2、3、4）、未来发展期望（5、6、7、8）、品行表现期望（9、10、11）、人际交往期望（13、14、15、16、17）、身体素质期望（18、19、20、21、22、23、24），共计24个项目，采用李克特5点量表方式计分，依次表示非常不符合、不符合、一般、符合、非常符合。

5. 教师问卷一:《小学一年级新生入学适应教育情况调查问卷（教师）》

该问卷是牛润婷（2022）依据《教育部关于大力推进幼儿园与小学科学衔接的指导意见》关于《小学入学适应教育指导要点》中的教育建议编制的《小学一年级新生入学适应教育情况调查问卷（教师）》[2]，该问卷包含六个维度，具体包括指导意见相关情况（1、2）、身心适应教育（3、4、5、6）、生活适应教育（7、8、9）、社会适应教育（10、11、12、13、14）、学习适应教育（15、16、17、18）和家校合作教育（19、20），共计20个项目，采用李克特5点量表方式计分，依次表示非常不符合、不符合、一般、符合、非常符合。

6. 教师问卷二:《教师关于一年级学生适应困难原因的观点的调查问卷》

该问卷采用Radka Telekova 和Tatiana Marcinekova等人（2023）编制的《教师视角下学生适应困难原因的调查问卷》[3]，本研究将此问卷翻译成中文，并多

［1］　程琳.父母期望、初中生自我期望与学习成绩的关系 [D]. 开封：河南大学，2010.

［2］　牛润婷.小学一年级新生入学适应教育现状及对策研究 [D]. 宁夏师范学院，2022.

［3］　Telekov, R., Marcinekova,T., Tirpakova, A.& Gonda, D. Adaptation Difficulties of Children atthe Beginning of School AttendanceBased on the Optics of PrimarySchool Teachers. Children[J]. 2023(10):410.

次邀请英语专业人士进行校对和预调查，以确保翻译的问卷准确地表达出原作者的意图。该问卷包含四个维度，具体为入学准备情绪适应困难的原因（1、2、3、4、5）、入学准备社会领域适应困难的原因（6、7、8、9、10）、入学准备知识领域适应困难的原因（11、12、13、14、15）和入学准备心理、运动领域适应困难的原因（16、17、18、19、20），共计20个项目，每个项目被试可以选择"是"或"否"。

7. 教师问卷三：《中国中小学生学校适应量表》(小学1—2年级学段的量表)

该问卷采用江光荣等（2017）编制的《中国中小学生学校适应量表》中的小学1—2年级版。[1]该量表包括学业适应、社会性适应和个人适应三个分量表，共有33题。学业适应分量表共9题，包含学习动力（1、2、3、5、7、9）、学习问题（4、6、8）两个维度；社会适应性分量表共14题，包含行为适应（1、2、7、8、10、11、12）、人际适应（3、4、5、6、9、13、14）两个维度；个人适应分量表共10题，包含情绪适应（2、3、5、8）、生活自理（6、7、9）、环境顺应（1、4、10）三个维度。量表采用5级计分方式："从不如此"=1分、"很少如此"=2分、"有时如此"=3分、"经常如此"=4分、"总是如此"=5分。在学业分量表中：4、6、8题为反向计分；在社会分量表中：1、2、3、4、5、7、8、9、11、12、13、14题为反向计分；在个人分量表中：1、2、3、4、5、6、7、8、9题为反向计分。

8. 教师问卷四：《一年级新生入学适应表现问卷》

该问卷为本研究自编问卷，主要调查一年级新生在入学适应阶段的表现，如一年级课程上学生的表现、上课注意力不集中的表现、日常规范纪律欠缺的表现、人际关系方面的表现等，旨在从教师的视角了解一年级新生入学后的表现。

---

[1] 江光荣, 应梦婷, 林秀彬等.《中国中小学生学校适应成套量表》的编制 [J]. 中国临床心理学杂志, 2017, 25（3）: 435-444.

（二）访谈法

1. 与家长的访谈

通过与家长访谈深入了解儿童的适应情况以及他们对于幼小衔接的看法、帮助孩子做好幼小衔接的具体做法、主要困境和需求等。具体访谈提纲如下：

《小学一年级家长访谈提纲》

1. 请您简单介绍一下您孩子的基本情况？（性别、子女数量、孩子的特点、爱好等）

2. 请问您了解"入学适应"吗？您的孩子上小学后哪些方面适应得比较好？是否出现过不适应的问题？

3. 您的孩子是否能够自己整理书包、收拾书桌等？

4. 您的孩子是否能合理安排自己的时间，是否可以及时、独立地完成作业？

5. 您觉得孩子上小学后您的生活或者您自己有没有变化？（积极的还是消极的？）

6. 在教养孩子的问题上，您和您的爱人或家人有分歧吗？如果有分歧的话，您是怎么处理的？

7. 在孩子适应一年级的过程中，您最担心什么呢？（安全、同伴影响、教育环境等）

8. 您陪伴孩子的时间多吗？

9. 请问您与孩子老师沟通交流多吗？存在哪些问题？有没有建议？（有无沟通障碍呢？）

10. 养育这个孩子您觉得有压力吗？具体是哪些方面？（经济、精力、时间等）

11. 教养孩子方面的经济压力，可以具体说一说吗？

12. 精力压力，可以具体说一说吗？

13. 时间压力都有什么呢？

14. 在孩子适应一年级的过程中，您认为遇到最大的难题是什么？

15. 遇到难题时，您一般怎么处理呢？会向他人寻求帮助吗？（伴侣、朋友、老师、家长等）

16. 教养这个孩子，您最希望得到哪方面的帮助？

2. 与教师的访谈

通过与教师访谈深入了解他们对于幼小衔接的看法、入学适应教育的具体做法、主要困境和需求等。具体访谈提纲如下：

《小学一年级教师访谈提纲》

1. 您了解入学适应吗？您认为入学适应是什么？

2. 您认为应该帮助幼儿做好哪些方面的入学适应？您认为哪个重要呢？为什么？

3. 在身心准备上，比如激发学生上小学的愿望，提高学生体质等方面您是否开展了相关工作呢？具体是怎么做的？

4. 在生活准备上，比如培养学生的自理能力和一些劳动能力方面您是否开展了相关工作呢？具体是怎么做的？

5. 在学习准备上，比如培养学生的学习兴趣和好的学习习惯方面您是否开展了相关工作呢？具体是怎么做的？

6. 在社会准备上，比如提高学生的人际交往能力、规则意识等方面您是否开展了相关工作呢？具体是怎么做的？

7. 面对学生差异如何展开课堂教学？

8. 学生上课注意力不集中怎么办？

9. 如何引导学生形成正确的书写习惯？

10. 如何培养学生的倾听和表达能力？

11. 班主任面对"特殊学生"该如何进行引导和教育？

12. 如何应对学生在入学适应期产生的各种情绪和心态问题？

13. 如何处理学生自我意识过强、以自我为中心的问题？

14. 如何在校引导学生形成自理能力和劳动习惯？

15. 如何有效沟通以缓解家长的过度焦虑？

16. 家长对学生的学习与成长关注不足怎么办？

17. 在开展入学适应工作时，遇到哪些困难？您希望学校为您提供哪些帮助呢？

18. 您认为哪些方面会影响您入学适应工作的开展？您希望获得哪些条件支持呢？为什么？

3. 与儿童的访谈

通过与一年级学生访谈了解儿童在适应小学生活过程中的感受、体验、困境和需求等。具体访谈提纲如下：

《小学一年级学生访谈提纲》

1. 上了一年级，你高兴吗？

2. 你觉得自己适应小学生活了吗？有哪些不适应的方面？

3. 上一年级之后，你最喜欢的一天是哪一天？

4. 上一年级之后，你最不喜欢的一天是哪一天？

5. 在小学你都上了哪些课？你喜欢的课有哪些？为什么？

6. 说一说你上课遇到的困难。你喜欢怎样上课呢？

7. 你觉得现在的老师和以前幼儿园的老师有什么不同吗？你喜欢你的哪个（些）老师？为什么？

8. 遇到困难，你会找老师帮忙吗？为什么呢？

9. 你觉得小学老师的作用是什么？

10. 在小学，你有关系好的朋友吗？

11. 你喜欢和同学一起玩吗？为什么？

12. 上课时，你会跟周围的同学讲话吗？为什么？

13. 上课的时候想上厕所你会怎么办？

14. 下课后，你都会怎么安排课间十分钟呢？

15. 你知道昨天的家庭作业有哪些吗？你觉得会是什么原因让你忘记了呢？

16. 遇到很难的题，你会怎么办？

17. 你会预习第二天的课吗？为什么呢？

18. 你做过值日生吗？你喜欢／愿意做值日生吗？你觉得做值日生有什么好处吗？

19. 你一般几点起床？是自己起来还是家长叫醒啊？

20. 你一般几点睡觉？是自己主动睡呢还是家长叫呢？

21. 你的衣服是谁帮你穿的呀？谁帮你洗脸的呢？书包是谁整理的？

22. 你觉得小学与幼儿园的校园有什么不同吗？你喜欢这种变化吗？为什么呢？

23. 如果让你来设计校园，你会怎样设计呢？

第二节　一年级新生入学适应现状及需求调查分析

一、一年级新生整体入学适应情况分析

选择描述性统计分析、单样本 T 检验对教师问卷中关于一年级新生入学适应的调查问卷《中国中小学生学校适应量表》（小学 1—2 年级学段的量表）的数据进行分析，结果见表 3-2-1。

表 3-2-1　教师视角下一年级新生整体入学适应情况分析

	N	平均值 ± 标准差	检验值	P
学业适应总体	110	3.77 ± 0.70	3	<0.01
学习动力	110	4.00 ± 0.70	3	<0.01
学习问题	110	3.34 ± 1.01	3	<0.01
社会适应总体	110	4.03 ± 0.70	3	<0.01
行为适应	110	3.86 ± 0.70	3	<0.01

续表

	N	平均值 ± 标准差	检验值	P
人际适应	110	4.21 ± 0.74	3	<0.01
个人适应总体	110	4.06 ± 0.78	3	<0.01
情绪适应	110	4.06 ± 0.88	3	<0.01
生活自理	110	3.90 ± 0.95	3	<0.01
环境顺应	110	4.20 ± 0.77	3	<0.01

注：因为是李克特5度量表，因此3分表示中立，所以检验值为3。

从表 3-2-1 可以看出，学业适应总体及其维度学习动力和学习问题的平均值为 3.77、4.00 和 3.34，社会适应总体及其维度行为适应和人际适应的平均值为 4.03、3.86 和 4.21；个人适应总体及其维度情绪适应、生活自理和环境顺应的平均值为 4.06、4.06、3.90 和 4.20，全部显著高于 3 分（中立），单样本 T 检验的 P 值全部小于 0.01，这意味着一年级新生在学业适应、社会适应和个人适应方面的整体表现较好。但其中学习问题、行为适应、生活自理方面的得分相比其他方面较低，说明在课堂听讲、注意力集中、遵守课堂行为、自己整理书包和独立解决问题等方面比其他方面存在的问题更多一些。

当问及家长"您认为孩子在适应小学生活中哪些方面不理想？"时，44.01% 的家长认为孩子进入一年级后各方面适应得都很好。但是也有部分家长反映孩子在新生入学适应中也存在一些问题。有 34.06% 的儿童学习习惯不好；30.53% 的儿童在人际交往方面有困难，不敢和老师交流；18.45% 的儿童在生活自理能力方面较差；12.47% 的儿童不会与同伴交往；8.75% 的儿童没有学习兴趣；8.47% 的儿童不喜欢上小学；7.62% 的儿童进入小学后容易生病。（见表 3-2-2）

表 3-2-2　家长视角下一年级新生入学适应困难情况

选项	频数	百分比
各方面适应得都很好	3008	44.01%

续表

选项	频数	百分比
学习方面：学习习惯不好	2328	34.06%
人际交往方面：不敢和老师交流	2087	30.53%
生活自理能力方面：不能自己整理书包等	1261	18.45%
人际交往方面：不会与同伴交往	852	12.47%
学习方面：没有学习兴趣	598	8.75%
心理方面：不喜欢上小学	579	8.47%
身体方面：容易生病	521	7.62%

【访谈】

教师1：孩子们对新环境肯定是不适应的，也确实出现了各方面的适应困难，我觉得主要就是学习习惯的问题和规则的问题，现在我在上课的时候，还有孩子直接跑到讲台上回答问题的情况，也有孩子在上课铃响以后，依旧在玩耍，不知道回班级坐下，再就是生活自理能力差，放学了自己不知道收拾哪些东西带回去，丢掉的文具不知道去找一找。

【案例】

由于班里大部分孩子在幼儿园时期就学过一年级知识，平时上课总不愿意专心听讲，张老师忧心忡忡，生怕孩子们无法养成良好的学习习惯、规则意识不强，到了二三年级无法再"吃老本"，以至于学习成绩下降。张老师询问同年级其他班级老师是否遇到此类情况，得到了同样的答案。

以上数据和访谈情况表明，儿童在进入小学后，从外部环境到内在心理都面临着转变与适应，目前一年级新生入学适应整体比较好，但是在身心、生活、社会和学习方面依然存在一些问题。

二、一年级新生身心适应现状及需求分析

（一）一年级新生心理适应情况

在心理适应方面，有 80.99% 的家长认为孩子适应得很好；只有 4.67% 的家长认为自己的孩子不喜欢上小学；有 2.96% 的家长反映孩子在上学时经常说自己生病或身体不舒服；有 6.45% 的家长反映孩子放学回家不开心；有 87.92% 的家长反映孩子回家后经常或偶尔与家长谈论学校的事情；只有 12.08% 的家长反映孩子很少与家长说起学校发生的事情。（见表 3-2-3 和表 3-2-4）从家长的调查可以看出，大部分的一年级新生还是比较喜欢上学的。

表 3-2-3　家长视角下一年级新生心理适应情况

选项	频数	百分比
孩子适应得很好	5536	80.99%
不喜欢上小学	319	4.67%
在上学时经常说自己生病或身体不舒服	202	2.96%
放学回家不开心	441	6.45%
其他	558	8.16%

表 3-2-4　一年级新生与家人谈论学校的情况

选项	频数	百分比
经常，而且无话不谈	3291	48.15%
不是很经常，偶尔会有	2718	39.77%
不主动，家长问才会说	704	10.3%
很少说话，您在孩子口中了解到的情况很少	122	1.78%

但是，在教师的调查中显示，有 25% 的老师认为一年级新生不喜欢上学，不能积极参与学校和班级活动，这与家长调查结果相差较大。（表 3-2-5）导致

这一差距的原因可能是，家庭中环境比较温馨，孩子回家后比较放松、开心，家长则认为孩子比较喜欢上学，而一年级新生初入小学，由于学校环境比较陌生，他们会表现得比较拘谨、不敢去探索，这时教师可能会误解孩子的行为，并认为他们不喜欢上学。基于此，小学和家长需要更好地进行沟通、密切配合，共同关注孩子的心理健康，以便更好地帮助他们适应小学生活。

表3-2-5　教师视角下一年级新生心理适应情况

选项	频数	百分比
不喜欢上学，不能积极参与学校和班级活动	44	25%
抗挫折能力较差，遇到困难容易放弃	71	40.34%

【访谈】

儿童1：我挺喜欢上小学的，我在学校交了很多朋友。

儿童2：我不喜欢上学，我在学校的时候总是想着我的游戏。

儿童3：我喜欢上小学，因为我喜欢上音乐课，我们还有体育课，我也喜欢在操场上玩儿。

儿童4：我最喜欢星期一上学，因为星期一可以升国旗。我不喜欢星期四，因为星期四需要带很多的书，很难放进书桌，每一次我都得把铅笔盒和我的本子还有一些书拿出来，书包才能塞进去。但是星期四有一点我也喜欢，就是有科学课。

儿童5：我每天去上学的时候又开心又不开心，开心的是我们老师讲课特别好玩儿，不开心的是我不能和妈妈在一起了。

儿童6：我上学不开心，每天都得上课，一上课我就头疼，我想回家打游戏玩儿。

儿童7：我最喜欢上的是体育课，体育课好玩儿，啥游戏都做，要是天气不好的话，体育老师就在教室给我们播放电视看，其他的课都不好玩儿。第二喜欢的是美术课，第三喜欢的是科学课，第四喜欢的是语文课。我不喜欢数学课，有的时候一天都上数学课，我头都要爆炸了。我还没学会，老师就让做练习，太难了。

儿童 8：我的老师我都喜欢，他们也不严肃。

儿童 9：我最喜欢阳光大课间，在外面做操，因为我喜欢运动。

对儿童的访谈显示出，儿童对上学的感受和喜好都不尽相同。一些儿童喜欢学校的社交环境和多样的课程，而另一些孩子则可能因为对课程内容不感兴趣或者对离开家不适应而不喜欢上学。还有一些儿童提到他们喜欢的课程和老师，这表明教学方式和教师个人魅力也会对孩子的学习体验产生影响。基于此，一年级教学中应该关注儿童的兴趣和需求，提供多元化的教学内容和互动方式，以满足不同儿童的学习需求和兴趣爱好。同时，教师也需要在引导儿童的过程中给予足够的关注和支持，营造积极向上的学习氛围。

【访谈】

儿童 10：我学习学不会的时候特别害怕，特别紧张，但是不能放弃，得继续学习。

儿童 11：今天上课老师让我读课文，但是有一句话我没读好，从那之后，老师再问问题，我就再也没举手。

在心理方面，有 40.34% 的教师认为一年级新生抗挫折能力较差，遇到困难容易放弃。一年级新生初入小学，面临新的环境和问题需要慢慢适应。抗挫能力不同的儿童面临压力时的表现也是不同的。抗挫能力差的儿童可能会在面对新环境和问题时情绪波动较大，容易产生消极反应或被挫折打败，而抗挫能力强的儿童则可以保持情绪稳定，以积极的态度面对环境的压力。因此，一年级教师和家长可以共同努力帮助他们发展和提升抗挫能力。比如提供适当的支持和鼓励，让儿童在面对困难时勇敢尝试和坚持，培养他们解决问题能力和逆境应对能力。同时，也要给予儿童足够的时间来适应新的学习环境，通过建立良好的情感关系和增强自信心，帮助他们渐渐适应并克服困难。

（二）一年级新生身体适应情况

在身体适应方面，有 7.62% 的家长反映孩子进入小学后，容易生病；有 32.95% 的教师反映一年级新生的精细动作发展不足。（见表 3-2-6）

表 3-2-6　一年级新生身体适应情况

	选项	频数	百分比
家长	身体方面：容易生病	521	7.62%
教师	精细动作发展不足	58	32.95%

可以看出，大部分一年级新生的体质是比较好的。一年级新生入学后容易生病，一方面与儿童本身的体质有关，另一方面九月入学后的天气温差较大，这容易导致儿童感冒。此外，一年级新生接触到新环境和人群，可能增加了暴露于病毒之中和传播疾病的风险。为了预防疾病传播，学校和家长可以采取一些措施，如引导儿童注意洗手卫生、保持教室的通风、定期清洁教室等，以保障儿童的健康和安全。对于精细动作发展不足的问题，一年级新生可能还在逐渐掌握和发展各种精细动作技能，如书写和使用文具等。教师和家长可以共同关注儿童的动作发展，提供适当的指导和训练，以促进他们的精细动作能力的提升。这可以通过游戏、艺术和手工制作等活动，让儿童有机会练习和发展手指灵活性、手眼协调以及手部精细操作技能。

三、一年级新生生活适应现状及需求分析

（一）一年级新生学习用品整理情况

在儿童整理学习用品方面，63.99% 的儿童能在成人的提醒和帮助下整理好学习用品；33.09% 的儿童自己整理学习用品；2.91% 的儿童由父母帮忙整理学习用品。这表明大部分儿童都能在成人提醒下整理或自己主动整理好学习用品。

但也有部分儿童由于自理能力有所欠缺，无法独自整理自己的个人物品。（见表3-2-7）

表3-2-7 一年级新生学习用品整理情况

选项	频数	百分比
能在成人的提醒和帮助下整理好学习用品	4374	63.99%
自己整理学习用品	2262	33.09%
由父母帮忙整理学习用品	199	2.91%

【访谈】

儿童12：我都是自己收拾书包，爸爸妈妈不知道我上学需要带什么，可能我需要的东西他们没帮我放，不需要的东西他们帮我放了。

儿童13：一直是我妈妈帮我收拾书包。

儿童14：我和妈妈一起收拾书包，妈妈帮我看明天的课程表。

家长1：孩子一开始不会整理书包，后来时间长了熟练了就好了，在人际交往上，主要是不太敢和老师交流，因为他的老师很严肃，抓常规很厉害。还有就是孩子比较贪睡，幼儿园时期还好，早晨上学没有那么早，但是上了一年级，早晨总得喊很多遍，每天早晨睡不醒，食欲也很差。

家长2：一开始培养过，所以她会自己整理，但是就是慢一点，有时候磨磨蹭蹭的。

家长3：孩子自己能整理，偶尔会犯懒，一周大概有两三天是他自己整理，有时候是我帮他整理。

教师2：现在的孩子，他们大部分都没有自主整理个人物品的意识，在家里是家长帮忙，在幼儿园是老师发布指令，他们按指令办事，来到了一年级，我们如果不提醒，他们自己不会主动整理。就比如说，每天都有孩子丢铅笔或者橡皮，我在讲台放了个收纳盒，每天收纳各种无人认领的铅笔、橡皮，有很多孩子不去整理自己的铅笔盒，自然也发现不了自己丢了文具。有的孩子知道自己文具不见了，也不吭声，从家里再拿新的过来。我每天放学前，都让孩子们从盒子里找一找自己的文具，可是收效甚微，总是无人认领。

【案例】

王老师接到了阳阳妈妈的电话，阳阳妈妈问王老师："阳阳天天丢文具，每天回到家，我发现他不是橡皮没有了，就是转笔刀没有了，丢的最多的还是铅笔，我想知道阳阳文具到底去哪儿了？"王老师解释班里有失物招领处，阳阳可以随时去找。阳阳却认为，没有了文具，家里还有很多新的，不需要去找。

而对于一年级新生管理不好自己的物品的原因，有86.93%的教师认为是因为学生自主整理自己物品的意识薄弱；有79.55%的教师认为学生没有明确的物品归类和整理计划；有61.93%的教师认为学生缺乏责任意识；有75%的老师认为学生过于依赖家长。（见表3-2-8）

表3-2-8　一年级新生学习用品整理能力欠佳的原因

选项	频数	百分比
学生自主整理自己物品的意识薄弱	153	86.93%
学生没有明确的物品归类和整理计划	140	79.55%
学生缺乏责任意识	109	61.93%
学生过于依赖家长	132	75%

【访谈】

儿童15：有一次我的橡皮掉地上了，我开始没发现，等我发现的时候我已经被人捡走，找不到了。

基于以上研究结果，可以从建立儿童的责任和意识、珍惜物品、良好习惯培养以及家校合作等方面提升一年级新生整理自己物品的能力。第一，增强儿童的责任感和责任意识，使学生明白自己要对自己的物品负责，不依赖家长代办。第二，培养儿童珍惜物品的观念，教导他们正确使用和保护物品，避免随意乱扔或遗失物品。第三，通过设立规范和常规，帮助儿童养成良好的整理习惯。第四，家长和学校应该共同参与提升儿童整理物品能力的工作。家长可以与学校密切合作，了解儿童在学校中的整理物品情况，以确保儿童在家庭和学校都能够养成整理物品的良好习惯。

（二）一年级新生完成任务情况与时间分配情况

儿童在任务与作业完成方面，64.48%的儿童需要家长陪同完成；33.66%的儿童可以自己独立完成；1.86%的儿童完成比较困难。（见表3-2-9）在安排学习与玩耍时间方面，62.11%的儿童完成得一般；28.09%的儿童能合理分配自己的学习时间与玩耍时间；9.8%的儿童不能合理分配自己的学习时间与玩耍时间。（见表3-2-10）数据表明，大部分儿童任务意识薄弱，且不能很好地分配自己的学习与玩耍时间，对家长的依赖性较强。

表3-2-9　一年级新生完成任务情况

选项	频数	百分比
家长陪同完成	4407	64.48%
自己独立完成	2301	33.66%
完成比较困难	127	1.86%

表3-2-10　一年级新生时间分配情况

选项	频数	百分比
完成得一般	4245	62.11%
能合理分配自己的学习时间与玩耍时间	1920	28.09%
不能合理分配自己的学习时间与玩耍时间	670	9.8%

【访谈】

儿童16：我妈妈会陪我写作业，因为有些题目我看不懂，不知道是什么意思。

儿童17：我写一会儿作业玩一会儿，妈妈会提醒我写作业。

家长4：我都是陪着完成，因为孩子自制力还是差一些的，还有就是我也想陪同，孩子遇到不会的，我俩可以及时沟通。他一开始不能合理安排学习与玩耍时间，只能我安排时间，现在好多了，知道回到家就先写作业了。

家长5：我女儿现在二年级了，一年级的时候，作业一开始陪了半年，后来会自主安排时间，也能主动去写作业，我就不盯着了，不过她还是希望我能在旁边陪着她写作业。

【案例】

一年级的萌萌每天都听妈妈在喊："萌萌，该写作业了"，"萌萌，该练琴了"，"萌萌，快去洗澡，要睡觉了"。萌萌："妈妈，你能不能不要一天到晚老催我，我知道等会要做什么。"妈妈："我不催你管你，你又磨叽到几点了。"萌萌希望自己能快点儿长大："我想变成自己想做什么就做什么的大人。"

总结来看，一年级新生在独立完成任务方面的表现欠佳。导致这一现状的重要原因是家长在孩子入学后对孩子不放心，陪伴孩子完成所有任务，使孩子过于依赖家长。然而，在此过程中如果家长能够使用适当的方法逐步退出，孩子就能够培养独立完成任务和合理分配时间的能力。

四、一年级新生社会适应现状及需求分析

（一）一年级新生适应校园环境情况

在校园环境适应方面，有60.23%的老师发现一年级新生对于新的环境没有探索和了解的兴趣；有43.75%的老师发现一年级新生会走错教室，找不到上课教室；有22.73%的老师发现一年级新生记不住教师的办公室；有17.61%的老师发现一年级新生找不到学校的厕所。（见表3-2-11）

表3-2-11　一年级新生适应校园环境的情况

选项	频数	百分比
对于新的环境没有探索和了解的兴趣	106	60.23%
会走错教室，找不到上课教室	77	43.75%
记不住教师的办公室	40	22.73%
找不到学校的厕所	31	17.61%

【访谈】

儿童 18：我能找到教室、厕所和老师的办公室，老师的办公室就在我们的教室旁边，厕所在我们教室的另一边。

儿童 19：我是九班的，有一次我就走到八班去了，我们班还有好几个同学也是，走错了，走到八班去了。

教师 3：我觉得孩子们在探索新环境这方面确实没有太多的兴趣，大部分孩子对新学校有期待但也有恐慌和焦虑，所以一般都不太四处探索、走动，而且也有一部分孩子会哭闹，但是我们哄一哄能好很多，过两周基本就好，不会再有哭闹的现象。

【案例】

然然小朋友上小学第一天，对一切充满了好奇，然而在上了一天小学后，第二天就哭闹着不愿意再上小学了，妈妈问她为什么不喜欢小学，她哭着说："小学和我的幼儿园不一样，班里没有厕所，不能随时想去就去，我想去厕所，还想在下楼玩，可是我不敢自己去，我害怕回来找不到教室。"妈妈说："你可以让老师带你去。"然然："可是我害怕小学老师。"

出现以上情况的原因可能是，一年级新生刚进入一个陌生环境，会感到焦虑和不安，因此他们没有足够的安全感去探索新环境。另外，在一年级新生入学后，教师一般都会带领孩子熟悉校园环境，对于厕所的认识也通常是教师介绍环境的重点内容，而且厕所和教师办公室与教室相比标志性更明显，而教室的布局和装饰都很相似，且数量多，所以一年级的新生更多地会出现走错教室的情况。

基于此，一年级的教师可以让学生参与班级布置的活动，让他们更好地了解和熟悉自己的教室，包括课桌的摆放、墙壁的装饰、班级规定的展示等。这样一来，学生们在日常上课时会更加熟悉和记得自己的班级，减少走错教室的概率。而且通过参与布置班级，学生们会感到自己对班级的创造和塑造有主动参与的权利和责任感，这将有助于增强他们对班级的归属感。

（二）一年级新生规则适应情况

教师调查数据显示，有66.48%的教师认为一年级新生规则意识不强，规则执行能力差。进一步调查一年级新生日常规范纪律性欠佳的具体表现发现，有81.82%的教师发现一部分同学在铃响后不能及时地站好队伍；有36.93%的教师发现一年级新生做眼保健操不认真，相互打闹；有60.23%的教师发现一年级新生在走廊内大声喧哗，追赶打闹；有66.48%的教师发现一年级新生在下课后不能准备好下一节课的学习用品。（见表3-2-12）

表3-2-12　一年级新生规则适应情况

选项	频数	百分比
规则意识不强，规则执行能力差	117	66.48%
一部分同学在铃响后不能及时地站好队伍	144	81.82%
做眼保健操不认真，相互打闹	65	36.93%
走廊内大声喧哗，追赶打闹	106	60.23%
在下课后不能准备好下一节课的学习用品	117	66.48%

而对于一年级的上课表现来看，也存在诸多规则意识不强，执行规则能力弱的情况。具体情况为，有54.55%的教师发现一年级新生上课不主动回答问题，回答问题不举手；有76.14%的教师发现一年级新生和同学交头接耳，随意说话；有37.5%的教师发现一年级新生上课随意走动，打闹、哭泣；有43.18%的教师发现一年级新生不带上课需要的学习用具；有46.02%的教师发现一年级新生在教室大声喧哗；有23.86%的教师发现一年级新生不写课堂作业；有90.34%的教师发现一年级新生上课时会做小动作，摆弄橡皮、尺子等物品；有22.16%的教师发现，一年级新生会出现上课迟到的情况；有40.34%的教师发现一年级新生不能马上完成老师布置的任务。（见表3-2-13）

表 3-2-13　一年级新生上课的表现情况

选项	频数	百分比
上课不主动回答问题，回答问题不举手	96	54.55%
和同学交头接耳，随意说话	134	76.14%
上课随意走动，打闹、哭泣	66	37.5%
不带上课需要的学习用具	76	43.18%
在教室大声喧哗	81	46.02%
不写课堂作业	42	23.86%
会做小动作，摆弄橡皮、尺子等物品	159	90.34%
上课迟到	39	22.16%
不能马上完成老师布置的任务	71	40.34%

【访谈】

儿童20：我们学校上课的时候不许说话，下课的时候不能打闹、不能下楼。老师和我们说这些规则。也有同学违反规则，特别是航航，总是违反规则。

儿童21：很多同学下课都会追逐打闹，老师那时候在办公室看不到，就不管了。

儿童22：上课不能说话，不能睡觉，下课不能跑，男生不能超过饮水机，女生不能超过女厕所。

儿童23：语文老师说上课不能去厕所，憋到下课，她的意思就是让我们尿裤子。数学课的时候，我要是说，"老师我快憋不住了"，老师就直接让我去。

儿童24：上课的时候，我们班的文文总是玩橡皮、尺子，其他同学表现都挺好的。

教师4：我认为孩子们除了要对小学感兴趣、拥有一定的自理能力以外，最重要的就是规则意识了，因为以我带一年级的经验来说，很多孩子在规则意识很差的情况下来到小学，他们在课堂上讲话、走动、随时站起来走出去喝水，或者不举手就抢着回答问题，完全不理解小学课堂规则，导致课堂没有秩序可言。

教师5：很多孩子都不会提前准备好下节课的学习用品，下课就是赶紧玩，都得等老师上课提醒。像我带一年级，每节课前十分钟，我都得给孩子们时间准备个人学习用品，讲解日常常规。还有一种情况是有时候铃响了，个别孩子没有在座位上，我就得去厕所找，有些孩子不会擦屁股，在厕所等老师帮忙，所以很多时候我们都不能按时上课。

教师6：我觉得在我的班里，学生最主要的问题行为就是做小动作，因为交头接耳动静比较大，老师很快发现就能制止，但是很多孩子不吭声，就悄悄玩文具，或者盯着课本发呆，有时老师不能及时发现，当然，也有很多孩子坐姿、握笔姿势不对，这都是在我们班非常常见的问题行为。

【案例】

李老师每天都很头疼放学这个环节，作为班主任，她每天带队送孩子们出学校大门，可是每天放学，排队都需要很久，因为总有孩子出来站好了却忘记拿书包或外套，还有一些孩子不会收拾自己的书包，每天放学磨磨蹭蹭迟迟不能出来，值日生们打扫教室，常常打扫很久也不能结束。

【案例】

鹏鹏来到一年级两个月了，老师对他非常头疼，因为他有时候上课到一半的时候去后面书包柜拿水杯喝水，有时候突然站起来去厕所，老师让他下课以后再去，他总说："可是在幼儿园里都是想什么时候去就什么时候去。"

【案例】

刚上一年级的洋洋有一天哭着回家说拉裤子了，妈妈问他怎么回事，他说："我上课以后肚子疼，特别想上厕所，可是老师说过上课不能随便去厕所，我就憋不住了。"

总结来看，一年级学生在规则适应方面存在较大的问题。这些问题主要表现在两个方面：一是对规则的不了解，这可能是因为他们是刚进入小学，不熟悉小学的运作方式，也可能是与小学相关的引导和教育不足导致的。另一个是有些学生即使了解规则但规则的执行能力较弱。这可能是因为他们在认知和自我控制方面尚未完全发展，导致他们难以有效地执行规则。而且不同学生的执行能力和自律程度也存在差异。

　　基于以上调查结果，建议一年级老师在学生入学后通过介绍规则的重要性、规则的内容（包括日常生活规则、课堂纪律规则等）以及遵守规则的具体做法，以帮助他们更好地理解和遵守学校的规定。此外，为了帮助他们提高执行规则的能力，学校和老师可以采取措施来培养学生的自我管理和自我控制能力，例如通过设立明确的奖惩机制进行规则讲解和示范、开展规则执行的训练等。

（三）一年级新生人际交往适应情况

　　在一年级学生的人际关系方面，72.16% 的教师发现学生会经常向老师告状；68.18% 的教师发现同学之间不能自主合作；57.95% 的教师发现学生不敢主动和老师沟通；45.45% 的教师发现同学之间不能友好相处，矛盾一直存在。（见表 3-2-14）在人际关系存在问题的原因方面，77.27% 的教师认为是由于学生性格不同，不能很好地处理人际关系；59.09% 的教师认为学生对父母过于依赖，自己不会处理人际关系；58.52% 的教师认为是因为学生初入新环境，还不熟悉新同学、新老师，不能很好地和同学、老师进行沟通与合作；54.55% 的教师认为是学生想交朋友，但不知道如何相处。（见表 3-2-15）

表 3-2-14　一年级新生人际交往适应的情况

选项	频数	百分比
经常向老师告状	127	72.16%
同学之间不能自主合作	120	68.18%
不敢主动和老师沟通	102	57.95%
同学之间不能友好相处，矛盾一直存在	80	45.45%

表 3-2-15　一年级新生人际关系存在问题的原因

选项	频数	百分比
学生性格不同	136	77.27%

选项	频数	百分比
对父母过于依赖	104	59.09%
新环境的差异	103	58.52%
学生想交朋友却不知道如何相处	96	54.55%
以自我为中心	98	55.68%

【访谈】

儿童25：上了一年级我很高兴，认识了很多新朋友我很开心，和同学玩的时候挺好的。

儿童26：我最好的朋友是汐汐，下课的时候我就去找她玩儿，还有体育课，我们一起玩儿，我们还一起比赛跳绳看谁跳得多。

儿童27：我不害怕和老师说话，有一次我回答问题回答对了，老师对我竖起大拇指，说我很棒。

儿童28：我最好的朋友不是我们班的，也不是我们学校的，是我原来幼儿园的，她是我最好的朋友。

儿童29：我的朋友是诺诺，她和我幼儿园的小伙伴一样。

儿童30：我们班也有打架的，有同学打架牙齿都掉了。

家长6：她性格比较随和，和谁都能玩到一起，刚上小学的时候有点儿不适应，可能没那么多朋友，现在还挺好的，朋友很多。

教师7：孩子们刚来到新环境，不太可能主动建立新联系，以前幼儿园的小伙伴都不见了，眼前的一切都是陌生的，很多孩子不会像初入幼儿园那样用哭来表达自己的焦虑情绪，都在心里紧张。大概一两周后，慢慢适应下来，有的孩子开朗外向、善于表达，交朋友就顺利一些，有的孩子内向羞涩，所以不能迅速地交到朋友。当然，在交朋友的过程中，肯定会有些摩擦或者矛盾，这时候孩子们不会像幼儿园时期那样事事都去找老师"断案"，往往需要孩子们自己去摸索来怎么处理好自己的人际关系。

教师8：我觉得一年级的孩子普遍缺乏合作能力，当然这也和孩子年龄有关，只是我们有时候会布置一些任务需要分小组合作，一到这个时候就会场面混乱，必须由我们给他们分组，分好组以后，他们在共同去完成任务时，又不会合作。比如每节课开始之前，我会给他们任务清单，这时候有些孩子已经学会了一年级知识，就完成得很迅速，有些"零起点"的孩子还没读懂任务，他们并不去合作，总是聚在一起各干各的。

【案例】

晨晨小朋友已经进入一年级两个月了，每次课间都是自己一个人坐着，也不和其他小朋友一起玩，老师询问她怎么不出去和小朋友一起玩一会儿，她哇一声哭出来："我想我以前的好朋友。"老师在放学后和晨晨家长谈了谈，了解到晨晨是个细腻敏感又特别重感情的孩子，她一直念念不忘幼儿园的老师和伙伴，很少去认识新同学。

以上调查数据和访谈表明，一年级学生还延续着幼儿园时期的习惯，遇到问题先寻求老师帮助，比如人际关系存在问题，先找老师帮忙解决，同时，一年级新生年龄小，又身处一个全新的环境，不擅长自己管理或解决人际关系问题。

基于此，为了使一年级新生尽快与老师和同学建立良好的人际关系，可以采取以下措施：第一，一年级新生入学初期，课间的时候班主任可以在教室办公，有些小学在教室专门设置了教师办公桌，教师在教室里和学生进行交流，了解他们的需求、兴趣和挑战，有助于建立起教师与学生之间的信任和亲近感。第二，创造有利于学生同伴交往的环境，例如安排小组活动、合作项目或协作学习。这样可以让学生互相认识、分享和合作，促进彼此之间的友情和团队精神。第三，教师可以教授一些解决冲突的方法和技巧，培养学生处理人际关系问题的能力。例如，通过角色扮演、案例分析等方式，教导学生如何有效地沟通、倾听和解决冲突。有些学校还专门设置了"和平桌"，帮助学生处理与同学的矛盾。

五、一年级新生学习适应现状及需求分析

（一）一年级新生的学习基础情况

学生的学习基础会对进入一年级后的学习适应产生影响，教师调查显示，有 70.45% 的教师反映带过的一年级新生大部分都有一定拼音、计算的基础，21.02% 的教师反映带过的一年级新生小部分有一定拼音、计算的基础，仅有8.52% 的教师反映带过的一年级新生大部分没有拼音、计算的基础。（见表3-2-16）

表 3-2-16　一年级新生的学习基础情况

选项	频数	百分比
大部分都有一定拼音、计算的基础	124	70.45%
小部分都有一定拼音、计算的基础	37	21.02%
大部分没有拼音、计算的基础	15	8.52%

【访谈】

儿童31：我学习有的时候不怎么会，但是我也算跟上了。

儿童32：我上课时候的困难就是有一些老师问的问题我不会那么快想到答案，有的时候老师会看第一时间谁举手快就让谁回答，但是我心里会想出答案，就算我没有得到老师叫我回答问题的机会，我也可以自己在心里回答。

儿童33：我上幼儿园的时候都学过拼音了。

儿童34：我最喜欢的是美术课，因为美术课可以画画，画得特别好看，有时候我们画到脸上特别搞笑。

儿童35：以前我都没有得到喜报，但是我这次数学进步，得到喜报了。

教师9：我工作的小学是农村小学，在农村小学上学的孩子，他们之前就读的幼儿园也是附近村子里的。经过这两个月的观察，我发现我们班里80%以上的孩子都有拼音和计算基础，尤其是语文，因为有一部分孩子在幼儿园就已经学完了一年级课本，每篇课文都能背诵。

【案例】

张老师最近非常苦恼，作为一名一年级老师，她发现班里很多孩子每天上课都不听讲，不是玩橡皮就是抠铅笔盒，或者开小差，但是每次考试都能得满分，老师询问为何上课不愿听，得到的答案是老师讲的拼音、课文等已经学过，再听一遍觉得特别无聊。

同样的，在对家长的调查中也发现，大部分的儿童在进入小学之前上了提前学习小学知识的幼小衔接班或者所在幼儿园提前教授了小学知识。具体调查结果为，44.86%的儿童在幼儿园提前学了拼音等小学知识；有9%的儿童提前一年去上了幼小衔接班；21.65%的儿童在大班毕业后的暑假里专门上了幼小衔接班；15.36%的儿童试听过幼小衔接班，但没上；只有9.13%的儿童觉得没必要上幼小衔接班。（见表3-2-17）

表3-2-17 一年级新生入学前超前学习的情况

选项	频数	百分比
在幼儿园提前学了拼音等小学知识	3066	44.86%
提前一年上了幼小衔接班	615	9%
在大班毕业后的暑假里专门上了幼小衔接班	1480	21.65%
试听过幼小衔接班，但没上	1050	15.36%
觉得没必要上幼小衔接班	624	9.13%

而对于家庭方面，有14.25%的家长借来小学课本提前教授小学知识，80.23%的家长在家偶尔教简单的小学知识，仅有5.52%的家长觉得提前教不教没关系。

【访谈】

家长7：我给他报了幼小衔接班，但是学了一节课因为疫情停课了，我就在家教了简单的认识字母，识字学了三四百字，后来孩子上了一年级，我发现小学幼小衔接工作做得还不到位，老师找过我好多次，说孩子基础不行，我觉得不是他基础不行，是一年级进度太快。

家长8：没上幼小衔接班，我在家也没怎么教，就在暑假给她认了认字母和读法，她进了小学以后，一开始老师老找我，我只能天天晚上给她补。

以上问卷和访谈调查表明，当前大量一年级新生在入小学前就已经提前学习了一年级知识，并非"零起点"入学。因为某些幼儿园和很多家长走入了"小学化"误区，不适宜地提前将小学阶段的学习任务或教学内容移植到幼儿园阶段。面对这种情况，幼儿园和小学可以提供专业的指导和支持，帮助家长正确理解幼小衔接的目标和原则。通过定期的家长会议、研讨会或咨询服务，向家长传递正确的幼小衔接观、儿童发展观和人才培养观。此外，幼儿园和小学之间应建立深入持续的沟通与协调机制，确保幼小衔接工作的顺利进行。通过交流教育理念、教育方法和学习任务的变化，减少家长对于转变的焦虑感，同时也使得幼儿园和小学能够更好地了解每个学生的需求和背景。

（二）一年级新生的课堂表现

在儿童的课堂表现方面，40.66%的儿童能认真听讲，积极举手回答问题；23.7%的儿童课堂表现一般；15.99%的儿童在课堂上能听懂，但不喜欢参与课堂互动；19.65%的儿童的家长没有和老师沟通过，不了解孩子的课堂表现。

表3-2-18　一年级新生课堂表现的情况

选项	频数	百分比
能认真听讲，积极举手回答问题	2779	40.66%
表现一般	1620	23.7%
能听懂，但不喜欢参与课堂互动	1093	15.99%
家长没有和老师沟通过，不了解孩子的课堂表现	1343	19.65%

【访谈】

家长9：听他老师反映，他课堂表现是一阵儿好，一阵儿不好，有时候受网络影响，有时候就会开小差，课堂回答问题倒是很积极。

家长 10：她老师说她偶尔开小差，但是她也能坚持坐一节课，不跟别人讲话，就是有时候上课想别的。

以上问卷和访谈表明，仅有 40% 的一年级学生能上课认真听讲和积极举手，大部分孩子上课会有其他方面的问题，如不喜欢课堂互动、表现一般等情况。学生认真听讲是获得知识、提高能力的基本保证，是一种良好的学习习惯，这种好的学习习惯将会影响人的一生。因此，培养儿童良好的学习习惯，引导儿童认真听讲、积极互动对儿童未来的学业有重要积极影响。基于此，我们一年级教师要尊重儿童身心发展规律，结合儿童注意力易分散的特点，为儿童创设丰富趣味的教学情境，使自己的语言具有儿童化和趣味性，同时，在课堂上时刻提醒儿童，引导儿童坚持认真听课，及时表扬听课认真与积极参与课堂互动的学生，激发学生的参与热情。

（三）一年级新生上课注意力集中情况

注意力是学习的第一步。当学生能够将注意力集中在教师讲解的内容时，他们就可以更好地接收新知识和信息。所以本研究调查了一年级新生上课时注意力不集中的主要表现。结果显示，93.18% 的新生在课堂上注意力不集中的主要表现是搞小动作；89.77% 的新生在课堂上会走神；78.98% 的新生在课堂上会交头接耳。（见表 3-2-19）产生这种情况的原因有多个方面，经过调查，83.52% 的教师认为一年级新生由于年龄小，有意注意时间短，自制能力差，因此注意力容易分散；51.14% 的教师认为一年级新生对学习还没有产生兴趣；38.07% 的教师认为一年级新生入学前已经学会了一年级内容；37.5% 的教师认为儿童注意力分散的原因是晚上没有休息好；还有少部分教师认为是由于儿童进入新环境，身体不舒服导致。（见表 3-2-20）

表3-2-19　一年级新生上课注意力不集中的主要表现

选项	频数	百分比
搞小动作	164	93.18%
走神	158	89.77%
交头接耳	139	78.98%

表3-2-20　一年级新生注意力不集中的主要原因

选项	频数	百分比
学生年龄小，有意注意的时间短，自制能力差	147	83.52%
对学习还没有产生兴趣	90	51.14%
入学前已经学会了一年级内容	67	38.07%
晚上没有休息好，疲劳	66	37.5%
孩子的身体不舒服	26	14.77%

【访谈】

教师10：其实，孩子们就是自制力差，控制不住自己，在幼儿园时期上课的规矩不会像小学课堂这样多，所以孩子们在课堂上总是想起来什么做什么，并不能一直让自己跟着老师的思路，一会儿要去厕所，一会儿要去喝水。孩子们在课堂上注意力不集中的表现还有一种是在课本上画画，很多孩子都有这种情况，课本上的插画总是吸引他们的注意力，他们经常在看课本时就在空白处画画，或者对插画进行"再创作"。

【案例】

波波小朋友非常喜欢玩爸妈的手机，尤其喜欢刷抖音这种短视频平台，还喜欢玩一些网络小游戏。最近在班级里，他发现很多小伙伴都喜欢玩抖音和小游戏，于是大家每到课间就讨论得不亦乐乎，还模仿网络视频里的动作和语言，上课后还意犹未尽，也会在课堂上悄悄说起这些。波波被老师点了几次名字，郁闷地说："老师讲的我都会了，我听着没意思，我听着听着就想到我的游戏，我的游戏还没通关呢。"

以上问卷和访谈结果表明，一年级新生的注意力管理能力尚未完全发展，可能由于年龄小和自制能力差，导致他们在课堂上难以保持长时间专注。部分学生可能对学习内容尚未产生兴趣，导致在课堂上心不在焉，影响了他们的学习效果。还有一些学生可能在入学前已经学会了一部分的学习内容，这可能导致他们对重复学习缺乏兴趣，进而影响了他们的专注度。此外，身体状况不好也是影响孩子专注力的因素。针对这些问题，可采取一系列措施，如增加课间活动，调整作息时间，制定有趣的学习内容，提供适应新环境的帮助等。这样可以有助于提高学生的注意力和学习效果。

（四）一年级新生学习坚持性情况

学习需要时间和持续的投入才能够积累和巩固知识，只有通过长期坚持，学生才能够更好地掌握所学内容，形成深刻的理解。一年级新生在学习坚持性上的表现是：50.04% 的儿童做事情时容易被其他事物干扰；28.98% 的儿童做事情有始有终，坚持到底；20.54% 的儿童做事拖拉、磨蹭；0.44% 的儿童做事容易半途而废。（见表 3-2-21）

表 3-2-21　一年级新生学习坚持性方面的表现

选项	频数	百分比
做事情时容易被其他事物干扰	3420	50.04%
做事情有始有终，坚持到底	1981	28.98%
做事拖拉、磨蹭	1404	20.54%
做事容易半途而废	30	0.44%

【访谈】

家长 11：坚持性方面，玩喜欢的玩具坚持很久，学习遇到困难就开始磨蹭，生活中也容易磨蹭。但是，他喜欢搭建，也有他自己喜欢的书籍，遇到喜欢的事情，他专注力还行。学习适应方面，主要就是马虎，写作业容易漏字、漏题。

家长12：她专注力还有点差，有时候会被其他事情干扰，因为一年级学的知识又深又多，速度快，她跟不上。

【案例】

瑞瑞小朋友最近在写作业时，总是会突然跟妈妈说"我们班今天有小朋友……""妈妈，你见过……""妈妈，等会我们可以出去……"，瑞瑞还会时不时咬咬铅笔、玩玩橡皮，瑞瑞妈妈看孩子一直不专心，总要批评几句，最后瑞瑞每天写作业都拖到很晚才写完，妈妈非常焦虑孩子写作业不认真。

调查结果显示，一年级新生在学习时容易被其他事物干扰，这可能是由于年龄较小和学习经验有限，一年级新生的注意力控制和集中能力尚未完全发展，因此他们更容易受到外界环境和其他事物的干扰。再加上一年级新生对学习的兴趣可能并不十分强烈，对于课堂上的学习内容可能没有太大的吸引力，因此更容易被其他事物所吸引。因此一年级的老师和家长可以采取相应的措施，如创设有趣的学习环境、激发学生的学习兴趣、指导学生养成良好的学习习惯等，帮助学生更好地应对这些干扰，提高学习效果。

（五）一年级新生作业完成情况

一年级教师反映新生经常会出现不能及时上交作业的情况，进一步调查显示，86.36%的学生由于注意力不集中、边玩边写导致作业不能及时完成；73.86%的学生由于书写速度慢不能及时完成作业；43.18%的学生由于对课上的知识没有掌握，完成作业有困难；10.23%的学生是由于不喜欢某门学科导致该学科作业不能及时完成。

表 3-2-22　一年级新生作业完成情况

选项	频数	百分比
注意力不集中，边玩边写	152	86.36%
书写速度慢	130	73.86%
对课上的知识没有掌握	76	43.18%
不喜欢某门学科	18	10.23%

【访谈】

儿童 36：我们周一到周四没有作业，周五有作业，作业多死了，我都不愿意写。

儿童 37：虽然我们语文老师不严肃，但是布置作业很多。

教师 11：我觉得学生不写作业这个事儿还挺常见，平时周一到周四的家庭作业，大家基本都能完成，但是周末的家庭作业就不行了，因为周末作业较多，又没有课后延时服务，学生回到家没有人监督，一年级的孩子又贪玩，这就需要家长监督完成，但是有一些孩子是随老人生活，老人不太监管孩子写作业，这就导致周一早晨交不上作业。还有一部分家长是不会全过程监督孩子写作业的，孩子自制力差，无法完成作业，家长看到孩子坐在那里写了，也不检查，就以为孩子完成了。

教师 12：我们作为老师，看到孩子完不成作业，心里也很着急，但是就是有些家长不上心。我们对孩子批评教育，批评轻了，孩子不当回事，批评重了，孩子和家长都接受不了。

【案例】

豆豆小朋友是一名留守儿童，每天跟着爷爷奶奶一起生活，在连续半个月没有提交作业以后，老师跟豆豆妈妈打电话，希望豆豆妈妈来学校一趟，豆豆妈妈表示自己在外地无法到校，说让豆豆奶奶过去。老师等到放学，豆豆的奶奶没有来，豆豆的祖奶奶拄着拐棍来到了学校，说豆豆的爷爷奶奶下地干活去了，只有她有时间过来。老师跟祖奶奶沟通了一下，最后发现祖奶奶并不太理解作业内容和形式，只好作罢。

从以上调查结果可以看出，一年级新生的注意力是影响作业完成情况最重要的因素，此外，书写速度慢和知识掌握不牢固、依赖成人的监督等都影响着一年级新生的作业完成情况。基于此，一年级新生开始学习书写，速度较慢，教师可以注意控制作业量，确保合理布置作业的数量和难度，循序渐进地引导学生提高书写速度。逐步培养学生的书写能力，并鼓励他们多加练习，提高书写速度和准确性。此外，教师还需要经常性地巩固和复习学习的知识，确保学生对上课所学内容的掌握。而在家庭方面，家长在监督孩子完成作业时，不仅要关注作业本身，更重要的是培养孩子的学习独立性。家长可以为孩子提供适当的指导和支持，但要逐步让孩子独立完成作业，培养其自主学习的能力。

第三节　家长入学适应教育现状及需求调查分析

家长是入学适应教育的重要支持者，其教育观念及行为会直接对儿童的入学适应水平产生深远影响。在入学适应阶段，家长对刚刚进入一年级的孩子都抱有十分高的期待。但是由于家长对于儿童身心发展特点和教育方法等知识的缺乏，导致他们虽然对于孩子教育的期待很高但是却不知道怎么做才是对孩子的发展有益的，存在强烈的不确定感。而且进入小学后，儿童将面临学习环境、师生关系、行为标准和课堂教学方式等方面的转变，在适应的过程中容易出现一些问题，可能无法达到家长预想中的完美状态。当面对挫折时，家长可能会失去自己在育儿过程中对解决问题的信心，觉得自己无法对孩子的成长和发展产生积极的促进作用，从而怀疑自己是否能够胜任教育子女的角色，导致教养效能感降低。如果家长的育儿效能感降低，将会对他们自身和孩子产生消极的影响。因此，本研究针对入学准备阶段的家长对入学准备的观点、态度、教养期望、教养压力和教养效能感进行了问卷和访谈调查。

一、一年级家长对幼小衔接的认识

（一）一年级家长对幼小衔接的整体认识

调查显示，64.42%的家长对幼小衔接有一定了解，有18.81%的家长对幼小衔接特意了解过，但也有0.63%的家长从未听说过幼小衔接。（见表3-3-1）在幼小衔接工作的主要责任主体方面，有68.88%的家长认为幼小衔接是家庭教育的事；68.34%的家长认为幼小衔接是幼儿园的事；60.53%的家长认为幼小衔接是小学的事；但也有7.94%的家长没有考虑过。（见表3-3-2）而且在儿童入小学前，家长与其讨论小学话题的频率方面，49.98%的家长与孩子偶尔讨论过上小学的话题；48.34%的家长经常与孩子讨论关于上小学的话题；从来没有与孩子讨论过上小学话题的家长仅占1.68%。（见表3-3-3）

表3-3-1　一年级家长对幼小衔接的了解情况

选项	频数	百分比
有一定的了解	4403	64.42%
特意了解过	1286	18.81%
从未听说	43	0.63%
偶尔听到	1103	16.14%

【访谈】

家长13：我听说过幼小衔接，孩子的幼儿园开过幼小衔接讲座，老师说有好几大准备。如果说幼小衔接工作由谁来开展，我觉得这个主要是幼儿园的工作，幼儿园还是得多学点，因为我发现孩子到了一年级跟不上，我感觉幼儿园不学拼音不行。

表 3-3-2　一年级家长对幼小衔接工作责任主体的认识情况

选项	频数	百分比
是家庭教育的事	4708	68.88%
是幼儿园的事	4671	68.34%
是小学的事	4137	60.53%
没考虑过	543	7.94%

家长 14：我知道幼小衔接，因为我是幼儿园老师，也是一年级孩子的家长，我觉得幼儿园、小学、家庭都得参与幼小衔接工作，现在的情况是幼儿园和家庭配合做了很多幼小衔接工作，可是小学却没有主动和幼儿园衔接，孩子进入一年级，就进入紧张的学习模式。

表 3-3-3　一年级家长在儿童入学前与其讨论小学的情况

选项	频数	百分比
偶尔	3416	49.98%
经常	3304	48.34%
从来没有	115	1.68%

【访谈】

家长 15：我也不是经常和孩子讨论小学话题，大班上学期说得少，下学期多，因为想让孩子提前了解一点，好适应小学，基本就是告诉孩子小学的科目和得遵守的规则，讲讲他要去的小学的模样。

家长 16：我经常跟她讨论，因为她对小学很感兴趣，幼儿园时期经常在班里听老师说小学的事情，就会回家问我，而且她幼儿园之前组织孩子去小学参观过，她对小学特别期待。

以上问卷和访谈的结果表明，伴随着国家对幼小衔接政策的大力宣传以及幼儿园教师对家庭教育的指导，部分家长对幼小衔接有一定了解，关心和重视幼儿的幼小衔接教育，也逐渐认识到家庭支持是幼小衔接的重要组成部分，并且在儿童入小学前都与其讨论过关于上小学的话题。但由于大多数家长并没有经过系统教育学科知识的学习，不能全面了解幼儿身心发展规律，只能依靠他人的经验总结或自行学习了解相关知识，具有零散性、随机性的特点。由于幼儿园是与家长接触最为密切的教育机构，具备专业优势，可以积极地向家长宣传科学幼小衔接的理念，帮助家长树立正确的教育观。例如，在幼儿小班、中班时期就为家长普及幼小衔接相关知识，举行"幼小衔接"专题讲座，针对幼小衔接的"四大准备"分别进行专题培训，发放《幼小科学衔接家长指导手册》，帮助家长全面认识幼小衔接。

（二）家长对儿童入学前准备的看法

对于"幼儿园开展的幼小衔接工作，对孩子进入小学后哪些方面有明显帮助？"这一问题，73.87% 的家长认为在幼儿园提前学习拼音、写字对儿童上小学有帮助；69.45% 的家长认为在幼儿园培养良好的学习习惯对儿童上小学有帮助；58.3% 的家长认为在幼儿园锻炼自理能力对上小学有帮助；48.05% 的家长认为在幼儿园培养任务意识，对上小学很有帮助；45.79% 的家长认为儿童在幼儿园提高人际交往水平，对上小学有帮助；还有 29.71% 的家长认为儿童在幼儿园锻炼了良好的身体素质，身体发展较好，对上小学非常有益处。（见表 3-3-4）

表 3-3-4　一年级家长在儿童入学前与其讨论小学的情况

选项	频数	百分比
提前学习拼音、写字等	5049	73.87%
培养良好的学习习惯	4747	69.45%
锻炼自理能力	3985	58.3%
培养任务意识	3284	48.05%
提高人际交往水平	3130	45.79%
良好的身体素质，身体发展较好	2031	29.71%

【访谈】

家长 17：我觉得幼小衔接的话，还是主要是学习方面，可以不写字，但必须认字。因为我觉得衔接断层了，公立园和私立园学的不一样。到了一年级，老师没法展开教学，因为程度不一样，感觉现在一年级的水平已经到我小时候三四年级的水平，孩子没有到那种程度，根本理解不了。我不知道小学老师有没有跟幼儿园衔接，感觉是没有，上课快，题量很大，没有基础直接学习这些很痛苦。

家长 18：我觉得可以提前学认字，拼音也可以稍微认一认，不能太多。我孩子现在二年级了，她一年级的时候学习确实困难了一点儿。而且老师总教课本上没有的东西，老师讲得比较深，孩子愿意去思考，不会就问，这样还好。就怕孩子学习习惯不好，不会就放弃，也不问。

【案例】

婷婷的妈妈发现了一个很有趣的现象，婷婷班级里，提前上过幼小衔接班的孩子，一年级学习好，二年级就不明显了，"零起点"的孩子都跟上来了。婷婷妈妈说：我觉得没必要提前学小学知识，一年级可能困难了一些，但是二年级都能跟上来。但是我朋友的孩子，刚上一年级，还没学拼音，但是家庭作业是拼读带音标的拼音，这对完全没有基础的孩子来说，确实难了一点。

以上调查表明，某些小学教师并未按照教育部的要求去落实"小学坚持零起点教学"，而是压缩课时、超前超标教学。为了迎合小学的教学进度，某些幼儿园出现了"小学化"现象，某些幼小衔接辅导机构应运而生。大多数家长的教育理念也存在误区，在孩子的入学适应性问题上还停留在旧的观念上，将幼小衔接的重点聚焦于学习层面，因此绝大部分家长都在孩子升入小学前为孩子教授了或多或少的一年级知识，相比于其他各方面能力，家长更加侧重于儿童的学习成绩。正是由于家长对儿童身心发展特点和教育知识的缺失以及对小学"零起点"教学的不信任，害怕孩子输在"起跑线"，所以大部分家长忽视"小学化"的危害，认为幼儿园应该提前教授一年级知识。基于此，政府部门应发挥好统筹和监督的作用，对幼儿园、小学、校外培训机构严格监督，同时为幼儿园、小学、家庭搭建沟通合作的平台，帮助小学教师、幼儿园教师与家长走出教育误区。

（三）一年级家长对入学适应的看法

幼小衔接包括入学准备与入学适应两个方面，当前还有很多家长对幼小衔接的认识仍停留在单向衔接阶段，认为只要在幼儿园做好入学准备工作，就完成了幼小衔接的任务，其实引导孩子适应小学的新生活也是幼小衔接的一个重要部分。

【访谈】

家长19：其实一开始我觉得我对幼小衔接比较了解，在她上小学之前，我在各个方面都帮助她做好了准备，她也很期待上小学，但是现实和想象还是有很大差距，我没想到她上了小学以后，一天比一天情绪低落。她是"零起点"入学的，我一开始跟她说过，刚开始会比较困难，但是慢慢都会好起来的。到了一年级，她看到很多小朋友什么都会，就越来越不自信了，我努力开导她，但是她还是会想不通为什么别人都提前学了，只有她什么也不会，我也不知道该怎么跟她解释提前学的危害。

家长20：我的孩子一开始还是很开心的，那是一种感觉到自己长大了的自豪，对成长的向往。然而真正走进小学以后，她才发现长大并不是自己想象的那样美好，她在幼儿园可以肆意玩耍，可是到了小学，她必须一天到晚坐着，老师不让随意站起来，也没有那么多户外活动，课间甚至都不许喧哗，她完全接受不了小学生活是这样的，直到现在读二年级了，依然会跟我说小学一点儿也不好。

家长21：我的孩子之前和另一个小伙伴在玩的时候，路过幼儿园，他们一脸美慕地说想重新去上幼儿园。我知道我的孩子其实不讨厌小学，已经慢慢适应了小学生活，也对小学和幼儿园有了更清晰的概念，知道在小学读书是自己的任务，所以每天上学还是很积极的，但是我也知道，孩子并没有打心底里喜欢小学，她很讨厌每天晚上一直写作业。

【案例】

曼曼是个小学一年级的姑娘，最近她所在的小学搞了一个"幼儿园大班走进小学"的活动，曼曼在学校里看到了很多大班弟弟妹妹，有几个大班小朋友问曼曼："姐姐，小学好吗？"曼曼看着这些小弟弟小妹妹，想了两分钟，才去跟小朋友们说："幼儿园最好。"放学回家，曼曼把事情告诉了妈妈："我害怕跟他们说小学不好，他们就不愿意上小学了，可是我也不想说谎，我想了两分钟，我才告诉他们还是幼儿园好。"妈妈："那你觉得幼儿园比小学好在哪里？"曼曼："我想回到小时候，在幼儿园里每天玩得很开心，到了小学，这也不行，那也不行，我只能每天坐着，所以，最好的地方还是幼儿园。"妈妈没有想到，孩子成绩慢慢上去了，学习环境也适应了，但是孩子的内心依然不喜欢小学。

一年级新生从"以游戏为基本活动"的幼儿园来到了充满了"以课堂教学为主"的小学，从无拘无束的游戏环境来到了充满规则与秩序的学习环境，学习从"兴趣驱动"转变为"任务驱动"，于是，对小学的向往与期待逐渐消失。面对小学与幼儿园的授课方式、学习环境、规则纪律等差异，家长对自己孩子从幼儿园步入小学的入学适应性感到焦虑，对孩子的心理健康状况也感到担忧。建议小学增加和幼儿园的对接内容，将幼儿园的游戏化教学与生活化教学引进一年级课堂，利用地方课程、校本课程和综合实践活动组织开展入学适应活动，同时增加一年级学生的户外活动时间，减少作业量，降低幼小衔接坡度，实现平稳过渡。

二、一年级家长对于儿童的教养期望分析

（一）一年级家长对儿童教养期望的现状分析

选择描述性统计分析、单样本 T 检验来考察一年级家长对儿童的教养期望，结果显示，一年级家长对儿童的学业表现期望、未来发展期望、品行表现期望、人际交往期望、身体素质期望和教养期望总体的均分分别为 4.13、3.82、4.50、

4.00、4.39 和 4.17，全部显著高于 3 分（中立），单样本 T 检验的 P 值全部小于 0.01，这意味着一年级家长对儿童总体的教养期望以及学业表现期望、未来发展期望、品行表现期望、人际交往期望和身体素质期望都比较高。（见表 3-3-5）

表 3-3-5　一年级家长对儿童教养期望的现状分析

	N	平均值 ± 标准差	检验值	T	P
学业表现期望	6146	4.13 ± 0.61	3	144.88	<0.001
未来发展期望	6146	3.82 ± 0.73	3	88.766	<0.001
品行表现期望	6146	4.50 ± 0.58	3	203.813	<0.001
人际交往期望	6146	4.00 ± 0.8	3	98.045	<0.001
身体素质期望	6146	4.39 ± 0.55	3	198.053	<0.001
教养期望总体	6146	4.17 ± 0.45	3	201.735	<0.001

注：因为是李克特 5 度量表，因此 3 分表示中立，所以检验值为 3。

　　总的来看，当儿童进入一年级之后，课业负担加重，伴随而来的人际交往、冲突矛盾都是和以前不一样的，加上当下家庭中一般都是二胎或者三胎，对于一年级儿童的关注也会不及时，所以一年级儿童的社会行为和攻击行为是品行一致的关注点。同时，新的作息、新的一日学习和生活环节等的调整，对于一年级儿童的身体和心理适应都是一个很大的挑战，加上大多数家长尤其是老人们的包办、溺爱情况严重，也就不可避免地出现生病请假、体育课上晕倒、运动时身体不协调被批评等情况。这种情况出现一两次是正常，但是频繁出现就会让家长很焦虑，也会打击一年级儿童的自信心，所以一年级儿童的身体免疫力和身体素质是很多家长高期望的点。对于一年级的儿童，从生活中、玩耍中学到的知识，要比书本上学到的知识更重要，自身体验获得知识能使头脑更加活跃，但是对于许多家长来说，一年级儿童的学习成绩还是没办法忽视的，成绩好的前提下再考虑儿童的学习兴趣和爱好，因此家长对儿童的学业表现期望也很高。性格影响人际交往能力，比如一个孩子性格豁达开朗、做事积极主动，不斤斤计较，大方活泼开朗，不以自我为中心，愿意和别人分享并主动帮助他人，那他身边一定有不少小伙伴。每一个父母都希望孩子进入一年级之后能够交到好朋友，能够被老师喜爱和表扬，这也是人际关系的一个良好开端，因此，家长也对儿童的人际交往方面有较高期望。一年级家长希望孩子在未来不仅能健康成长，还能在同龄人中脱颖而出，拥有更多的竞争力，因此也有较高的未来发展期望。

【访谈】

家长22：在孩子还没出生的时候，我对他唯一的希望是健康的，后来他慢慢长大，我希望他是一个聪明的、开朗的、上进的、有责任感的孩子，如果你现在问我，我对他最大的期望是什么，那我希望他能成为一个品行好的孩子，最近看到那个12岁小男孩杀害4岁女童的新闻，我发现只要品行好，不危害社会，其他方面有些不足也没关系。

家长23：我和他爸爸对他没有太多要求，平安健康成长就行，这世界上最宝贵的就是生命和健康，只要他健康快乐，平凡过一生也没关系。

儿童的品行与身体素质成为家长非常看重的要素，好的品行决定了儿童未来人生发展的高度，健康的体魄则决定了人生发展的长度。但当前社会，未成年人犯罪呈现低龄化趋势，且儿童身体素质普遍较差。基于此，小学可适当开展体能游戏教学，增加户外活动时间，培养儿童的运动兴趣，打造儿童健康的体魄。家庭中，家长也可以为儿童提供充足的锻炼机会，利用室内外不同的空间开展不同的体育游戏，激发儿童运动兴趣。在品行方面，建议家校社协同育人，教师和家长可以以身作则，采用榜样示范法、行为约束法、自编故事法、暗示法、反射情感法等方法对孩子进行品德教育，学校还可以邀请儿童戏剧教师来校为孩子排练"校园霸凌"等主题的教育戏剧，邀请心理医生定期为儿童进行心理咨询，利用多种形式协助儿童构建良好的人格。

（二）一年级家长教养期望的差异分析

家长的教养期会受到自身、孩子及其他多种因素的影响，因此本研究考察了不同地区、是否独生、出生顺序、家长学历等因素对家长教养期望总体及各个维度上的差异。

1. 不同地区对家长教养期望的影响

选择独立样本 T 检验比较城市和农村家长的教养期望总体及各个维度上的差异，结果见表 3-3-6。

表 3-3-6　不同地区对一年级家长教养期望的影响

	城市（5242）	农村（904）	T	P
品行表现期望	4.5 ± 0.57	4.48 ± 0.58	0.816	0.414
身体素质期望	4.39 ± 0.55	4.40 ± 0.55	−0.405	0.686
教养期望总体	4.17 ± 0.45	4.18 ± 0.47	−0.959	0.338
学业表现期望	4.12 ± 0.61	4.15 ± 0.61	−1.251	0.211
人际交往期望	4.00 ± 0.79	4.01 ± 0.82	−0.607	0.544
未来发展期望	3.82 ± 0.73	3.86 ± 0.72	−1.612	0.107

从表 3-3-6 的分析结果可以看出，城市和农村的一年级家长在教养期望总体及各维度上没有显著差异，P 值全部大于 0.05，即城市和农村一年级的家长对孩子都有较高的教养期望，且期望值排序依旧是品行表现期望、身体素质期望、教养期望总体、学业发展期望、人际交往期望、未来发展期望。

【访谈】

家长 24：我觉得孩子的身体健康最重要，一直想让孩子多锻炼身体，但是有时候又很矛盾，就比如说孩子现在上一年级，学业上有些吃力，每天晚上辅导到很晚。我想孩子白天在班里上课坐了一天，按说应该放了学出去锻炼锻炼，对孩子身体、眼睛都有好处，但是一看他还没掌握白天老师教的知识，就只能放弃出去玩，继续让他坐着学习。

随着社会的飞速发展，人们的生活方式和生活习惯也随之发生了改变，导致青少年儿童身体素质水平大幅下降，再加上一年级学业压力增大，户外活动时间被大幅度压缩，导致儿童身体素质整体较差。随着网络时代的发展和普及，儿童接触各种不良信息的途径与方式也逐渐增加，未成年人犯罪率逐年上升。因此，无论是农村家长还是城市家长，都更加关注儿童的身体素质与品行表现。基于此，可以为儿童增加户外活动时间，在学校，课间操时间增加一些高强度间隙运动，增加儿童肌肉力量与心肺耐力，同时坚持"零起点"教学，减少课业压力，给儿童充分的锻炼时间与睡眠时间。在家庭中，家长要学会为孩子"减负"，不为儿童额外增加课外培训等，多带儿童进行体育运动。在品行教育上，可以从儿童的日常生活抓起，无论是老师还是父母，都要做好表率，也可以利用优秀品德故事、动画片等对儿童进行常规教育，同时注重教育的一贯性和一致性，防止出现家庭成员之间教育目标和教育理念不一致导致儿童人前人后表现不一的情况。

2. 是否独生对家长教养期望的影响

选择独立样本 T 检验比较独生子女和非独生子女家长的教养期望总体及各个维度上的差异，结果见表 3-3-7。

表 3-3-7　独生子女和非独生子女对一年级家长教养期望的影响

	独生（660）	非独生（5486）	T	P
学业表现期望	4.19 ± 0.63	4.12 ± 0.61	2.877	0.004
品行表现期望	4.58 ± 0.57	4.49 ± 0.58	3.922	<0.001
人际交往期望	4.11 ± 0.8	3.99 ± 0.8	3.676	<0.001
身体素质期望	4.54 ± 0.55	4.38 ± 0.55	7.085	<0.001
教养期望总体	4.26 ± 0.45	4.16 ± 0.45	5.698	<0.001
未来发展期望	3.85 ± 0.75	3.82 ± 0.73	1.049	0.294

从表 3-3-7 的分析结果可以看出，独生子女和非独生子女的家长在未来发展期望方面没有显著差异，但是学业表现期望、品行表现期望、人际交往期望、身体素质期望和教养期望总体方面差异显著，P 值全部小于 0.01，具体差异为

独生子女家长比非独生子女家长对孩子在学业表现、品行表现、人际交往和身体素质等方面抱有更高的期望。

在多子女家庭中，父母对不同的儿童有不同的期望，即使有的儿童达不到父母期望标准，父母可以总结失败经验，对其他儿童进行教养时，可更换教育方式或教育理念。但在独生子女家庭，父母将全部的爱和期待寄托给了唯一的孩子，渴望孩子成为全面发展的人，倘若儿童出现问题，父母将付出巨大代价。同时，当前社会越来越关注儿童教育问题，各类兴趣班、辅导班层出不穷，儿童生活和学习之间的竞争和攀比逐渐加剧，独生子女父母对独生子女的金钱与精力投入越来越大，因此，独生子女家长比非独生子女家长对孩子在学业、品行、人际交往和身体素质等方面抱有更高的期望。

【案例】

心心生活在上海，是一个独生女，能流利阅读几十本英文绘本，父母还为她安排了演说班、绘画班、游泳班、英语班等各种兴趣班，心心妈妈说：我尽量在物质上满足她，尽我所能给她提供各种尝试的机会，等她长大可以多一些选择。

如果独生子女的发展水平达不到父母的期望值，那么，父母对儿童的失望程度会更高，父母本身也会加重焦虑情绪，儿童的压力就越来越大，这对儿童的成长发育极为不利。幼小衔接阶段，对儿童来说是身心都要适应新环境的关键环节，对家长来说也是要调整心态，准备好迎接挑战的转折点，建议小学为独生子女家庭开展心理健康培训或团体心理辅导，帮助家长根据儿童的实际情况来调整自己的期望值，缓解家长的焦虑情绪，进而舒缓儿童的压力。

3. 不同出生顺序对家长教养期望的影响

选择单因素方差分析比较家长对不同出生顺序儿童教养期望的差异，结果见表3-3-8。

表3-3-8　不同出生顺序对一年级家长教养期望的影响

	头胎（2312）	二胎（3332）	三胎及以上（502）	F	P
学业表现期望	4.18 ± 0.6	4.1 ± 0.61	4.06 ± 0.65	5.725	<0.001
品行表现期望	4.55 ± 0.56	4.47 ± 0.58	4.43 ± 0.62	7.296	<0.001
人际交往期望	4.07 ± 0.77	3.97 ± 0.8	3.81 ± 0.91	10.109	<0.001
身体素质期望	4.46 ± 0.54	4.36 ± 0.56	4.3 ± 0.58	11.685	<0.001
教养期望总体	4.23 ± 0.44	4.14 ± 0.46	4.07 ± 0.47	13.818	<0.001
未来发展期望	3.85 ± 0.73	3.81 ± 0.73	3.82 ± 0.74	1.545	0.172

从表3-3-8的分析结果可以看出，不同出生顺序儿童的家长在孩子未来发展期望方面没有显著差异，但是在学业表现期望、品行表现期望、人际交往期望、身体素质期望和教养期望总体方面差异显著，P值小于0.01。进而事后比较分析显示，在学业、品行、人际交往、身体素质和教养期望总体方面家长对头胎的期望显著高于二胎，对二胎的期望显著高于三胎，即随着不同出生顺序的增加家长的期望显著降低。

【访谈】

家长25：我有三个孩子，老大上小学了，平时我会对老大严格一些，也给老大报了很多兴趣班，各方面都培养一下，对她的学习，也抓得很紧。老二吧，还上幼儿园呢，身体好就行，也没对她做太多规划，老三更小，很多东西还没考虑过。

作为独生子女或多胎家庭的头胎，一般会被父母抱有很高的期望，幼小衔接阶段的儿童在面临各个方面的适应不良时，也会得到父母更多的关注，儿童的压力也随之增加。而多胎家庭中的父母对二胎、三胎在学业表现期望、品行表现期望、人际交往期望、身体素质期望和教养期望总体等方面期望值相对较低。建议小学根据学生的不同家庭情况，向家长提供科学、个性化的具有实操性的幼小衔接家庭教育指导，建议家长平等关爱每个孩子，不要给头胎过大的压力，营造融洽的家庭环境氛围，留意每个儿童的不同需求。

4. 家长学历对其教养期望的影响

选择单因素方差分析比较不同学历的家长对孩子教养期望的差异，结果见表 3-3-9。

表 3-3-9　不同家长学历对孩子教养期望差异分析

	大专及以下（3770）	本科（2122）	硕士及以上（254）	F	P
学业表现期望	4.14±0.6	4.11±0.63	4.07±0.6	2.112	0.121
未来发展期望	3.85±0.72	3.79±0.74	3.73±0.71	5.862	0.003
品行表现期望	4.48±0.56	4.52±0.6	4.51±0.55	3.088	0.046
人际交往期望	3.99±0.8	4.02±0.78	4.01±0.83	1.013	0.363
身体素质期望	4.36±0.53	4.44±0.58	4.45±0.58	15.513	<0.001
教养期望总体	4.16±0.45	4.18±0.47	4.16±0.46	1.739	0.176

从表 3-3-9 的分析结果可以看出，不同学历的家长在孩子学业表现期望、人际交往期望和教养期望总体方面没有显著差异，P 值大于 0.05，但是在未来发展期望、品行表现期望、身体素质期望方面差异显著，P 值小于 0.01。进而事后比较分析显示，在未来发展期望方面，大专及以下学历的家长对孩子的期望值显著高于本科和硕士及以上学历的家长；在品行表现和身体素质方面，大专及以下学历的家长对孩子的期望值显著低于本科和硕士及以上学历的家长。

【访谈】

家长 26：我和孩子爸爸的学历不是很高，一直也没有很好的工作，所以就希望俩孩子争点气，能好好读书，长大考个好大学，毕业找个好工作。最好是清华或者北大的研究生，毕业后考个公务员，或者专门做研究。

家长 27：我自己是 985 的博士，我有个女儿，善良单纯，平时学习成绩比较一般，但是我也没有希望我的女儿以后有多大成就，我只想她开心、健康长大。

总的来看，本科和硕士及以上学历的家长更看重儿童的身体素质与品行表现，专科及以下学历的家长会更看重儿童的未来发展。建议家长树立全面发展的教育观，不要单单重视学业表现与未来发展，家长要对一年级儿童建立合理的期望值，对儿童的成绩要有心理准备，理性看待学业表现，因为健康的身心是一切的基源，要多多陪同儿童锻炼，并提供充足的机会引导儿童与社会接触，积累人际交往经验。

三、一年级家长的教养压力分析

（一）一年级家长教养压力的现状分析

选择描述性统计分析、单样本 T 检验来考察一年级家长教育压力的情况，结果显示，一年级家长的问题儿童压力、外界环境压力、教养经济压力、共育冲突压力、亲子互动压力和教养压力总体的均分分别为 2.18、2.10、1.96、1.98、1.87 和 2.20，全部显著低于 2.5 分（中立），单样本 T 检验的 P 值全部小于 0.01，这说明一年级家长总体的教养压力以及问题儿童压力、外界环境压力、教养经济压力、共育冲突压力和亲子互动压力都较小。生活适应压力的均分为 2.63，显著高于 2.5 分（中立），意味着一年级家长的生活适应压力较大。（见表 3-3-10）

表 3-3-10　一年级家长教养压力的现状分析

	N	平均值 ± 标准差	检验值	T	P
问题儿童压力	6146	2.18 ± 0.66	2.5	−38.664	<0.001
外界环境压力	6146	2.10 ± 0.69	2.5	−45.721	<0.001
教养经济压力	6146	1.96 ± 0.67	2.5	−63.069	<0.001
共育冲突压力	6146	1.98 ± 0.65	2.5	−62.198	<0.001
亲子互动压力	6146	1.87 ± 0.6	2.5	−81.353	<0.001
教养压力总体	6146	2.20 ± 0.51	2.5	−46.606	<0.001
生活适应压力	6146	2.63 ± 0.71	2.5	14.657	<0.001
角色满意度压力	6146	2.51 ± 0.72	2.5	1.42	0.156

注：因为是李克特 4 度量表，因此 2.5 分表示中立，所以检验值为 2.5。

【访谈】

家长28：我结婚前喜欢旅游、健身、看电影，也经常和好友聚餐，但是自从结婚生子后，我的自由支配时间越来越少，尤其是现在，因为每天晚上辅导孩子写作业，周六周天还得带孩子去各个辅导班，不仅金钱上的支出增加了，我个人时间也没了，每天除了工作、家务就是带孩子，有很多压力都不知道如何去宣泄。

家长29：我付出了很多精力陪伴他，每天辅导他功课，他就是学不好，有时候还不认真，我真的很无力，孩子也会觉得我这个妈妈太严格，现在都不太愿意亲近我，老公也觉得我不能抓得太紧，可是孩子现在一年级了，还每天满脑子都是出去玩。

家长30：孩子上了一年级，我每天早晨都要因为孩子起不来床批评她，每天早晨她都赖床，我反复唤醒，她还有起床气，那我也很生气。

亲子关系是家庭生活中最基本也是最重要的一种人际关系，亲子之间应和睦、融洽、亲密，并且彼此之间能够建立起充分的信任和宽容。但在一年级的家庭中，往往会因为儿童初入一年级，出现生活、学业、人际等各方面的不适应，尤其是学业负担突然加重，亲子之间会出现偶尔的冲突。和谐的亲子关系，是儿童健康成长的重要保障，本次调查中显示亲子互动压力均分较小，但不代表日常生活中不存在亲子冲突，亲子互动压力仍需要引起重视。

教养经济压力均分是1.96分，低于2.5，说明一年级家长的教养经济压力较小，孩子的课外辅导费、学习用品花费较少，家庭尚未因孩子上一年级而增加过多的支出。当前，教育支出占家庭总支出的比例也随着家长群体意识的变化而增长，儿童参与培训的年龄逐渐降低，越来越多的家庭从孩子一年级甚至幼儿园开始，就从不间断课外培训的投入。建议家长放平心态，为儿童挑选真正感兴趣的兴趣班，而不是受他人影响或兴趣班宣传影响，避免为儿童带来过大的压力，也为家庭经济增加压力。

共育冲突压力均分是1.98分，低于2.5，说明一年级家长的夫妻关系比较和谐。但一年级儿童在适应一年级的过程中会出现大大小小的问题，家长在解决问题的过程中，夫妻之间也难免会因为理念不合产生共育冲突，按照家庭系统理论，家庭系统是由夫妻、亲子、兄弟姐妹等子系统组成，各子系统之间相互影响，其中一个子系统出现问题会影响其他子系统，而夫妻系统出现问题时，家庭系统将面临挑战，儿童的发展也会受到一定的影响[1]。比如，在辅导儿童写作业的时候，由于儿童一直理解不了某个知识点，父亲怒气冲冲，严厉批评儿童，而母亲则对这种做法非常不满，与父亲爆发争吵，影响夫妻关系，进而影响儿童心理健康。夫妻关系作为家庭环境的基础与核心，对儿童发展有着独特且重要的影响。因此，儿童在适应过程中出现的问题会一定程度上影响夫妻关系，夫妻关系是否和谐也影响着亲子关系与儿童心理的健康发展。因此，在儿童的教育问题上，夫妻之间一定要保持教育目标和理念一致，并互相包容、理解，多多沟通，遇到问题共同商量解决，避免因儿童的教育问题伤害夫妻感情，进而伤害儿童的心灵。

外界环境压力均分为 2.1 分，低于 2.5，反映出了一年级家长对儿童在适应环境方面并没有过度担心，也不会特别担心儿童在一年级会惹麻烦或打架。通常一年级小学生初入新学校，是会对新环境有一定的不适应，同时，当代的儿童多娇生惯养，且一年级儿童往往由于年龄较小还存在"以自我为中心"的心理，因此一年级儿童之间也会时常出现矛盾与冲突，家长还是会存在或多或少的外界环境压力，建议家长多与儿童和老师交流，及时了解儿童在学校的表现情况，针对儿童出现的问题，与教师沟通解决办法。

问题儿童压力均分为 2.18 分，低于 2.5，反映出了一年级儿童在听从指令、时间观念等方面并不会让家长感到太大压力。一年级儿童往往因为年龄小、自制力差等原因，不能迅速完成大人的指令或自主安排时间，家长对此有一定的心理准备，并不会为此感到特别的困扰，因此家长的问题儿童压力较低。一年级儿童还在适应期，且良好习惯的培养是一个长期的过程，作为家长要对儿童

---

[1] 姜学清. 儿童发展的社会学观点：帕森斯等人的家庭系统理论 [J]. 心理发展与教育，1989（1）：41-45.

多一些宽容，给儿童成长与进步的时间。

角色满意度压力均分为 2.51 分，微高于 2.5，反映出了一年级家长有时会怀疑自己教养孩子的方法是否正确，会偶尔觉得自己作为父母能力不足，也会在缺少教养经验和科学的育儿知识方面感到一定的压力。例如，有些一年级家长在儿童幼儿园时期对儿童各方面要求较少，给予儿童充分的自由玩耍时间，但进入一年级后，学校施予的学业压力使家长手足无措，儿童不适应新的学习方式与学习环境，家长对自身的育儿方法产生一定的怀疑。儿童第一次进入小学，很多家长也是第一次做小学生的父母，自然会产生各种各样的问题，因此，一年级家长会产生一定的角色满意度压力。建议家长多读一些教育类书籍和幼小衔接方面的书籍，了解儿童的身心发育规律，放平心态，接受孩子的不足之处，同时强化自我意识，提高自身素质，以自己的言行来潜移默化地影响孩子。

教养压力总体均分为 2.2 分，低于 2.5，说明一年级家长存在一定的压力，但压力总体较小，压力重点集中于生活适应方面，生活适应压力均分 2.63 分，显著高于中立值，反映出在儿童进入一年级以后，家长为了配合儿童的生活而不得不改变了很多自己的计划，失去了很多选择，自由支配的时间变少了，这引起了家长较大的压力。建议家长可以和自己的伴侣在周末轮流辅导儿童，给自己自我提升和缓解压力的时间与空间，或者适当为儿童减少兴趣班的种类，多带儿童进行户外亲子行等。

（二）一年级家长教养压力的差异分析

1. 所在地区对家长教养压力的影响

选择独立样本 T 检验比较城市和农村家长的教养压力总体及各个维度上的差异，结果见表 3-3-11。

表 3-3-11 不同地区一年级家长教养压力差异分析

	城市（5242）	农村（904）	T	P
问题儿童压力	2.17 ± 0.65	2.2 ± 0.69	−1.111	0.267
外界环境压力	2.09 ± 0.68	2.13 ± 0.75	−1.484	0.138
教养经济压力	1.96 ± 0.66	1.97 ± 0.7	−0.444	0.657
生活适应压力	2.63 ± 0.71	2.66 ± 0.71	−1.444	0.149
共育冲突压力	1.98 ± 0.65	2 ± 0.69	−0.774	0.439
亲子互动压力	1.87 ± 0.6	1.9 ± 0.65	−1.659	0.097
角色满意度压力	2.51 ± 0.72	2.53 ± 0.74	−0.752	0.452
教养压力总体	2.2 ± 0.5	2.22 ± 0.54	−1.431	0.153

从表 3-3-11 的分析结果可以看出，城市和农村的一年级家长在教养压力总体及各维度上没有显著差异，P 值全部大于 0.05，二者没有显著差异。

自古以来，父母都是望子成龙、望女成凤的，无论是在城市还是农村，父母都对子女抱有较高期望。但父母的教养压力会通过其教养行为间接影响到儿童发展的各个方面。父母的压力会影响儿童的情绪和幸福感，在长期压抑且不和谐的家庭氛围中长大的儿童将来会出现更多的问题行为与较低的社会能力。因此，作为家长，在为子女提供尽量好的物质条件以外，还应该有意识地进行自我调适，不将自己的压力转移到孩子身上，为孩子打造舒适、温馨、放松的心理环境，帮助孩子平稳地度过幼小衔接阶段。

2. 是否独生对家长教养压力的影响

选择独立样本 T 检验比较独生子女和非独生子女家长的教养压力总体及各个维度上的差异，结果见表 3-3-12。

表 3-3-12 独生子女和非独生子女一年级家长教养压力差异分析

	独生（660）	非独生（5486）	T	P
问题儿童压力	2.15 ± 0.69	2.18 ± 0.65	−0.98	0.327

续表

	独生（660）	非独生（5486）	T	P
外界环境压力	2.07 ± 0.72	2.1 ± 0.68	−1.237	0.216
教养经济压力	1.85 ± 0.64	1.98 ± 0.67	−5.026	<0.001
生活适应压力	2.51 ± 0.72	2.65 ± 0.7	−4.743	<0.001
共育冲突压力	1.91 ± 0.67	1.99 ± 0.65	−3.135	0.002
亲子互动压力	1.78 ± 0.61	1.88 ± 0.6	−4.085	<0.001
角色满意度压力	2.41 ± 0.76	2.53 ± 0.72	−3.708	<0.001
教养压力总体	2.12 ± 0.52	2.21 ± 0.5	−4.306	<0.001

从表3-3-12的分析结果可以看出，独生子女和非独生子女的家长在问题儿童压力和外界环境压力方面没有显著差异，P值大于0.05。但是在教养经济压力、生活适应压力、共育冲突压力、亲子互动压力、角色满意度压力和教养压力总体方面存在差异，P值小于0.01。具体差异为，与独生子女家长相比，非独生子女家长在教养总体及教养经济、生活适应、共育冲突、亲子互动、角色满意度方面的教养压力更大。

【案例】

静静曾经是省会城市一个写字楼的白领工作者，收入不算很多，但也足够自己日常花销，闲暇时还能出去自驾游。结婚后，她生育了一儿一女，由于双方父母都在其他城市的农村老家，无人帮忙照看孩子，只好辞去工作，成为全职妈妈，两个孩子的奶粉、尿不湿、衣物、玩具等开销压力全部落在了孩子爸爸身上。

【访谈】

家长31：我每天睁眼闭眼都是两个孩子的声音，老大的学习要辅导，老二还是婴儿，随时随地抱着安抚，老公为了多挣钱，每天加班到很晚，家里老人没法给我们帮忙，我们还得供养双方老人，经济压力太大，我现在只能趁孩子睡着在网上做兼职。我跟老公刚吵过一架，我希望他下班后能帮我带带孩子，他下班后回到家还要加班，我辅导孩子写作业，他嫌我对孩子太凶，我让他辅导，他又说没有时间，他甚至对我说，孩子长大以后会觉得妈妈一直没有工作会很丢人，我俩大吵一架，我并不是一开始就没有工作啊。生活里处处是矛盾，我感觉快坚持不下去了。

家长32：我并不是嫌弃老婆没有工作，确实是经济压力让我快扛不住了，老人每月生活费要转，她和两个孩子每个月的支出也很大，我希望她不上班的话，至少辅导好老大的学习，可是老大现在不爱学习，她就只会吵，不知道怎么帮助孩子。我自己也是没日没夜加班，孩子和我也不亲近。我打算辞职回老家了，和孩子妈妈一起在县城工作，到时候孩子让老人帮忙带，我俩就可以都挣钱了，县城的生活压力或许能小一些。

随着当今社会竞争日益激烈，生存压力越来越大，孩子的教育成本越来越高，"学区房""兴趣班""儿童生活与学习用品"等支出使得非独生子女家庭在精力与经济等方面都面临着严峻的挑战。在幼小衔接阶段，孩子进入新环境，在遇到困难时，家庭如果不能得到科学的幼小衔接指导，不知如何解决孩子遇到的困难，那么夫妻之间、亲子之间都容易产生矛盾与冲突。因此，无论是社会还是学校，都应关注家长压力，进行及时的指导。家长自身也要树立终身学习的理念，阅读教育类书籍，不断进步，针对自己的孩子制定出适合自己孩子的行之有效的教育方法，当养育得心应手以后，压力也将随之减小。

3. 孩子出生顺序对家长教养压力的影响

选择单因素方差分析比较家长对不同出生顺序孩子教养压力的差异，结果见表3-3-13。

表3-3-13　不同出生顺序一年级家长教养压力差异分析

	头胎（2312）	二胎（3332）	三胎及以上（502）	F	P
问题儿童压力	2.25±0.66	2.12±0.65	2.21±0.69	11.307	<0.001
外界环境压力	2.14±0.69	2.06±0.68	2.14±0.69	5.375	<0.001

续表

	头胎（2312）	二胎（3332）	三胎及以上（502）	F	P
教养经济压力	1.93 ± 0.66	1.97 ± 0.66	2.1 ± 0.72	6.153	<0.001
生活适应压力	2.63 ± 0.7	2.63 ± 0.71	2.65 ± 0.71	1.753	0.119
共育冲突压力	1.96 ± 0.65	2 ± 0.65	2.01 ± 0.69	1.65	0.143
亲子互动压力	1.85 ± 0.6	1.87 ± 0.6	1.95 ± 0.64	3.235	0.006
角色满意度压力	2.51 ± 0.72	2.5 ± 0.73	2.63 ± 0.71	3.106	0.008
教养压力总体	2.21 ± 0.49	2.18 ± 0.51	2.27 ± 0.53	4.005	0.001

从表3-3-13的分析结果可以看出，不同出生顺序儿童的家长在生活适应压力和共育冲突压力方面没有显著差异，P值大于0.05。但是在问题儿童压力、外界环境压力、教养经济压力、亲子互动压力、角色满意度压力和教养压力总体方面差异显著，P值小于0.01。

进而事后比较分析显示，在问题儿童压力和外界环境压力方面，头胎儿童的家长压力显著高于二胎儿童的家长；在教养经济压力、亲子互动压力和角色满意度压力方面，三胎儿童的家长压力显著高于头胎和二胎儿童的家长；在教养压力总体方面，三胎儿童的家长压力显著高于二胎儿童的家长压力。

【访谈】

家长33：我的大女儿初中，二儿子小学六年级，小儿子小学一年级，三个孩子，说实话压力挺大的，不说花销，就说我大女儿吧，初中没毕业就闹着要出去打工，学习一向不好，我想辅导她，可是我自己是小学毕业，我也没本事教给她，好不容易现在初中毕业，非要学美甲美妆，我只能到处给她找靠谱的美容美发学校。二儿子现在六年级了，学习一般，但是我最发愁的就是他，从小为了让他体格健壮一点，一直送他练习跆拳道，结果现在长大了，第一个打的是我这个妈妈，我有时候喊他写作业，就是拖延着不去，多喊几次他就恼火，或者他玩我的手机，我不让他玩，他就冲我动手，每次都是大女儿过来帮忙才能让他住手。小儿子目前还看不出什么，还算听话，就是刚上一年级，学习吃力一些，我现在还能教一教他。但是我有时候确实觉得自己做母亲很失败，大女儿的前途我没办法，二儿子又不学好。

【案例】

硕硕妈妈有三个孩子，大儿子六年级，硕硕一年级，小女儿四岁，硕硕妈妈工作比较忙，每天还要照看三个孩子。最近硕硕的老师联系硕硕妈妈，说到硕硕的性格问题，老师表示硕硕过于内向，遇到事情容易退缩、逃避，有时还会因为小困难崩溃、歇斯底里。硕硕妈妈听到以后很焦虑，因为硕硕哥哥即将进行小升初考试，小女儿又需要更多的照顾，她平时疏于对硕硕的心理安抚，陪伴他的时间较少，还经常因为自己忙着照顾小女儿而对硕硕不耐烦，总是因为一点儿小事批评硕硕，导致硕硕特别没有安全感。

头胎儿童家庭中的家长在问题儿童压力与外界环境压力方面高于二胎、三胎家庭，对于头胎，家长会更担心孩子出现坏习惯或是否能适应新环境。随着国家政策的放开，二胎三胎家庭数量也越来越多，家长的压力也越来越大，二胎三胎等家庭教养经济压力、亲子互动压力和角色满意度压力等都高于头胎家庭。对家长宣传科学的育儿知识可缓解家长压力，尤其是头胎家庭，家长对唯一的孩子有很高的期望，却又没有过往经验可以参考，对于三胎家庭而言，家庭会面临更多的挑战，比如面临的经济压力与亲子沟通方面的障碍，或者孩子进入一年级，遇到多方面的适应困难，家长却将更多精力放在其他孩子身上，疏于照顾幼小衔接阶段的孩子，也不懂得如何进行科学有效的幼小衔接。因此，学校及时宣传幼小衔接知识可以帮助家长更好地应对这些挑战，提高家庭教育效率和质量，比如，针对头胎家庭，开展育儿知识培训，针对多胎家庭，开展如何平衡家长与孩子之间的关系或孩子与孩子之间的关系等培训。

4. 家长学历对家长教养压力的影响

选择单因素方差分析比较不同学历的家长教养压力的差异，结果见表3-3-14。

表 3-3-14　不同学历家长教养压力差异分析

	大专及以下（3770）	本科（2122）	硕士及以上（254）	F	P
问题儿童压力	2.24 ± 0.65	2.09 ± 0.65	2.01 ± 0.66	45.147	<0.001
外界环境压力	2.17 ± 0.68	2 ± 0.69	1.92 ± 0.68	48.077	<0.001
教养经济压力	2.05 ± 0.67	1.85 ± 0.63	1.71 ± 0.59	83.377	<0.001
生活适应压力	2.69 ± 0.69	2.55 ± 0.72	2.53 ± 0.72	27.383	<0.001
共育冲突压力	2.01 ± 0.65	1.93 ± 0.65	1.97 ± 0.68	9.17	<0.001
亲子互动压力	1.91 ± 0.61	1.81 ± 0.59	1.84 ± 0.62	21.708	<0.001
角色满意度压力	2.63 ± 0.7	2.34 ± 0.73	2.25 ± 0.73	127.067	<0.001
教养压力总体	2.27 ± 0.49	2.09 ± 0.51	2.03 ± 0.53	101.05	<0.001

从表 3-3-14 的分析结果可以看出，不同学历的家长在教养压力总体及各个维度上均存在显著差异，P 值全部小于 0.01。进而事后比较分析显示，在教养压力总体及各个维度上，学历为大专及以下的家长压力显著高于学历是本科和硕士及以上的家长。在问题儿童压力、外界环境压力、教养经济压力、生活适应压力、角色满意度压力和教养压力总体方面，学历为本科的家长压力显著高于学历为硕士及以上的家长；在共育冲突压力和亲子互动压力方面，学历为硕士及以上的家长压力显著高于学历为本科的家长。

【访谈】

家长 34：我的学历是专科，其实压力挺大的，毕了业之后就结婚了，后来就是在家附近的幼儿园做合同制老师，老公是在这边一个企业里上班，我俩收入不是很高，但也够用，就是孩子现在一年级了，看人家孩子都上着一堆兴趣班，我家孩子只能选择一个去上，心里有点不是滋味，孩子想学钢琴，好的钢琴太贵了，钢琴课也不便宜，现在她在学舞蹈。另外，虽然我是老师，可理论知识我懂得也不是很多，孩子现在上一年级了，很多时候她出现状况我也束手无策，比如，她现在很排斥上小学，每天晚上写作业都很抵触，跟她讲道理吧，她也不听，左耳进右耳出，我一批评她，她就号啕大哭，每天晚上鸡飞狗跳的，我和她爸爸都不知道怎么处理。

具有高文化程度的家长更容易让家庭中充满文化氛围，能为儿童提供更多的社会文化活动，面对一年级儿童，能够更加关注他们的身心健康，关注和儿童的互动情况，同时也会因为儿童的教育问题，与伴侣做更深层次的探讨，不同的育儿观也更容易产生共育冲突，因此高文化程度家庭有较大的共育冲突压力和亲子互动压力；父母文化程度低的家庭则不然，这类家庭的父母多数的时间都花费在工作上，较少有休闲、娱乐、文化等活动，因此外界环境压力、教养经济压力、生活适应压力、角色满意度压力更大。总的来看，无论是何种家庭，针对幼小衔接中的各种问题与面临的各种压力，社会与学校都应进行有针对性的培训与科学的幼小衔接指导。

四、一年级家长的教养效能感分析

（一）一年级家长教养效能感现状分析

选择描述性统计分析、单样本 T 检验来考察一年级家长教养效能感的情况，结果显示，一年级家长照顾效能的均分为 3.25，显著高于 3 分（中立），单样本 T 检验的 P 值全部小于 0.01，说明一年级家长在照顾孩子方面的效能感较高，比如给孩子提供营养的饭菜、学习用品、当孩子遇到困难时主动帮助等。情感沟通效能、教养信心和教养效能感总体的均分分别为 2.95、2.49 和 2.90，全部显著低于 3 分（中立），单样本 T 检验的 P 值全部小于 0.01，这说明一年级家长整体的教养效能感较低，特别是在与孩子进行情感沟通时感到困难，并且对于自己的教养能力不自信。（见表 3-3-15）

表 3-3-15　一年级家长教养效能感的现状分析

	N	平均值 ± 标准差	检验值	T	P
照顾效能	6146	3.25 ± 0.54	3	35.5	<0.001

	N	平均值 ± 标准差	检验值	T	P
情感沟通效能	6146	2.95 ± 0.61	3	−6.275	<0.001
教养信心	6146	2.49 ± 0.66	3	−60.172	<0.001
教养效能感总体	6146	2.90 ± 0.53	3	−14.902	<0.001

注：因为是李克特5度量表，因此3分表示中立，所以检验值为3。

【访谈】

家长35：照顾这方面是没什么问题，每天给她变着花样做饭，就怕她营养跟不上。她的学习用品也都是买名牌的，衣食住行都给她照顾好了。不过生活上照顾好了，其他方面还是会有担忧，我害怕她学习跟不上会自卑，害怕她在学校表现不好老师不喜欢，还害怕她在学校遇到不好的事情不跟大人说，主要是我也没有养孩子的经验，怕自己教育不好她，所以各方面担心挺多的。

【案例】

小语的妈妈最近很焦虑，因为小语上了一年级，有很多事情回到家不愿意跟妈妈说了，以前上幼儿园的时候，她会叽叽喳喳不停地说，现在上了小学，很少主动跟妈妈说在学校里发生的事情，放学写完作业，她就去看动画片或者下楼和邻居家的小伙伴在小区广场上玩。妈妈问小语为什么不说一说学校里发生的事情，小语一边忙着看动画一边跟妈妈说："我说了也没用，上次我跟你说老师误会我了批评我，你就只知道教育我，都不哄我。"妈妈说："你是个大孩子了，我想让你知道遇到事情应该怎么处理，怎么让老师解开误会。"小语："那我就不想听你教育我。"小语妈妈为此感到非常无奈。

一年级家长在照顾孩子生活方面基本都没有压力，但是一年级家长整体的教养效能感较低，特别是在与儿童进行情感沟通时感到有困难，主要原因是一年级家长在潜意识里认为儿童上了小学，各方面能力和幼儿园时期相比都应该有了质的飞跃，不再像照顾婴幼儿一样首先考虑儿童的情绪，会以解决问题为目的，对儿童摆事实、讲道理。因此，儿童会有些排斥与父母的交流沟通，家长也会迷茫自己的教育方式是否有问题，导致教养信心不足。儿童刚进入新环境，心理缺乏安全感，作为儿童最为信任的父母，应该建立开放、信任和尊重的家庭环境，在儿童遇到困难时，首先安抚儿童的情绪，等儿童情绪稳定以后，再慢慢分析解决问题的对策，给予儿童充足的温暖与爱，让儿童感到舒适和安全，才愿意分享学校发生的事情，主动和家长沟通。

（二）一年级家长教养效能感的差异分析

1. 所在地区对家长教养效能感的影响

选择独立样本 T 检验比较城市和农村家长的教养期望总体及各个维度上的差异，结果显示，城市和农村的一年级家长在教养效能感总体及各个维度上没有显著差异，P 值全部大于 0.05，即城市和农村一年级的家长的照顾效能感较高，但是情感与沟通效能、教养信心和教养效能感总体都比较低，二者没有显著差异。（见表 3-3-16）

表 3-3-16　不同地区一年级家长教养效能感差异分析

	城市（5242）	农村（904）	T	P
照顾效能	3.25 ± 0.54	3.24 ± 0.55	0.057	0.955
情感与沟通效能	2.95 ± 0.61	2.96 ± 0.62	−0.512	0.609
教养信心	2.49 ± 0.66	2.51 ± 0.68	−0.638	0.523
教养效能感总体	2.9 ± 0.53	2.91 ± 0.55	−0.449	0.653

【访谈】

家长 36：本来我是和孩子爸爸在外地打工，但是现在孩子上一年级了，怕他爷爷奶奶辅导不了他，影响学习，我就回来了。吃穿不愁，人家有的他也有，就是不爱和我说话，可能从小没有跟在我身边的原因，他爷爷奶奶虽然一直照顾着他，可是毕竟年纪大了，两代人也不好沟通，我是觉得这么多年没在孩子身边，想跟他亲近一点，没有用。我自己学历也不高，也不懂教育，说实话，我希望他以后考出去，有本事，可是我也不知道能把他教育成什么样。

　　家长37：我和孩子妈妈平时忙于工作，孩子很多时候都是他爷爷奶奶照顾和接送，晚上辅导作业我和他妈倒是轮流陪着，就是不知道是不是我平时陪伴他比较少，对他要求又比较严格，他也不太和我亲近。他和他妈妈沟通还好，但是有时候也会把他妈妈气得不行，比如写作业写半天写不完一页纸，吃饭磨蹭还挑食，晚上不愿意睡觉，早晨又起不来床，在很多小事儿上都很让人头疼，我和他妈妈一直想纠正他的坏习惯，但他爷爷奶奶又惯着他，很难改正。

　　家长38：我对自己能不能教育好孩子，没有太大信心，现在和以前不一样了，现在家庭环境和家庭背景很重要，之前看一个新闻，说是"寒门再难出贵子"，我家虽说不算贫寒，但也不是富裕家庭，家就在这小县城，我们去大城市也找不到好工作，所以我没有办法让孩子去大城市读小学，大家都知道，大城市的教学条件和咱们这边完全不是一个等级，人家师资力量强，教育资源丰富，比不了，所以，我对孩子以后的发展，其实没有太大的信心。

　　无论是农村家庭还是城市家庭，都能在生活上妥善地照顾孩子，但在对一年级孩子的教养方面，无论是何种家庭都面临一些困境，有的家庭亲子情感沟通不畅，有的家庭父母不懂如何培养孩子良好的生活习惯与学习习惯，有的家庭父母认为自己无法为孩子提供更好的物质与精神环境等。面对一年级家长所面临的困境，家长应首先弄清楚问题产生的根源，然后进行反思，再根据孩子的性格进行分析，寻找适合孩子的教育方式。学校与社会也应该对一年级家长进行一些相关培训或举行一些亲子活动，帮助家长缓解精神压力，找到与孩子沟通的技巧，了解孩子的内在需求，从根源上解决一年级家长的困境，帮助家长提高教养效能感。

2. 是否独生对家长教养效能感的影响

　　选择独立样本 T 检验比较独生子女和非独生子女家长的教养效能感总体及各个维度上的差异，结果显示，独生子女和非独生子女的一年级家长在教养效能感总体及各个维度上都有显著差异，P 值全部小于 0.01。具体差异为独生子

女家长比非独生子女家长在各个方面都有更高的教养效能感。(见表 3-3-17)

表 3-3-17　独生子女和非独生子女一年级家长教养效能感差异分析

	独生（660）	非独（5486）	T	P
照顾效能	3.35 ± 0.54	3.23 ± 0.54	5.196	<0.001
情感与沟通效能	3.07 ± 0.62	2.94 ± 0.6	5.184	<0.001
教养信心	2.61 ± 0.67	2.48 ± 0.66	4.646	<0.001
教养效能感总体	3.01 ± 0.53	2.89 ± 0.53	5.694	<0.001

【访谈】

家长 39：我有一个儿子，平时无论是物质上还是精神上，都会尽量满足他，因为我和他爸爸也都是独生子女，所以孩子爷爷奶奶、外公外婆也都挺宠爱他，家里六个大人都围着他转，照顾得很好，我们也会抽很多时间陪伴他。放长假，他爷爷奶奶还会带着他去海边度假。我们也经常会领着他去科技馆、博物馆、动物园。他上一年级，爷爷奶奶给他买了全套的新文具，外公外婆给他花钱报了几个兴趣班，物质上他什么也不缺。至于学习上，我和他爸爸都能辅导，也没什么问题。不过也不是什么也不担心，他从小比较娇气，也没有兄弟姐妹，我们也怕他不会处理同学关系，担心他自理能力差一些，不能适应新环境。

家长 40：两个儿子，一个比一个皮，我每天照顾他们俩已经筋疲力尽，大的这个刚上一年级，很多不适应的地方，学习也有点儿跟不上，我每天晚上陪着他写作业，小儿子才四岁，每天都想让我陪着，我没办法，只能和他爸爸轮流辅导孩子，一个带大儿子写作业，一个带小儿子出去玩。亲子沟通方面，肯定会比以前少了很多，有空陪老大，就没空陪老二，不能两个孩子面面俱到都照顾好。

独生子女家长比非独生子女家长在各个方面都有更高的教养效能感，由于独生子女家庭的家长有更多的精力与时间陪伴孩子，与孩子沟通的时间更充足，经济压力也较小。非独生子女家庭则不然，多一个孩子就要多耗费更多的精力，并分出更多的时间与金钱给其他孩子，在孩子的教养上会出现力不从心的感觉，因此多胎家庭的教养效能感较独生子女家庭的家长低一些。政府部门应给多胎家庭一定的扶持与照顾，加强非学科类校外培训监管，规范培训机构收费行为，减轻家庭的校外培训负担。学校则应减轻学生作业负担，同时加强对家长的家庭教育指导，引导家长树立科学的育儿观念，帮助家长增强教育的自信心。

3. 儿童出生顺序对家长教养期望的影响

选择单因素方差分析比较家长对不同出生顺序孩子教养期望的差异，结果显示，不同出生顺序儿童家长的教养效能感在情感与沟通效能、教养信心和教养效能感总体方面都比较低，没有显著差异，P 值大于 0.05。但是在照顾效能方面差异显著，P 值小于 0.01。进而事后比较分析显示，在照顾效能方面，头胎家长的照顾效能显著高于二胎和三胎家长。（见表 3-3-18）

表 3-3-18　不同出生顺序一年级家长教养期望差异分析

	头胎（2312）	二胎（3332）	三胎及以上（404）	F	P
照顾效能	3.29 ± 0.53	3.22 ± 0.55	3.17 ± 0.54	6.338	<0.001
情感与沟通效能	2.95 ± 0.61	2.95 ± 0.61	2.92 ± 0.59	0.631	0.676
教养信心	2.48 ± 0.65	2.5 ± 0.67	2.46 ± 0.67	0.761	0.578
教养效能感总体	2.91 ± 0.52	2.9 ± 0.54	2.85 ± 0.52	0.947	0.449

【访谈】

家长 41：家里两个女儿，每天下了班就是赶紧接孩子做饭，照顾俩孩子吃饭，看老大写作业，然后陪俩孩子做一些亲子活动，等帮她俩都洗漱完睡着，我才有空收拾家务，每天忙得像打仗。也谈不上精心照顾，俩孩子和我们大人吃一样的饭菜，穿衣也不追求名牌，小女儿因为年龄小，所以会玩她姐姐小时候的玩具，衣服大部分也是姐姐小时候的衣服。以前只有一个女儿的时候，那会儿都是给她买新的玩具和衣服，照顾得也比较细致，但是现在俩孩子，有时候难免没那么精心了，不是有句俗语"老大照书养，老二照猪养"吗，我家差不多就是那样。

家长42：我和孩子爸爸的老家在山东，现在我们全家是住在上海，有一个女儿，女儿从出生到现在，我和孩子爸爸是给了她全部的宠爱，从她出生，她爷爷奶奶就来上海专门照顾她，家里条件还可以，平时她吃的水果、奶粉、零食都是进口的，她的衣服配饰文具玩具之类的，我也都是给她买名牌的。为了让她能增长见识，我们每个周六周天都带她去不同的景点游玩，她爸爸喜欢运动，所以她爸爸每天还会带她出去踢球，增强她的体质，我是每天给她做她喜爱的饭菜，每晚陪着她写作业，跟她谈心，对她的照顾，我们算是付出了极大的精力，不知道以后还生不生二胎，也不知道生了二胎后会不会对女儿疏于照顾，但是目前来看，如果同时照顾两个孩子，肯定不如现在只照顾一个更周全。

在照顾效能方面，头胎家长的照顾效能显著高于二胎和三胎家长。一般家庭对头一个孩子往往照顾得更加细致，因为新手爸妈会对孩子有种种担心，整个养育过程是激动伴随着紧张，新手爸妈会买很多育儿书籍或咨询其他更有经验的家长，生怕教养不当导致孩子生病不舒服，因此对头胎照顾得更周全。一般来说，家庭中如果是多胎，家长会感觉力不从心。但幼小衔接阶段，孩子更需要家长无微不至的照顾和心理陪伴，无论是头胎还是二胎、三胎步入这个阶段，都建议家长多多重视孩子的身心健康，为孩子补充好营养，照顾好孩子的饮食起居，同时了解孩子的心理需求，多多陪伴孩子，以便孩子更好地度过这个时期。

4. 家长学历对家长教养效能感的影响

选择单因素方差分析比较不同学历家长教养效能感的差异，结果显示，不同学历的家长在教养效能感及各个维度上的差异显著，P值小于0.01。进而事后比较分析显示，在教养效能感总体及各个维度上，大专及以下学历家长的教养效能感总体显著低于本科和硕士及以上学历的家长，而学历为本科的家长与学历为硕士及以上学历的家长之间并没有显著差异。（见表3-3-19）

表3-3-19　不同学历家长的教养效能感差异分析

	大专及以下	本科	硕士及以上	F	P
照顾效能	3.2 ± 0.52	3.31 ± 0.57	3.34 ± 0.57	30.955	<0.001
情感与沟通效能	2.9 ± 0.59	3.03 ± 0.63	3.03 ± 0.62	36.021	<0.001
教养信心	2.41 ± 0.63	2.61 ± 0.69	2.65 ± 0.67	68.788	<0.001
教养效能感总体	2.84 ± 0.51	2.99 ± 0.56	3.01 ± 0.55	57.719	<0.001

【访谈】

家长43：我学历就是初中，孩子爸爸是大专，虽然我也挺希望孩子有出息，考名牌大学，但是仔细想想，等孩子再大一点儿，我都辅导不了孩子学习了，孩子现在很多感兴趣的问题我都回答不上来，我也不知道怎么培养他。

家长44：因为孩子爸爸本科毕业，现在是中学数学老师，我自己研究生毕业，在医院上班，我家目前不太担心孩子的学习，孩子辅导不成问题。虽然我们工作忙，但是孩子感兴趣的东西，我们都会陪着孩子一起研究，也会抽时间和他谈心，对孩子的教育，我们还算是有点儿自信的。

本科和硕士及以上学历的家长教养效能感显著大于大专及以下学历家长，父母的学历程度会潜移默化地影响孩子，比如家长的学历是孩子模仿的一个标准，当一个孩子还没有完全成熟的时候，孩子会寻找自己的榜样去学习。同时，学历高的家长，会以自身的学习态度或学习习惯影响自己的孩子，再加上高学历父母有更加宽广的知识面也会无形中影响着孩子，因此，高学历家长的教养效能感较高。大专及以下学历的家长往往会对自身教育水平不信任，有时候对孩子缺乏必要的学习支持和沟通，这一切都会影响孩子的学习心态及抱负。建议家长调整心态，无论是何种学历，都要为孩子营造好的学习环境，同时不断学习，提高自我内在修养，与孩子共同成长、共同进步；学校也要定期为家长提供必要的培训支持，为家长答疑解惑，帮助孩子平稳度过适应期。

第四节 一年级教师入学适应教育现状及需求调查分析

一、一年级教师对幼小衔接的认识

（一）一年级教师对新生入学前准备的认识

幼儿园和小学的顺利衔接要基于双方对幼小衔接具有相似或一致的观点和认识。入学前，儿童需要在身心、生活、社会和学习等多个方面做好准备。因此本研究调查了一年级教师对新生入学前准备的认识，以了解他们关注的重点是什么。（见表 3-4-1）

表 3-4-1 一年级教师对新生入学前准备的认识

选项	频数	百分比
激发儿童上小学的兴趣的重要性	161	91.48%
自理等较好的生活习惯和能力	160	90.91%
有较好的学习品质和学习习惯，如倾听、好奇、专注、有计划等	155	88.07%
人际交往能力，如同伴交往、冲突解决能力	146	82.95%
喜欢阅读，有一定的阅读经验	145	82.39%
自制、自控能力，规则意识和责任感	143	81.25%
语言表达能力	138	78.41%
对小学的教学环境、形式要求、一日生活有所感知	134	76.14%
时间观念	124	70.45%
精细动作能力，如折纸、运笔画线	123	69.89%

续表

选项	频数	百分比
能正确握笔	123	69.89%
学拼音	84	47.73%
学会 20 以外的加减法	64	36.36%

以上调查结果显示，大多数一年级教师认为儿童在入学前应在多个方面做好准备，包括入学期待、自理能力、学习习惯、交往能力、阅读喜好、自控能力、规则意识、语言表达能力、时间观念、精细动作和正确握笔等。这表明大部分一年级教师的入学准备观念相当全面。特别值得注意的是，91.48% 的一年级教师认识到激发儿童对上小学的兴趣的重要性，这说明他们不仅关注孩子的习惯和能力准备，也关注儿童心理方面的准备。

然而，仍有 47.73% 和 36.36% 的一年级教师认为儿童在入学前需要学习拼音和 20 以外的加减法运算，这与幼儿园去小学化的规定存在冲突。解决这种差异可能需要幼儿园和小学进行更深入的沟通，以达成一致的入学准备期望，这将有助于促进幼儿园和小学之间的顺利衔接。

【访谈】

教师 13：我认为在孩子上一年级之前培养学生的自理能力非常重要，因为作为小学生，竟然很多学生鞋带开了不会系，拉链也不会拉，举个例子吧，有好多次我正站在讲台上课，有孩子举手说鞋带开了让我给系上，当时我就哭笑不得，我问孩子以前谁给系鞋带，他说他以前都是穿"旋转纽扣鞋"。而且孩子们一年级了，还不知道自己根据冷热增减衣物，就像现在天气冷了，放学的时候要穿外套，有的孩子背起书包就去站队，还有的孩子穿着外套却不会拉拉链，每天放学我得帮好多孩子拉拉链。

教师 14：还是得适当学拼音和加减法，因为班里大部分孩子都学过这些，我在给学生上课的时候，发现如果进度慢了，那些学过的孩子就一点儿都不听了，学习习惯越来越差，我怕这样下去不行，就加快进度，但是进度快了，"零起点"的又跟不上，后来想来想去，还是少数迁就多数吧，既然大部分都学过，就只能按大部分孩子的进度去教学。

教师 15：我觉得应该提前学认字，因为一年级语文教材是先识字后学拼音，小孩上数学课读不懂题干，语文不认识生字。我是数学老师，我的数学课都上成了语文课，每天就是教认字，要不然他们都看不懂题目，我觉得太费劲了。

（二）一年级教师对新生入学适应困难原因的认识

调查一年级教师对新生入学适应困难原因的认识，有助于更好地了解学生入学后的表现及其行为背后的原因，可以更好地理解新生的需求和挑战，从而有针对性地提供相关支持，更好地进行入学适应教育。（见表 3-4-2）

表 3-4-2　一年级教师对新生入学适应困难原因的认识

题目	占比
您认为小动作多是导致一年级学生适应困难的原因吗？	67.61%
您认为依赖成人是导致一年级学生适应困难的原因吗？	66.48%
您认为不理解老师的指令是导致一年级学生适应困难的原因吗？	59.66%
您认为容易受外界影响而分心是导致一年级适应困难的原因吗？	59.09%
您认为不擅长沟通是导致一年级学生适应困难的原因吗？	57.39%
您认为学习能力不足是导致一年级学生适应困难的原因吗？	53.98%
您认为在课堂或学校不遵守规则是导致一年级学生适应困难的原因吗？	50.57%

调查结果显示，大多数一年级教师认为，一年级新生适应困难的主要原因包括，小动作多、依赖成人、不理解老师的指令、容易受外界影响而分心、不擅长沟通、学习能力不足以及不遵守规则等。基于此，小学可以在制定入学适应教育方案的时候突出对新生独立性、沟通能力、专注力和规则意识的培养。

【访谈】

教师 16：很多孩子都有一些坏习惯，最主要的就是小动作多，每个孩子或多或少都有一些小动作，就是有的频率高，有的频率低。比如，有的孩子听得很认真，但是也会偶尔抠一下橡皮，揉一下书角什么的，也有一部分孩子，小动作极多，他们把书本画得面目全非，把铅笔头咬扁，把橡皮涂成黑色，除了听课吸引不了他，不管做其他什么都觉得有趣。

教师 17：我感觉是一年级学生过于依赖成人，下课不知道主动去喝水、上厕所，天冷也不知道加衣服，课间不知道把下节课用的教材拿出来，不提醒值日生他就想不起来擦黑板、打扫卫生，放学也不知道记作业，时时刻刻都要老师去提醒。

二、一年级教师入学适应教育实施的情况

（一）一年级政策了解情况和小学入学适应课程设置情况分析

针对一年级教师了解幼小衔接政策以及学校是否已经形成了相应的入学适应教育的方案或课程进行调查，结果显示，二者的平均分分别是 4.39 和 4.68，都显著高于 3 分（中立），单样本 T 检验的 P 值全部小于 0.01，这意味着，目前一年级教师对《关于大力推进幼儿园与小学科学衔接的指导意见》的具体内容非常熟悉，而且大部分的学校都已经形成了相应的入学适应教育的方案或课程。（见表 3-4-3）

表 3-4-3　一年级教师政策学习和学校入学适应课程设置的现状分析

	N	平均数 ± 标准差	检验值	T	P
您非常了解教育部发布的《关于大力推进幼儿园与小学科学衔接的指导意见》这一政策的具体内容	176	4.39 ± 0.81	3	22.688	<0.01
学校针对一年级新生已有一套完善的入学适应教育方案或课程	176	4.68 ± 0.69	3	32.17	<0.01

注：因为是李克特 5 度量表，因此 3 分表示中立，所以检验值为 3。

1. 一年级教师对幼小衔接政策了解的差异性分析

通过独立样本 T 检验比较教师所在地区、教龄、学历以及是否担任班主任等因素是否对一年级教师了解《关于大力推进幼儿园与小学科学衔接的指导意见》有影响，结果见表 3-4-4。

表 3-4-4　地区、教龄、学历、是否担任班主任对一年级教师政策了解的影响

	N	平均值 ± 标准差	T	P
城市	130	4.4 ± 0.85	0.217	0.828
农村	46	4.37 ± 0.71		
1～5 年（含 5 年）	98	4.41 ± 0.78	0.294	0.796
5 年以上	78	4.37 ± 0.85		
专科及以下（含专科）	39	4.21 ± 0.86	−1.633	0.104
本科及以上（含本科）	137	4.45 ± 0.79		
班主任	115	4.46 ± 0.79	1.546	0.124
非班主任	61	4.26 ± 0.85		

以上数据表明，城市和农村、班主任和非班主任、不同教龄和不同学历的一年级教师对于幼小衔接政策的了解方面没有显著差异。这说明，在进行幼小衔接培训和政策解读时，教育部门或相关机构普遍面向全体一年级教师提供一致的培训和信息，并且在传播政策信息方面取得了一定程度的成功。此外，这也说明一年级教师整体对幼小衔接政策的重视和理解程度较高，能够积极参与相关培训、研讨和学习机会，以提升自身对政策的认知和应用能力。

【访谈】

教师 18：基本每年一年级开学之前，都会开幼小衔接培训会，大概就是先解读国家政策，再培训一下如何带领一年级新生适应学校，会后我们还会讨论一下我们与新生第一次见面会的方案，也经常开会说第一个月不让讲课，但是事实上教学进度不允许我们花太多时间去衔接。

教师 19：我们学校组织过幼小衔接培训，我记得内容是有开学初期让老师

关注孩子的身心需要，还有我们会观看一些幼儿园的环创和游戏化教学的视频资料，了解一下差异，再就是培训如何引导孩子了解课堂常规和培养良好的行为习惯。

2. 学校是否设置入学教育方案和课程的差异性分析

利用独立样本 T 检验，考察城市和农村的小学在制定入学适应教育方案或课程方面有差异，结果见表 3-4-5。

表 3-4-5　不同地区对学校制定入学适应方案的影响

	N	平均值 ± 标准差	T	P
城市	130	4.73 ± 0.61	1.326	0.19
农村	46	4.54 ± 0.89		

以上数据显示，不管是城市还是农村，大部分的小学都已经制定了一年级入学适应教育方案，这说明城市和农村的小学都意识到了一年级入学适应教育的重要性，并且将其纳入了学校的发展规划中。同时，经了解，教育相关部门对小学制定入学教育方案也提出过要求，以确保小学能够提供有效的入学适应支持和指导。总之，教育部门和小学对于一年级新生的顺利过渡和良好发展都给予了高度重视和关注。

【访谈】

教师 20：学校是提前制定了这套方案的，开学前我们有教研会议，所有一年级教师都会一起学习，修订方案。

教师 21：方案有，但是我作为一年级教师，没有系统学过，学校有把方案给大家，但是没有集中组织学习。

（二）一年级教师入学身心适应教育情况

利用单样本 T 检验，考察一年级教师入学身心适应教育情况，结果显示，课桌灵活摆放、熟悉校园环境、关注学生行为和情绪以及锻炼精细动作四个维度的平均分为 4.72、4.80、4.72 和 4.69，都显著高于 3 分（中立），P 值全部小于 0.01，这意味着，大部分一年级教师在新生入学后都采取了一定的措施进行身心方面的入学准备教育。（见表 3-4-6）

表 3-4-6　一年级教师开展入学身心适应教育的现状分析

	N	平均数 ± 标准差	检验值	T	P
课桌灵活摆放	176	4.72 ± 0.58	3	39.612	<0.01
熟悉校园环境	176	4.80 ± 0.54	3	44.685	<0.01
关注学生行为和情绪	176	4.72 ± 0.57	3	39.894	<0.01
锻炼精细动作	176	4.69 ± 0.59	3	38.293	<0.01

注：因为是李克特 5 度量表，因此 3 分表示中立，所以检验值为 3。

通过独立样本 T 检验比较教师所在地区、教龄、学历以及是否担任班主任等因素是否对其实施入学身心适应教育的影响，结果见箸 3-4-7。

表 3-4-7　地区、教龄、学历、是否担任班主任对一年级教师入学身心适应教育的影响

	课桌灵活摆放	熟悉校园环境	关注学生行为和情绪	锻炼精细动作
城市（N=130）	4.71 ± 0.62	4.82 ± 0.51	4.72 ± 0.6	4.69 ± 0.6
农村（N=46）	4.74 ± 0.44	4.76 ± 0.6	4.74 ± 0.49	4.67 ± 0.56
T	−0.318	0.593	−0.241	0.183
P	0.751	0.554	0.81	0.855
1—5 年（含 5 年）（N=98）	4.73 ± 0.49	4.82 ± 0.44	4.67 ± 0.57	4.66 ± 0.56
5 年以上（N=78）	4.69 ± 0.67	4.78 ± 0.64	4.78 ± 0.57	4.72 ± 0.62
T	0.485	0.421	−1.252	−0.615
P	0.628	0.674	0.212	0.539
专科及以下（含专科）（N=39）	4.54 ± 0.68	4.72 ± 0.51	4.67 ± 0.7	4.59 ± 0.64

续表

	课桌灵活摆放	熟悉校园环境	关注学生行为和情绪	锻炼精细动作
本科及以上（含本科）（N=137）	4.77 ± 0.53	4.82 ± 0.54	4.74 ± 0.53	4.72 ± 0.57
T	−1.926	−1.102	−0.678	−1.185
P	0.06	0.272	0.499	0.238
班主任（N=115）	4.73 ± 0.61	4.84 ± 0.51	4.75 ± 0.56	4.72 ± 0.59
非班主任（N=61）	4.69 ± 0.5	4.72 ± 0.58	4.67 ± 0.6	4.62 ± 0.58
T	0.459	1.387	0.834	1.067
P	0.647	0.168	0.405	0.287

以上数据表明，在不同地区、教龄、学历和担任班主任的情况下，一年级教师在一年级新生的入学身心适应教育方面都没有显著差异。大部分一年级教师都能根据活动需求调整教室的桌椅，并带领一年级新生熟悉校园环境。他们能及时关注每位新生的行为表现和情绪状况，经常组织活动以提高新生精细动作的灵活性和协调性。这意味着在入学适应教育中，大部分小学教师都关注到了一年级新生的身心适应问题。他们通过带一年级新生熟悉校园环境、灵活调整教室等方式，帮助新生建立安全感，使他们喜欢上小学的环境。同时，一年级教师还关注到了一年级新生的情绪，并通过引导帮助他们正确认识自己的情绪，这有助于一年级新生辨识不同的情绪，学会适当地表达自己的情感，从而更好地与他人交流和建立良好的人际关系。此外，学会有效地管理情绪、应对挑战和压力，也有助于一年级新生更好地适应小学生活中的各种挑战。而在动作发展方面，一年级教师通过各种活动提高新生的精细动作，为后续的学习（如书写）打下基础。

【访谈】

教师22：我女儿在上幼儿园，之前开家长会去过她的班级，非常有意思，我就觉得从一个温馨有趣的环境来到小学这个相对枯燥乏味的环境，孩子肯定不太适应，我就针对我们的班级做了一点点的改造，我在班级后面放了一个小书架和一个植物架，从家里拿来了一些小绿植摆在了架子上，由值日生轮流照看，又让小朋友们带来了一些绘本放在了小书架上，小朋友可以借阅。

教师23：我之前有在班里组织过夹豆子比赛和整理书包比赛，平时也会练习坐姿操和握笔操，孩子们可积极了，既锻炼了动手能力，又增加了课堂趣味性。

教师24：基本就是开学前两天带他们熟悉环境，认识不同的老师，熟悉老师办公室位置，告诉他们有事儿及时找老师，对一些哭泣的学生会专门带到办公室安抚开导。

教师25：我每节课前五分钟，我都会给孩子们先进行一些有意思的活动，比如教个歇后语，说个古代名人故事，讲个笑话，或者说个简单的儿童诗，让孩子们自由创编续接，有时候还会给他们放一段戏曲听一听，算是每天给一些小惊喜吧。

（三）一年级新生入学生活适应教育情况

利用单样本 T 检验，考察一年级教师入学生活适应教育情况，结果显示，自我服务、基本安全常识和参与课间活动三个维度的平均分为 4.75、4.74 和 4.69，都显著高于 3 分（中立），P 值全部小于 0.01。（见表3-4-8）进一步地，通过独立样本 T 检验比较教师所在地区、教龄、学历以及是否担任班主任等因素是否对其实施入学生活适应教育的影响。结果显示，在不同地区、性别、教龄、学历和担任班主任的情况下，一年级教师在新生的入学生活适应教育方面都没有显著差异。（见表3-4-9）这意味着，大部分一年级教师在新生入学后都通过一定的方法（如独立穿、脱衣服、系鞋带、班级卫生服务等）培养一年级新生的自我服务能力，带领一年级新生认识和掌握交通指示灯等基本的安全常识。同时，大部分一年级教师还能够经常参与到新生的课间活动中，关注新生课间活动的状态，避免打闹，确保学生的安全，并及时处理潜在的危险或问题。

表 3-4-8　一年级教师开展入学生活适应教育的现状分析

	N	平均数 ± 标准差	检验值	T	P
自我服务	176	4.75 ± 0.55	3	42.187	<0.01
基本安全常识	176	4.74 ± 0.55	3	42.323	<0.01
参与课间活动	176	4.69 ± 0.59	3	37.912	<0.01

注：因为是李克特 5 度量表，因此 3 分表示中立，所以检验值为 3。

表 3-4-9　地区、教龄、学历、是否担任班主任对一年级教师入学生活适应教育的影响

	自我服务	基本安全常识	参与课间活动
城市（N=130）	4.75 ± 0.55	4.75 ± 0.55	4.69 ± 0.61
农村（N=46）	4.76 ± 0.57	4.72 ± 0.54	4.7 ± 0.55
T	−0.153	0.307	−0.034
P	0.879	0.759	0.973
1—5 年（含 5 年）（N=98）	4.74 ± 0.46	4.76 ± 0.46	4.7 ± 0.54
5 年以上（N=78）	4.76 ± 0.65	4.72 ± 0.64	4.68 ± 0.66
T	−0.137	0.448	0.273
P	0.891	0.655	0.785
专科及以下（含专科）（N=39）	4.69 ± 0.52	4.67 ± 0.58	4.69 ± 0.57
本科及以上（含本科）（N=137）	4.77 ± 0.56	4.76 ± 0.54	4.69 ± 0.6
T	−0.741	−0.934	−0.01
P	0.46	0.351	0.992
班主任（N=115）	4.77 ± 0.6	4.77 ± 0.56	4.72 ± 0.6
非班主任（N=61）	4.72 ± 0.45	4.67 ± 0.51	4.64 ± 0.58
T	0.503	1.18	0.877
P	0.616	0.239	0.381

【访谈】

教师 26：新生入学第一周，每次课间我都在班里待着，因为他们刚来，肯

定有很多问题，我就提醒着让他们去喝水、上厕所、整理学习用品，阻止他们追逐打闹和在走廊快速奔跑，让他们熟悉课间应该怎么做。

教师27：我们有"1530"，这个应该是全国中小学、幼儿园都在做的吧，每天给他们讲讲安全，尤其是校园安全和交通安全，我们每天提醒，就说校园安全吧，我们要讲上下楼梯安全教育、走廊活动安全教育、上厕所安全教育、课间活动安全教育、文具使用安全教育等。

（四）一年级新生入学社会适应教育情况

利用单样本 T 检验，考察一年级教师入学社会适应教育情况，结果显示，制定班规、增强集体荣誉感、表达赞许和喜爱、促进同伴交往和解决同伴冲突五个维度的平均分分别为4.72、4.73、4.77、4.76 和4.77，都显著高于 3 分（中立），P 值全部小于 0.01。（见表3-4-10）进一步地，通过独立样本 T 检验和单因素方差分析，比较教师所在地区、教龄、学历以及是否担任班主任等因素是否对其实施入学社会适应教育产生影响。结果显示，不同地区和教龄的一年级教师在入学社会适应教育方面都没有显著差异，而教师的学历和是否担任班主任工作会显著影响其开展入学适应教育，具体为学历为本科及以上的一年级教师和担任班主任工作的一年级教师更愿意开展小组或集体活动来增强新生的归属感和集体荣誉感。（见表3-4-11）

学历为本科及以上的教师在接受教育专业的学习过程中，可能会学到关于团队合作、社会性学习和心理发展等方面的知识。他们更了解学生在集体活动中建立友谊和共同目标对他们身心健康发展的重要性。因此，他们更愿意通过小组或集体活动来培养学生的归属感和集体荣誉感。而作为班级的班主任，承担着更多的责任和使命感。他们意识到，在帮助学生适应学校生活的过程中，培养他们的归属感和集体荣誉感非常重要。通过组织小组或集体活动，班主任可以为学生提供一个团结互助、共同成长的环境，帮助他们建立起强烈的归属感和集体荣誉感。

表 3-4-10 一年级教师开展入学社会适应教育的现状分析

	N	平均数 ± 标准差	检验值	T	P
制定班规	176	4.72 ± 0.56	3	40.608	<0.01
增强集体荣誉感	176	4.73 ± 0.6	3	38.219	<0.01
表达赞许和喜爱	176	4.77 ± 0.55	3	42.771	<0.01
促进同伴交往	176	4.76 ± 0.51	3	45.588	<0.01
解决同伴冲突	176	4.77 ± 0.53	3	44.486	<0.01

注：因为是李克特 5 度量表，因此 3 分表示中立，所以检验值为 3。

表 3-4-11 地区、教龄、学历、是否担任班主任对一年级教师入学社会适应教育的影响

	制定班规	增强集体荣誉感	表达赞许和喜爱	促进同伴交往	解决同伴冲突
城市（N=130）	4.73 ± 0.57	4.73 ± 0.63	4.78 ± 0.59	4.76 ± 0.51	4.78 ± 0.54
农村（N=46）	4.7 ± 0.55	4.72 ± 0.5	4.76 ± 0.43	4.76 ± 0.52	4.74 ± 0.49
T	0.363	0.13	0.17	0.008	0.5
P	0.717	0.897	0.865	0.994	0.617
1—5 年（含 5 年）(N=98)	4.74 ± 0.5	4.74 ± 0.56	4.79 ± 0.52	4.77 ± 0.49	4.8 ± 0.48
5 年以上（N=78）	4.69 ± 0.63	4.71 ± 0.65	4.76 ± 0.59	4.76 ± 0.54	4.74 ± 0.59
T	0.615	0.436	0.35	0.114	0.651
P	0.539	0.663	0.727	0.909	0.516
专科及以下（含专科）(N=39)	4.59 ± 0.64	4.51 ± 0.76	4.77 ± 0.49	4.69 ± 0.61	4.67 ± 0.62
本科及以上（含本科）(N=137)	4.76 ± 0.54	4.79 ± 0.54	4.77 ± 0.57	4.78 ± 0.48	4.8 ± 0.5
T	−1.514	−2.128	−0.049	−0.953	−1.259
P	0.136	0.038	0.961	0.342	0.213
班主任（N=115）	4.77 ± 0.56	4.81 ± 0.54	4.77 ± 0.61	4.8 ± 0.48	4.82 ± 0.52
非班主任（N=61）	4.62 ± 0.55	4.57 ± 0.67	4.79 ± 0.41	4.69 ± 0.56	4.69 ± 0.53
T	1.713	2.357	−0.248	1.311	1.535
P	0.089	0.02	0.804	0.193	0.127

【访谈】

教师28：我编了班歌，设计了班徽，还编了班级口号。每天放学一边唱班歌一边排队走，上课前也是先喊喊口号再开始，每次开班会的时候，都会做一些多人合作小游戏，孩子挺喜欢的。

教师29：我们有和隔壁班一起组织小比赛，当时是开学没多久，两个班都在上体育课，我和隔壁班班主任不放心，出去看看，看到两个班各玩各的，就和体育老师一起组织了拔河比赛，学生们特别激动，都很维护自己的班级。

教师30：我们是班级里有个"和平桌"，孩子之间遇到矛盾了，双方可以坐到"和平桌"两边，在这里争论，然后解决问题，解决不了也会有其他同学旁观，提出解决办法，尽量让他们在遇到人际关系的问题时，学会自己面对，而不是逃避或过于依赖成人。

（五）一年级新生入学学习适应教育情况

利用单样本 T 检验，考察一年级教师入学学习适应教育情况，结果显示，鼓励新生提问、游戏化教学、制定计划表或任务清单和正确书写四个维度的平均分分别为 4.78、4.75、4.65 和 4.84，都显著高于 3 分（中立），P 值全部小于 0.01。（见表3-4-12）进一步地，通过独立样本 T 检验比较教师所在地区、教龄、学历以及是否担任班主任等因素是否对其实施入学学习适应教育产生影响。结果显示，在不同地区、性别、教龄、学历和担任班主任的情况下，一年级教师在一年级新生的入学生活适应教育方面都没有显著差异。（见表3-4-13）

这意味着，大部分一年级教师在新生入学后都会鼓励新生主动提问，以包容的态度回应新生的各种问题，让新生可以自由表达和探索知识；会安排有趣的游戏活动或任务来提高新生的课堂参与度和注意力，使他们在学习过程中更加专注和投入；会鼓励新生用各种方式制定计划或任务清单，帮助他们建立起良好的学习习惯和自我管理能力；会指导新生认识汉字的笔画和间架结构，帮助他们保持正确的书写姿势，建立起良好的写字习惯和技能。

表 3-4-12　一年级教师开展入学学习适应教育的现状分析

	N	平均数 ± 标准差	检验值	T	P
鼓励新生提问	176	4.78 ± 0.53	3	44.882	<0.01
游戏化教学	176	4.75 ± 0.54	3	43.006	<0.01
制定计划表或任务清单	176	4.65 ± 0.65	3	33.58	<0.01
正确书写	176	4.84 ± 0.44	3	55.782	<0.01

注：因为是李克特 5 度量表，因此 3 分表示中立，所以检验值为 3。

表 3-4-13　地区、教龄、学历、是否担任班主任对一年级教师入学学习适应教育的影响

	鼓励新生提问	游戏化教学	制定计划表或任务清单	正确书写
城市（N=130）	4.75 ± 0.57	4.73 ± 0.58	4.66 ± 0.63	4.83 ± 0.47
农村（N=46）	4.85 ± 0.36	4.8 ± 0.4	4.61 ± 0.71	4.87 ± 0.34
T	−1.281	−0.794	0.472	−0.515
P	0.202	0.428	0.637	0.607
1—5 年（含 5 年）(N=98)	4.84 ± 0.4	4.73 ± 0.51	4.65 ± 0.58	4.84 ± 0.42
5 年以上（N=78）	4.71 ± 0.65	4.77 ± 0.58	4.64 ± 0.74	4.85 ± 0.46
T	1.575	−0.421	0.122	−0.141
P	0.118	0.675	0.903	0.888
专科及以下（含专科）(N=39)	4.64 ± 0.58	4.62 ± 0.59	4.56 ± 0.68	4.77 ± 0.49
本科及以上（含本科）(N=137)	4.82 ± 0.5	4.79 ± 0.52	4.67 ± 0.64	4.86 ± 0.42
T	−1.714	−1.656	−0.909	−1.076
P	0.092	0.103	0.365	0.287
班主任（N=115）	4.82 ± 0.52	4.81 ± 0.53	4.67 ± 0.66	4.86 ± 0.44
非班主任（N=61）	4.7 ± 0.53	4.64 ± 0.55	4.61 ± 0.64	4.8 ± 0.44
T	1.35	1.974	0.61	0.83
P	0.179	0.051	0.543	0.408

【访谈】

教师 31：一年级新生回答问题还是比较积极主动的，也喜欢问问题，但这种情况越到高年级越不明显，为了让孩子们保持和老师互动的积极性，我一般会经常表扬积极回答问题的小朋友，还贴了一个光荣榜，对上课认真、积极互动的孩子，都会贴一个小红花，每个月月底孩子们会各自清算红花数量，然后我拿着小奖品在班里给他们兑换。

教师 32：为了防止有些孩子已经学过一年级知识而上课不愿意听，我每节课都会设置一些小游戏、小任务，增加孩子和老师的互动性，也会教一些书本以外的知识，尽量使他们不走神。

（六）家校合作的情况

家庭和学校是孩子成长过程中的两个最重要的支持系统。在一年级新生入学适应阶段，家庭和学校的密切合作可以为孩子提供全方位的支持，帮助他们更好地适应新的环境和要求。所以，本研究从教师角度考察了一年级新生入学适应阶段的家校合作情况，结果见表 3-4-14 和表 3-4-15。

表 3-4-14　一年级教师政策学习和学校入学适应课程设置的现状分析

	N	平均数 ± 标准差	检验值	T	P
您会主动与新生家长交流新生的在校情况	176	4.77 ± 0.53	3	44.101	<0.01
您会定期向家长了解孩子的在家情况	176	4.68 ± 0.62	3	35.745	<0.01

表 3-4-15　地区、教龄、学历、是否担任班主任对一年级教师家校合作情况的影响

	您会主动与新生家长交流新生的在校情况	您会定期向家长了解孩子的在家情况
城市（N=130）	4.77 ± 0.55	4.68 ± 0.65
农村（N=46）	4.76 ± 0.48	4.7 ± 0.55

	您会主动与新生家长交流新生的在校情况	您会定期向家长了解孩子的在家情况
T	0.098	−0.174
P	0.922	0.862
1—5 年（含 5 年）(N=98)	4.8 ± 0.45	4.7 ± 0.56
5 年以上（N=78）	4.73 ± 0.62	4.65 ± 0.7
T	0.807	0.529
P	0.421	0.597
专科及以下（含专科）(N=39)	4.67 ± 0.58	4.54 ± 0.64
本科及以上（含本科）(N=137)	4.8 ± 0.52	4.72 ± 0.62
T	−1.259	−1.633
P	0.213	0.104
班主任（N=115）	4.83 ± 0.51	4.76 ± 0.62
非班主任（N=61）	4.64 ± 0.55	4.54 ± 0.62
T	2.301	2.198
P	0.023	0.03

以上数据显示，在与家长交流新生的在校情况和向家长了解孩子的在家情况的平均数为 4.77 和 4.68，都显著高于 3 分（中立），P 值全部小于 0.01。进一步地，通过独立样本 T 检验比较教师所在地区、教龄、学历以及是否担任班主任等因素对家校合作产生的影响。结果显示，不同地区、教龄和学历的一年级教师在家校合作方面都没有显著差异，而是否担任班主任工作会显著影响家校合作的情况，具体为担任班主任工作的一年级教师会更多地与家长沟通新生在学校的情况以及了解孩子在家的情况。

班主任是学生在学校中的第一责任人，负责监督和指导学生的学习和行为。通过与家长的沟通，班主任可以将学生在学校的表现、学习进展、注意力集中等情况告知家长，同时可以了解学生在家中的情况、家庭教育方式等信息，从而更好地提供个性化的支持和指导。

【访谈】

教师33：作为一年级的班主任，我们在家长工作方面是做得比较多，因为家长对我们不放心，对孩子能不能适应也不放心，有一些家长会给我发消息说让我给孩子增减衣物、提醒孩子喝水，等放了学以后，也会有很多家长找我们了解孩子在班里的情况，每天晚上都要和很多家长沟通。

教师34：会有一些家长跟我询问孩子是否能跟得上进度。我们也会主动联系一部分家长，对于一些学习习惯不好的孩子，我们会及时跟家长说明，家校一起监督改正。还有一些是自理能力差的孩子，我们也会联系家长在家多培养孩子的动手能力。再就是一些进度跟不上的孩子，家长也着急，平时也会多沟通。

教师35：我们是农村学校，爷爷奶奶比较多，都是我们主动联系家长说一说孩子的情况，其实我们农村学校，家校共育工作一直做得比较被动。

三、一年级教师入学适应教育过程中的困境与需求分析

一年级教师是实施入学适应教育的主体，了解他们在入学适应教育中的困境与需求，有助于小学制定和调整入学适应教育的策略和计划。通过满足教师的需求，提供所需的支持和资源，可以提高入学适应教育的质量，使新生更好地适应学校环境。（见表3-4-16）

表3-4-16　一年级教师入学适应教育过程中的困境与需求情况

选项	频数	百分比
一年级新生在入学前的准备不充分，问题较多	91	51.70%
幼儿园和小学之间的教学内容和方法差异太大，很难衔接	74	42.05%
幼儿园和小学进行了环境创设、规章制度和课程等方面的初步衔接，但是由于合作的机制不健全，合作形式单一，无法深入	71	40.34%

续表

选项	频数	百分比
幼小衔接活动流于形式，幼儿园和小学合作效果甚微	52	29.55%
幼小衔接会增加工作量，时间、精力不够	45	25.57%
学校对于幼小衔接工作不够重视	45	25.57%
感觉自己不了解一年级新生的身心发展特点，对他们进行教育时有困难	32	18.18%
家长的衔接理念不科学，沟通合作有困难	65	36.93%
没有对接的幼儿园进行衔接合作	48	27.27%

以上调查结果显示，有 51.70% 的一年级教师认为一年级新生在入学前的准备不够充分，问题较多。这意味着一些新生在幼儿园阶段的教育准备不足，导致他们在进入一年级后面临各方面适应的困难。基于此，需要幼儿园和小学加强沟通，使幼儿园了解儿童进入小学后的表现，适当地优化入学准备教育方案。有 42.05% 的一年级教师认为幼儿园和小学之间的教学内容和方法差异太大，很难衔接。有 40.34% 的一年级教师认为幼儿园和小学之间合作的机制不健全，合作形式单一，无法深入。有 29.55% 的一年级教师认为幼小衔接活动流于形式，幼儿园和小学合作效果甚微。这些调查结果反映了幼儿园和小学之间的合作机制不健全、合作效果不明显等。本研究后续将基于目前幼儿园和小学的合作机制进行优化、完善，提升幼小合作的效果。有 25.57% 的一年级教师感觉幼小衔接会增加工作量，时间、精力不够。有 25.57% 的一年级教师认为学校对于幼小衔接工作不够重视。这表明部分小学应该加强对幼小衔接工作的重视程度，改善幼小衔接工作的方式方法，将入学适应教育融入日常的工作中，确保一年级教师不会承担过大的工作负担。另外，还有 18.18% 的一年级教师感觉自己不了解一年级新生的身心发展特点，对他们进行教育时有困难。因此，一方面，可以加强对一年级教师相关内容的培训，包括对一年级新生身心发展特点的介绍、教育方法和策略等方面的培训。通过这些培训，教师可以更好地了解学生的成长阶段和发展特点，有针对性地开展教育工作。另一方面，促进一年级教师之

间的交流和合作，营造一个共享经验和资源的环境。通过教师之间的沟通和互助，可以增加彼此的了解和学习，共同应对一年级新生的教育需求。

【访谈】

教师36：很多学生自理能力差，这个我觉得不应该，至少在上一年级之前应该学会自己穿衣服、上厕所，如果不会整理书包、整理文具，我们可以教，但是拉链拉不上、屁股不会擦，这就是准备得不太好了。

教师37：我觉得是小朋友的心态还没转变过来，他们知道自己是小学生，但是行为举止和心态还是幼儿园的孩子，遇事情总会哭着找老师，感觉他们身体准备好了，心理没有准备好。

教师38：每年幼儿园都会带孩子来参观，我觉得用处不大，过来转一圈就走了，对孩子入学后的适应没有太多帮助，他们对真正的一年级课堂还不够了解。

教师39：我觉得最大的问题是幼儿园和小学的环境与课堂教学模式差距太大，幼儿园以游戏为主，小学课堂游戏很少，课下老师也不会组织游戏。班里环境就更不用说了，完全不同。

教师40：这两年一直提幼小衔接，我们开学前也有培训，可是那些方案有时候就是一张纸，后续没有监督与评价，老师们也各自有各自的安排与计划，方案并不会落到实处。

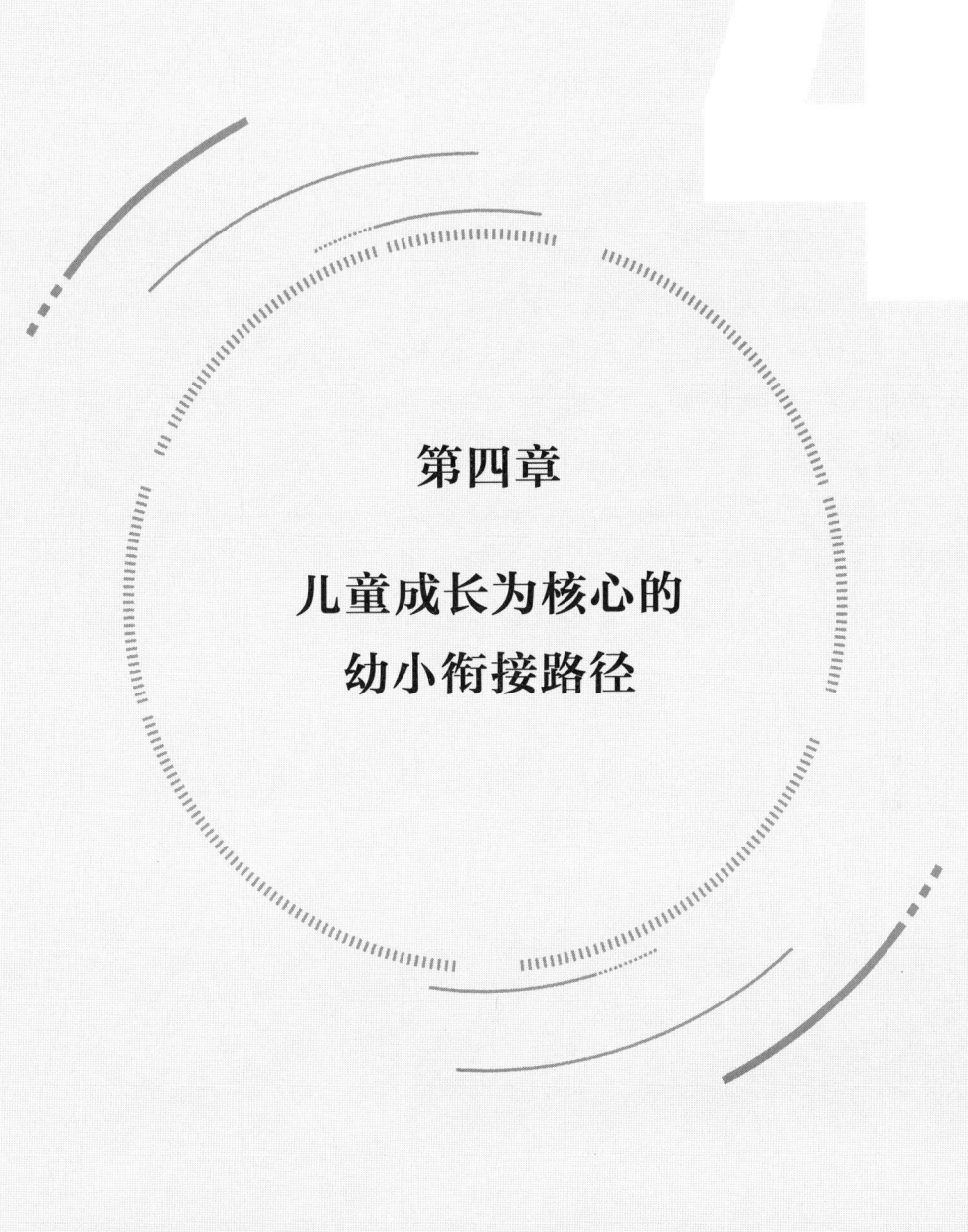

第四章

**儿童成长为核心的
幼小衔接路径**

　　长期以来，幼小衔接过程中存在一些备受批评但尚未解决的问题，比如幼儿园小学化、小学非零起点教学以及家长的高焦虑。出现这些问题的一个重要原因是幼儿园和小学都将关注点放在二者之间的差异上，幼小衔接的工作主要集中在通过开展一些活动减少二者之间的差异。比如，为了减少幼儿园和小学之间的差异，幼儿园常常模仿小学的教学内容和方法，导致出现小学化的现象。然而，当儿童进入小学后，小学老师发现他们已经学过这些内容，于是加快了教学进度。近两年，随着政策文件的颁布和社会的宣传，人们逐渐认识到了幼儿园小学化的危害以及小学在幼小衔接过程中应该发挥的作用。因此，幼儿园和小学开始进行双向衔接，并开展了许多活动，如幼儿园在大班的时候开展整理小书包、课间十分钟、到小学参观等活动。尽管这些活动对于幼小衔接工作的开展有益，但由于它们比较零散，缺乏系统性，时间一长就容易流于形式。前期调研结果显示，29.26% 的幼儿园大班教师和 29.55% 的小学一年级教师认为幼小衔接活动流于形式，效果甚微。其实，幼小衔接工作也要关注幼儿园和小学的"共性"即教育任务促进儿童更好地发展。基于"儿童成长"这一视角，把儿童成长发展过程中的需求作为幼小衔接工作的突破口和抓手。幼儿园和小学在对接的过程中重点探讨儿童的成长和发展需要什么、幼儿园需要做好哪些工作可以为儿童的发展奠定基础、小学在此基础上需要继续做好哪些工作可以促进儿童后续的成长发展，这样的幼小衔接工作体系性更强，更能反映幼小衔接的本质和内涵。

　　本研究基于幼小衔接过程中幼儿园和小学的"共性"，幼儿园和小学都为了儿童的利益进行双向努力，帮助孩子顺利地完成这一阶段的过渡。结合《关于大力推进幼儿园与小学科学衔接的指导意见》的精神和前期的调研结果，构建以儿童成长为核心的幼小衔接方案。本方案主要包括儿童成长为核心的幼小衔接内容、儿童成长为核心的幼小衔接原则、儿童成长为核心的幼小衔接具体实施路径三个部分。

第一节　儿童成长为核心的幼小衔接内容

一、身心准备和适应方面

（一）良好的体质与运动习惯的养成

进入小学后，儿童面临着新的学习环境和生活方式。拥有良好的体质和养成运动习惯能够增强儿童的身体素质和抵抗力，使他们更具适应性，更能适应新的学习压力和生活节奏，而且体育锻炼和运动可以促进大脑的发育和功能提升，提高儿童的学习能力。良好的体质和养成运动习惯能增强儿童的专注力、记忆力和思维能力，为学习打下良好的基础。此外，参与体育活动和运动训练能够培养儿童的合作精神、竞争意识和团队合作能力，增强他们的自信心。这些能力对于顺利适应新的社交环境、与同学和老师建立良好的关系非常重要。因此，在幼小衔接过程中，应该重视培养儿童的身体素质和运动习惯，提供多样化的体育活动和运动机会，从小开始养成积极健康的生活方式，为儿童未来的学习和发展奠定坚实基础。

（二）精细动作的培养

精细动作是指涉及手眼协调、手指屈伸和指尖动作等局部活动的技能，比如搭积木、涂鸦、翻书和写字等。这些活动需要儿童运用手指、手腕和手臂进行精细的运动。有研究结果表明，儿童在精细动作能力测试方面的成绩可以显著预测其 12 个月后的阅读和语言成绩变化，并且两者呈正相关。也就是说，儿童的精细动作发展越好，他们在小学阅读和语言方面的成绩也越好。因此，重视儿童的精细动作发展对他们的全面成长至关重要。家长和教育者可以通过提供丰富多样的精细动作活动，如拼图、剪纸等，来促进儿童的手部协调和灵巧性。通过培养精细动作，儿童可以学会一些日常生活技能，比如穿扣子、系鞋带等，这有助于他们更好地独立生活。此外，当儿童进入一年级后，他们需要学习书写字母、数字和汉字等。通过培养精细动作，儿童可以掌握握笔、控笔等书写必备的技能，从而提高他们的书写能力，更好地完成小学的学习任务。

（三）心理抗挫折能力的培养

抗挫力也称心理弹性能力，是人们在面对逆境时的处理能力。进入小学后，儿童会面临新的学习环境和社交圈子。良好的心理抗挫能力可以帮助他们更好地应对这种变化，适应新环境的压力和挑战。小学学习相对于幼儿园来说会更加正规和有挑战性。在遇到学习困难时，拥有强大的心理抗挫能力可以帮助儿童积极地面对问题，保持积极的学习态度，寻找解决问题的方法和策略，从而更好地克服困难并取得进步。在小学阶段，儿童常常会面临各种竞争，拥有强大的心理抗挫能力可以帮助他们正确看待竞争，从容面对输赢，并从中学会成长和进步。而且当儿童遇到困难时，心理抗挫能力可以帮助其克服自我怀疑和消极情绪，提高自信心。因此，在幼小衔接的过程中，应注重培养儿童的心理抗挫能力。可以通过鼓励他们独立思考、提供适度的挑战和支持，培养儿童的自信心，增强他们的心理韧性和应对能力。这将有助于儿童更好地适应新环境、解决问题，并取得成功。

（四）向往入学，激发入学愿望

前期调研显示，有约五成的一年级教师反映儿童进入小学后会出现哭闹的情况，有抵抗的情绪。这说明很多儿童在进入小学时出现了适应困难的情况。

激发儿童的入学愿望可以让他们更加积极主动地去适应新的学校环境和学习方式。当他们对入学充满期待和热情时，会更容易面对挑战和适应变化，以积极的心态投入新的学习和生活中。而且入学愿望可以鼓励儿童主动参与校园生活和社交活动，与同学和老师建立良好的关系。在愿望的驱动下，儿童会更积极地寻求合作机会、分享经验和兴趣爱好，培养社交技巧和团队合作精神。所以积极的入学期待和向往，能够缓解孩子入学初期因环境变化而带来的心理恐惧和焦虑等负面感受，帮助他们建立安全感以及和谐的人际关系。

二、生活准备和适应方面

（一）自理和劳动能力的养成

小学和幼儿园相比，很大的一个变化就是没有保育老师，很多事情儿童必须自己去做。比如，根据天气变化和运动需要增减衣物，课间准备好下节课所需的书本和学习用品，放学时收拾整理好个人物品……如果儿童自理能力较差，必定会给其适应小学生活造成困难。前期调查结果显示，在儿童整理学习用品方面，33.09% 的儿童自己整理学习用品，63.99% 的儿童需要在成人提醒和帮助下整理好学习用品，2.91% 的儿童完全由父母帮忙整理学习用品。这表明只有少部分的儿童可以自己独立整理学习用品，大部分的儿童需要父母的提醒，还有小部分的儿童由于自理能力有所欠缺，无法独自整理自己的个人物品。提高儿童的自理和劳动能力对于其适应小学生活有重要的意义。通过自理和劳动，儿童会逐渐培养起责任感和自律能力。他们需要按时完成各项任务，学会安排时间和管理自己的生活。这对于幼小衔接非常重要，因为在小学阶段，儿童将面临更多的学习任务和学校要求，需要有明确的目标和时间管理能力。此外，通过自理和劳动的实践，儿童能够感受到自己独立完成任务的喜悦和成就感。这有助于提升他们的自信心和自尊心，相信自己有能力克服困难和应对挑战。这种自信心和自尊心的培养对于幼小衔接过程中适应新环境、建立新的人际关系非常重要。而且劳动活动往往需要儿童与他人合作完成，如家务分工、小组活动等。通过这些活动，儿童能够培养团队意识和合作能力，学会与他人协作、交流和共同解决问题。这对于幼小衔接过程中融入班级集体以及与同学和老师的关系非常重要。因此，在幼小衔接的过程中，家长和教育者应该帮助儿童培养自理和劳动能力，提供适当的任务和机会让他们参与家务和小型劳动活动，并给予鼓励和认可。这样可以帮助儿童更好地适应小学生活，增强责任感和自律能力，培养团队合作精神，为他们的全面发展打下坚实的基础。

（二）时间管理能力

进入小学后，儿童面临着更多的学习任务和学校生活安排。良好的时间管理能力可以帮助他们合理安排时间，高效地完成各项任务。良好的时间管理帮助儿童设定明确的目标，并为实现这些目标制订具体的计划。这有助于他们更好地聚焦于重要任务，避免分散注意力，提高学习效果。而且通过合理的时间规划，儿童能够将学习和娱乐时间适当平衡，减少时间上的压力，增强对事物的掌控感。同时，成功地按计划完成任务会带来成就感和自信心的提升。因此，在幼小衔接过程中，应该帮助儿童发展和提升时间管理能力。可以鼓励儿童建立日程安排，制订学习计划，教导他们合理安排时间，设定清晰的目标，培养自我约束力，并及时给予关注和反馈。这样可以为儿童顺利适应新的学习和生活环境打下良好的基础。

三、社会准备和适应方面

（一）交往合作能力

哈佛大学曾经对700多名处于2—5岁的儿童进行跟踪调查，结果显示：儿童时期的社交能力直接影响儿童的未来。进入小学后，儿童需要适应新的学校环境和社交圈子。社会交往能力强的儿童能很快与教师和同伴建立良好的交往关系，建立对新环境的归属感，降低适应期的压力。而且儿童与教师和同伴积极交往合作可以促进学习的积极性和效果。教师是儿童学习的重要引导者，与教师建立良好的关系可以增强学习动力和互动交流。同时，与同伴交往合作可以帮助儿童分享知识、相互学习、解决问题，促进思维的发展。因此，在幼小衔接过程中应该关注提高儿童与教师和同伴交往合作的能力。可以通过组织合作性活动、培养团队合作意识、倡导积极沟通等方式，鼓励和引导儿童主动与教师和同伴互动、合作，分享经验和知识，解决问题。

（二）规则意识和执行规则的能力

本研究前期的调研结果显示，有66.48%的教师认为一年级新生规则意识不强，规则执行能力差。进一步调查一年级新生日常规范纪律性欠佳的具体表现发现，有81.82%的老师发现一年级新生在铃响后不能及时站好队伍；有36.93%的老师发现一年级新生做眼保健操不认真，相互打闹；有60.23%的老师发现一年级新生在走廊内大声喧哗，追赶打闹；有76.14%的老师发现一年级新生和同学交头接耳，随意说话；有37.5%的老师发现一年级新生上课随意走动，打闹、哭泣。这意味着，很多一年级新生缺少对行为规范的理解和认识，不能自觉遵守，常按照自己的意愿行动。即使有些孩子对行为规范有一定的理解与认识，也不能很好地约束和控制自己的行为。因此，在幼小衔接过程中，应该重视培养孩子们的规则意识和执行规则的能力。可以通过引导孩子们理解规则的意义、制定明确的规则和奖惩机制，以及给予适当的引导和鼓励等方式，引导他们自觉地遵守规则，培养他们的自主性和责任感。这样可以帮助孩子们更好地适应学校生活，维护学校秩序，促进他们的全面发展。

四、学习准备和适应方面

（一）好奇心与探究能力

好奇心是儿童创造性思维和主动学习的源动力。保护儿童的好奇心可以激发他们对新事物的兴趣，促使他们主动地探索和学习，从而培养他们的学习兴趣和主动学习能力。对学习充满热情和兴趣的儿童在上小学之后，面对教学内容的增多和教学方式的改变所带来的挑战时，就会产生发自内心的强烈的求知欲，促使他们主动、持久地学习。探究活动有助于培养儿童的观察力、思考力和解决问题的能力。通过自主探索和实践，儿童可以锻炼自己的思维能力，提高解决问题和创新思维的能力。这对于他们进入小学后的学习和适应要求更高的学习环境具有重要意义。

因此，在幼小衔接过程中，应该重视保护儿童的好奇心，给予他们探究的机会。可以提供丰富的学习资源和环境，鼓励儿童主动探索、提问，并尝试解决问题。同时，要给予他们适当的指导和支持，帮助他们培养好奇心和探索精神，并与他们一起分享和欣赏他们的成果。这样可以激发儿童的学习兴趣和主动性，培养他们的思维能力和解决问题能力，为他们顺利过渡到小学生活奠定坚实的基础。

（二）良好的学习习惯

一年级是孩子们进入正式学校教育的开始，他们需要适应新的学习环境和学习方式。良好的学习习惯可以帮助他们更快地适应新的学习要求和学习节奏，减少学习压力。比如学习的主动性、专注力、坚持性、独立性和计划性。培养儿童主动学习的习惯可以让他们更积极地投入学习中。主动性不仅提高了他们的学习效果，还促使他们对新知识产生浓厚的兴趣，从而激发学习的欲望和动力。专注是学习的基础，对于幼小衔接尤为重要。培养儿童的专注习惯可以提高他们在学习中的注意力和思维深度。学习需要持之以恒地努力和坚持，培养孩子坚持学习的习惯能够帮助他们克服困难和挫折，增强学习毅力。这对于适应小学学习和应对学业挑战非常重要。培养儿童独立学习的能力可以增强他们学习的自信心和能力。因此，在幼小衔接过程中，应该重视培养儿童的主动、专注、坚持、独立和计划等学习习惯。教师和家长可以通过设置合理的目标和奖励机制，提供积极的学习环境和资源，鼓励儿童自主学习和思考，并给予他们适当的引导和支持。同时，要建立明确的学习规划，帮助他们学会制订和执行学习计划，培养他们良好的学习习惯。这样可以有效提升儿童的学习能力，为他们顺利过渡到小学生活奠定坚实的基础。

（三）数学认识

幼小衔接时期通过充满趣味和互动性的数学活动，可以激发儿童对数学的探索欲望，增强数学素养，为未来更深入和高级的数学学习打下基础。此外，数学学习涉及逻辑思维、抽象思维、问题解决等，这些思维方式和学习习惯对儿童的全面发展和学习能力有着积极的促进作用。通过数学学习，儿童可以培养良好的思维方式和学习习惯，如条理性、耐心、观察与分析、思考和探索等。因此，在幼小衔接过程中，数学认识的重要性不可忽视。在此期间，可以用儿童容易理解的方式让儿童理解基本的数学概念，例如可以通过实物和图片等具体的示例进行数的大小比较、加减法等概念的学习，让儿童能够更加直观地理解这些概念。还可以通过建构游戏等积累关于数学的感性经验。比如玩积木搭建不同形状的建筑，使用计数棒进行数的认知和计数练习，玩益智拼图游戏培养儿童的空间感和几何概念等。通过这些有趣又有互动的数学活动，儿童可以在玩中学习，激发他们对数学的兴趣和好奇心，同时培养他们的数学思维能力和解决问题的能力。

（四）语言学习

良好的倾听和表达、阅读兴趣和阅读能力、前书写的兴趣和能力对适应一年级生活具有重要意义。良好的倾听和表达能力对于帮助一年级新生有效地理解教师的指示、与同学进行合作以及表达自己的想法至关重要。通过有效地倾听和清晰地表达，儿童能够更好地理解教学内容，并能够流利地表达自己的观点和想法。一年级是开始正式学习阅读的时期，培养孩子们对阅读的兴趣并提高他们的阅读能力对于他们的学习和发展至关重要。在这个阶段，对充满吸引力和适应他们阅读水平的故事书、图画书等阅读材料的介绍可以激发孩子们的阅读兴趣，提高他们的阅读理解能力和语言表达能力。前书写是一年级新生开始正式书写之前的重要准备阶段，培养孩子们对前书写的兴趣并发展他们的前书写能力可以帮助他们掌握正确的握笔姿势、平衡和控制手部肌肉运动，为之后的正式书写打下坚实的基础。这对于他们的字形美观、书写速度和书写流畅性具有重要意义。

总之，在幼小衔接阶段，良好的倾听和表达能力能够帮助他们更好地参与学习和交流；阅读兴趣和阅读能力则帮助他们探索知识、加深理解和扩展词汇量；书写的兴趣和能力则为他们顺利学会书写提供了基础。家长和教师应该重视这些方面的培养，为儿童提供适合的学习环境和资源，鼓励他们积极参与讨论和阅读，并提供适当的支持和指导，以促进他们全面发展。

第二节　儿童成长为核心的幼小衔接原则

一、可持续发展的原则

幼小衔接工作应当立足儿童终身可持续发展来规划，不仅要考虑儿童入小学初期的适应问题，还要考量儿童小学后期及毕业之后的发展问题。人的可持续发展是指具有全面、长久与强劲的发展能力。在终身学习时代，教育应该促进人的可持续发展，既满足个体在当下的发展需要，又保证其身心和谐、均衡与持久发展不受伤害。个体的发展如同一个发展链条，上一阶段的发展是下一阶段的基础，下一阶段的发展是上一阶段的延伸。抢跑进入小学，往往伴随着幼儿园教育阶段的部分空缺或质量缺损。这种空缺或缺损使得个体在幼儿园阶段的某些发展需要难以得到满足，自然就破坏了小学阶段教育的基础，给儿童的小学阶段的学习埋下了隐患。例如，游戏体验不充分、运动能力发展不足等，这些都会对儿童适应小学和终身发展造成不可弥补的遗憾。基于儿童终身可持续发展来规划幼小衔接工作，幼儿园、小学和社会教育机构应形成教育共同体，致力于提升那些对儿童终身发展有重要价值的品质[1]。

二、全程性原则

儿童的发展阶段及其发展特点具有连续性，既包括幼儿园小、中、大班三个年龄段幼儿身心发展的连续性，也包括儿童从幼儿园阶段过渡到小学阶段身心发展的连续性。因此，幼小衔接是一项长期而全面的工作，不只是一学期、一学年，而是整个幼儿园和进入小学后的全程。实践中，从幼儿园大班开始的幼小衔接，或者幼儿园进行幼小衔接而小学不做衔接的做法，都忽略了儿童身心发展的连续性。因此，幼小衔接工作不仅需要幼儿园在尊重各年龄阶段儿童原有经验和发展差异的基础上，有序、连续地开展适合儿童不同年龄阶段特点的幼小衔接教育，而且整个幼儿园阶段也应该与小学低幼阶段在幼小衔接方面相互交流合作，协同开展双向衔接。

比如，对于儿童自理能力的培养。小班主要建立日常生活习惯，教导儿童穿脱衣物、整理玩具等基本的自理能力。通过游戏和歌曲激发儿童对自理能力的兴趣，例如通过模拟角色扮演或者互动游戏来教导儿童刷牙、洗手等日常小动作。中班主要强化自理技能，继续加强穿脱衣物、整理书包、自己

---

[1]　冯婉桢.立足儿童可持续发展规划幼小衔接[J].幼儿教育，2018，（Z4）：94.

吃饭等自理技能的培养，引导儿童逐步独立完成这些日常生活中的任务。教育儿童要自觉地维护个人卫生和整理个人物品，养成固定的自理习惯。大班主要培养日常管理能力，鼓励儿童参与班级的日常管理和维护，如协助整理教室、清理桌面等，培养他们的团队合作意识和责任感。鼓励儿童独立选择自己的衣物、玩具和书籍等，培养他们的自主能力和决策能力，并引导他们承担相应的自我管理责任。进入小学后持续强化儿童自理能力，教育儿童要独立完成更多家务和学习任务，例如整理房间、洗碗、打扫卫生等，培养他们的自理能力和独立生活能力。引导他们合理安排学习和生活，教育他们如何管理自己的时间以及养成良好的学习习惯和生活习惯，包括规律作息和合理膳食等。

这种全程性的幼小衔接，其意义首先在于拉长幼小衔接的时间跨度，在关注儿童发展整体性的基础上，在有目的、有计划地开展双向衔接教育的过程中，帮助儿童有序、连续地做好身心全面准备和适应。

三、全面性原则

幼小衔接是儿童正处于身体和认知能力迅速发展的阶段。全面衔接有助于促进儿童身体的健康成长，能够培养他们的动手能力、运动技能和注意力控制等。同时，对于儿童的心理健康也需要重视，合理引导幼儿处理情绪、建立自信心和独立性，以适应小学生活的要求。年龄较小的儿童可能在生活自理、日常习惯养成等方面还存在不足。通过提供生活技能的培养，如自己穿脱衣物、整理书包、管理学习用品等，能够帮助儿童逐渐适应小学生活中自主管理的要求。社会方面的衔接对于儿童的整体发展非常重要，通过合作游戏和集体活动，儿童可以学会分享、合作、尊重和沟通。这对于他们顺利融入小学的集体生活、与同学和老师建立积极关系是至关重要的。全面衔接有助于提高儿童的学习能力，除了知识的学习，培养好奇心、求知欲以及良好的学习习惯，例如注意力集中、自主思考、解决问题的能力等，对儿童在小学阶段的学习起到重要作用。因此，全面衔接能够使儿童过渡到小学的过程更加成功，有助于他们更好地适应小学的学习环境和学习要求。这也是为了全面促进幼儿的身心健康发展，可以为他们未来的学习和社交能力的提升打下坚实基础。

四、双向衔接、多方合作的原则

《指导意见》明确指出，要改变小学和幼儿园教育分离的状况，建立幼小协同合作机制，为儿童搭建从幼儿园到小学过渡的阶梯，推动双向衔接。幼儿园和小学都要基于促进儿童发展的教育目标，以儿童的成长需求为衔接点，明确各自幼小衔接中的责任。幼儿园通过集体教学、区域活动、游戏等环节将入学准备渗透在一日生活中。小学积极倾听儿童需求，掌握幼儿园的教育特点，调节一年级的课程管理模式，创设包容性的校园环境，最大限度地清除儿童的生疏感受，推动儿童以轻松愉快的心态投入小学日常生活中。关心个别差异，针对性地为每个儿童给予指导和帮助，促使他们按照自己的方法逐渐融入小学日常生活中；设定入学适应期，构建与幼儿园相连的班级环境创设，适当调整生物钟，协助儿童逐渐适应"以游戏活动为主导"的教学环节的改变。所有的这些做法，都有助于把学校打造成适合于儿童的教学环境，以便儿童更好地融合，并在此基础上得到持续不断发展[1]。

此外，对于幼儿阶段的儿童来说，他们主要的生活和学习场所就是幼儿园和家庭，即使是升到小学阶段，同样也离不开学校和家庭的环境。所以幼小衔接的教育工作需要社会各界多方面协作开展，多方主体意识必须一致，资源共享，通力协作，围绕幼儿的成长需求，从实际情况出发来创造良好的学习和生活条件，通过相互联系的成长环境，共同呵护幼儿的健康成长。

---

[1]　李召存，李琳.迈向高质量教育时代的幼小衔接[J].学前教育研究，2022（5）：1-10.

五、个性化原则

幼小衔接应该遵从个性化的原则，因为每个儿童都是独特的，有着不同的发展需求和特点。每个儿童在认知、情感、社交等方面都有自己的个别差异，在幼小衔接过程中，教师和家长需要尊重这些差异，关注每个儿童的兴趣、优势和学习风格，根据他们的特点和需求制订相应的个性化教育计划，更好地满足每个儿童的发展需求，促进其全面而个别化的成长。这样的衔接将更有助于每个儿童顺利适应小学生活。个性化幼小衔接需要家庭和学校之间的紧密合作和有效沟通。家长和教师可以分享有关儿童的信息和观察结果，共同制订个性化的教育计划，确保教育过程的连贯性和个体化。

六、主动性原则

北京师范大学冯晓霞在其报告《区域游戏中的深度学习》中指出：幼儿深度学习是建立在情境当中、以理解为基础、儿童能够积极主动参与的有意义和长远效果的学习，而非超越儿童理解能力的高难度内容的学习[1]。而在幼小衔接阶段很多家长对孩子的学习能力和适应能力持怀疑态度，想通过提前学习小学知识看见当下立竿见影的教育效果，忽视幼儿是否积极主动、创造性地建构知识。轻视幼儿学习能力和适应能力的成长。这种短视的做法，对儿童的后续发展会造成非常大的伤害。幼小衔接工作应该注意通过创设情境、游戏化和生活化等学习方式调动孩子学习的主动性。

一是创设情境，通过为儿童创造有趣的情境，激发他们的学习兴趣和积极性。例如，通过角色扮演、情景模拟等方式，让儿童在真实场景中亲身参与，激发他们的好奇心和主动探索的欲望。二是游戏化学习，将学习内容转化为游

---

[1] 罗向东，李佩洁."幼小衔接"中家长"负能量"转化路径[J].陕西学前师范学院学报，2017，33（11）：54-58.

戏形式，使学习过程寓教于乐。例如，设计有趣的游戏任务和挑战，让儿童在游戏中愉快地学习，并在完成任务时获得成就感。三是自主学习，给儿童提供资源和材料，鼓励他们自己思考、解决问题，主动获取和利用知识，培养他们的自主学习和自我管理能力。四是生活化学习，将学习与实际生活相结合，让儿童在日常生活中应用所学知识。例如，组织实地考察、社区服务等活动，让儿童亲身体验和应用所学内容，增强他们的学习积极性和参与度。五是赋予责任感和决策权，给予孩子一定的责任和决策权，让他们在一定范围内自主决策和承担责任。例如，让儿童参与环境创设、活动组织等，鼓励他们提出自己的想法和建议。

通过一系列措施的实施，幼小衔接工作可以激发儿童的学习积极性和主动性，培养他们的思考能力、解决问题能力和自主学习能力，使他们在此过程中更加主动、积极地参与和成长。

第三节　儿童成长为核心的幼小衔接具体实施路径

为了构建以儿童成长为核心的幼小衔接实施路径，第一步需要从专业角度深入理解不同阶段儿童身上特定成长要素的典型表现。比如，自理能力在小班幼儿身上的典型表现是对简单动作的模仿和学习，如穿脱衣物；在中班幼儿身上的典型表现是开始独立完成一些简单的自理任务，如整理玩具；在大班幼儿身上的典型表现则是能够参与团体活动的自理任务，如协助整理教室。进入小学后，一年级学生可能已经具备较强的自理能力，如独立整理书包、清理课桌等。通过深入了解这些典型表现，教师和家长才能更好地理解儿童在日常生活中的表现和需求。

以儿童成长为核心的幼小衔接实施路径的第二步是将儿童在不同阶段的典

型表现转化为相应阶段的教师和家长的教育对策。这意味着教师和家长需要根据小班、中班、大班和小学一年级儿童的特点，采取有效的引导措施，促进儿童相应的发展。只有当教师和家长了解如何针对每个阶段的儿童进行引导后，才能有针对性地抓住日常生活中的教育机会，有效培养儿童相应的能力。

一、儿童身心准备与适应的衔接路径

（一）儿童运动习惯的养成

1. 不同阶段儿童运动能力的典型表现

小班：

能沿地面直线或在较窄的低矮物体上走一段距离。

能双脚灵活地交替上下楼梯。

能身体平稳地双脚连续向前跳。

分散跑时能躲避他人的碰撞。

能双手向上抛球。

中班：

能在较窄的低矮物体上平稳地走一段距离。

能以匍匐、膝盖悬空等多种方式钻爬。

能助跑跨跳过一定距离，或助跑跨跳过一定高度的物体。

能与他人玩追逐、躲闪跑的游戏。

能连续自抛自接球。

大班：

能在斜坡、荡桥和有一定间隔的物体上较平稳地行走。

能以手脚并用的方式安全地爬攀登架、网等。

能连续跳绳。

能躲避他人滚过来的球或扔过来的沙包。

能连续拍球。

开始表现出对团体运动活动的兴趣，如小组合作游戏[1]。

进入小学后：

喜欢参与多种形式的体育活动。

养成坚持参加体育锻炼的习惯。

2. 培养不同阶段儿童运动习惯的教育对策

小班：

为小班儿童提供安全和多样化的运动环境，包括开阔的场地、低矮物体和楼梯等，让他们有机会进行直线行走、爬楼梯和跳跃等活动。

引导小班儿童学习双脚交替上下楼梯和双脚连续向前跳的技能，通过游戏指导和帮助他们掌握这些基本的生理运动技能。

促进小班儿童分散跑时能够意识到周围环境，躲避他人的碰撞，培养其空间感知和身体协调的能力。

帮助小班儿童掌握双手向上抛球的技能，通过适当的训练和游戏活动提高其手眼协调能力。

在教育过程中要注重安全，特别是在进行跳跃、上下楼梯和其他运动项目时，引导小班儿童了解运动的安全规范和基本礼仪。

中班：

提供多种形式的运动训练，如爬行、跳跃、追逐、躲闪等，培养儿童各种基本的身体协调和运动技能。

鼓励儿童使用匍匐、膝盖悬空等多种方式进行爬行，同时进行适当的伸展运动，帮助他们发展弹性和柔韧性。

组织助跑跨跳的游戏和训练项目，让儿童尝试跨越一定距离或高度的物体，

---

[1] 教育部.3—6 岁儿童学习与发展指南 [EB/OL]. （2012-10-09）[2024-03-18].http://www.moe.gov.cn/srcsite/A06/s3327/201210/t20121009_143254.html.

提高他们的运动跳跃能力。

创建追逐、躲闪跑等团体游戏，让儿童在与他人玩追逐，躲闪跑等游戏中锻炼协作和竞争意识。

鼓励儿童进行自抛自接球的活动，提高他们的眼手协调能力和反应速度。

大班：

为儿童提供斜坡、荡桥、攀爬架、网等多种运动设施，让他们有机会进行各种复杂的运动活动，如攀爬、行走和跳跃等。

组织儿童进行连续跳绳、连续拍球等活动，培养他们的身体力量和协调性，并促进其肢体灵活性的发展。

在团队游戏中，引导儿童展现出对小组合作游戏的兴趣，并进行团队合作的训练，培养他们的反应速度和团队协作意识。

充分保证儿童每天的户外游戏和体育活动时间。提供方便、灵活多样的体育活动材料，开展多种形式的游戏和体育活动。鼓励、支持幼儿选择自己喜欢的活动。

根据大班儿童运动能力发展特点和个体差异，适当增加运动量和运动强度，提高动作的协调性和灵活性，增强力量和提高耐力。鼓励儿童坚持锻炼，不叫苦、不怕累[1]。

进入小学后：

激发儿童的运动兴趣。创造条件为新入学儿童提供相对独立的活动场地，提供与幼儿园相近的运动器材和设备，确保儿童充足的体育活动时间，让儿童感受体育运动的乐趣。

培养儿童体育锻炼的习惯。建立体育锻炼制度，确保儿童每天坚持锻炼的时间不少于 1 小时。因地制宜地安排多种形式的体育游戏和活动，如：拍球、跳绳、踢毽子、跳皮筋、抽陀螺、滚铁环等，促进动作协调灵活，锻炼力量和

---

[1] 教育部.幼儿园入学准备教育指导要点 [EB/OL].（2021-03-31）[2024-03-18].http://www.moe. gov.cn/srcsite/A06/s3327/202104/t20210408_525137.html.

耐力。家校配合，强化锻炼意识，养成坚持锻炼的习惯[1]。

（二）儿童精细动作的培养

1.不同阶段儿童精细动作的典型表现

小班：

能用笔涂涂画画。

能熟练地用勺子吃饭。

能用剪刀沿直线剪，边线基本吻合。

中班：

能沿边线较直地画出简单图形，或能边线基本对齐地折纸。

会用筷子吃饭。

能沿轮廓线剪出由直线构成的简单图形，边线吻合。

大班：

能根据需要画出图形，线条基本平滑。

能熟练地使用筷子。

能沿轮廓线剪出由曲线构成的简单图形，边线吻合且平滑。

能使用简单的劳动工具或用具[2]。

进入小学后：

能够熟练使用书写工具进行字体书写，开始表现出较高的书写稳定性和笔画控制能力。

[1]　教育部.小学入学适应教育指导要点 [EB/OL].（2021-03-31）[2024-03-18].http://www.moe.gov.
cn/srcsite/A06/s3327/202104/t20210408_525137.html.

[2]　教育部.3—6岁儿童学习与发展指南 [EB/OL].（2012-10-09）[2024-03-18].http://www.moe.gov.
cn/srcsite/A06/s3327/201210/t20121009_143254.html.

2. 培养不同阶段儿童精细动作的教育对策

小班：

提供丰富多彩的涂鸦和绘画活动，通过涂鸦、涂色、绘画等活动，培养儿童手部协调能力、精细动作技能和创造力。

引导儿童进行简单的剪纸、剪图案、折纸等手工制作活动，锻炼手指灵活性和剪刀控制能力。

鼓励儿童自己使用勺子吃饭，培养他们的进餐技能和手部协调能力。

中班：

提供剪纸、贴纸、穿线板、拧螺丝等活动，让儿童沿轮廓线剪出由直线构成的简单图形，锻炼儿童手部灵活度和手眼协调能力。

提供使用筷子吃饭的训练，鼓励儿童使用筷子，并提供相应的训练指导，培养其手部灵活性和用餐技能。

鼓励儿童参与一些手指操练活动，如捏泥塑小作品、扭转橡皮泥，提高手指的灵敏度和手部的精细动作能力。

大班：

提供各种绘画、剪纸、折纸、粘贴等手工制作活动，让儿童根据需要画出图形，进行剪、折、粘等操作，锻炼他们的手部协调能力和创造力。

让儿童使用筷子将小物品，如玩具积木、大枣、豆子等，一个个地夹到一个容器中，锻炼儿童的手部动作和眼手协调的能力。

组织儿童沿轮廓线剪出由曲线构成的简单图形，如花朵、小动物等，鼓励他们完成更具挑战性的手工制作。

引入简单的劳动工具或用具，如搅拌棒、搅拌器、园艺工具等，进行相应的操作体验，培养儿童的实际操作能力和手部灵活性。

让儿童参与一些需要较高手工技巧的活动，如扎染、刺绣等，提高他们手指的灵敏度和动作精细度。

进入小学后：

开展编织、剪纸等多种形式的活动，发展儿童精细动作的灵活性和协调性，提高握笔和运笔的控制能力[1]。

进行书写练习，包括数字和汉字等，提高手部的灵活性和笔画的准确性。

（三）儿童抗挫折能力的培养

1. 不同阶段儿童抗挫折的典型表现

小班：

在面对失败或挫折时，可能会表现出情绪激动和不愿意再尝试的反应。

在面临困难时，常常显现出较为依赖成人的倾向。

中班：

开始逐渐展现出一定的自我调节和自我安慰能力，当面临挫折时有所缓解，但依然可能情绪波动较大。

学会尝试多种方法来解决问题，而不是立刻放弃。

大班：

具备了更强的自我调节能力，在面临失败或挫折时，能够较快地从情绪低谷中恢复过来，有较强的自我调整能力和积极应对挑战的倾向。

开始展现出一定的自我激励和自我调整的能力，面对挑战时能够勇敢地面对和尝试。

进入小学后：

具备了较强的适应能力，在面临困难和挫折时能够持之以恒，克服困难，积极寻求解决问题的办法，并付诸实践。

表现出更为成熟的应对方式，如通过自我激励、寻求帮助和制定解决问题的策略来战胜挫折。

---

[1] 教育部. 小学入学适应教育指导要点 [EB/OL]. （2021-03-31）[2024-03-18].http://www.moe.gov.cn/srcsite/A06/s3327/202104/t20210408_525137.html.

2. 培养不同阶段儿童抗挫折能力的教育对策

小班：

通过鼓励和肯定，帮助儿童建立积极的自尊心，培养他们面对失败时的心理承受能力。

引导儿童通过角色扮演或故事讲解，让他们感受到他人的理解和支持，在教师的引导下学会面对困难。

中班：

培养儿童的自我调节和自我激励能力，通过表扬和正面激励，让他们感受到自己的改进和进步。

在儿童面临挫折时，鼓励他们多尝试多种解决方案，引导他们寻找最适合自己的方法。

大班：

提供适度的挑战和冒险机会，培养儿童的自信心和勇敢面对挫折的态度。

培养儿童学会从失败中总结经验、反思原因，并提出解决问题的方法，培养其自我调整和解决问题的能力。

进入小学后：

在教学活动中注重培养学生的责任心、合作精神和自主学习的能力，鼓励他们勇于接受新的挑战和挫折，培养他们的抗挫折能力。

鼓励学生参加集体活动，提高学生的集体荣誉感，使学生在集体中营造"互帮互助、共同进步"的氛围。

（四）儿童向往入学情感的培养

1. 不同阶段儿童向往入学的典型表现

小班：

在幼儿园常常会展现出快乐、活泼的表情和态度。

对老师和同伴持积极态度，主动与他人交流，表达自己的想法和需求，并且乐于分享和帮助他人。

对幼儿园的环境和材料产生浓厚兴趣。

中班：

愿意并且高兴地去幼儿园，没有抵触情绪。

积极主动地参与幼儿园各种活动。

与同伴友好相处，乐于分享和合作，表现出对集体生活的适应性和包容性。

愿意尝试新的事物和挑战，同时能够用语言表达自己的想法和需求。

大班：

经常谈论关于小学的话题，包括期待的老师、新学校的环境、新同学等，表现出对进入小学的向往和期待。

儿童的社交能力通常会得到提升，他们可能表现出更强的适应性和合作精神，希望能够融入新的学校集体。

开始关注小学的行为规范和学习要求，希望能够符合小学生的标准，表现出一种渴望成长和进步的心理倾向。

进入小学后：

愿意了解校园环境，积极参与学校和班级的活动。

对学习、交往、活动等各个方面的期待更加具体，可能会主动融入校园生活，寻找志同道合的同学，积极参与各项课外活动。

2. 培养不同阶段儿童向往入学情感的教育对策

小班：

营造温馨、亲切、有趣的幼儿园环境，让儿童觉得幼儿园是一个快乐的地方。

老师要温暖关怀并耐心地引导每一位儿童，建立良好的师生关系，让儿童感受到老师的关爱和尊重。

和家长保持良好的沟通和合作，让家长了解儿童在幼儿园的表现和成长，共同为儿童的发展提供支持和帮助。

中班：

组织各种有趣的游戏和活动，如绘画、观察大自然、音乐游戏等，让儿童享受学习和游戏的乐趣。

及时发现并表扬儿童的优点和进步，增强他们的自信心和成就感，让他们乐于参与幼儿园的各项活动。

大班：

发现每个儿童对小学学习生活的兴趣点，多从正面引导，减少儿童对小学学习生活的压力和负面感受。如：组织幼儿讨论、分享对小学的认识、期待和担心，通过同伴的交流和老师的针对性引导，强化入学期待，缓解入学焦虑。

通过参观小学，与小学生面对面交流、体验小学课堂等方式，帮助儿童初步了解小学的学习生活[1]。

进入小学后：

创设与幼儿园衔接的学校环境。入学初期，创设与幼儿园相近的班级环境，如：允许儿童适当携带自己喜欢的图书、玩具，增强心理安全感，缓解入学焦虑；根据需要灵活摆放课桌椅，支持教师以游戏和活动的方式开展教育教学；在一年级的户外活动区域提供适宜的体育器材和游戏材料；张贴温馨的图文提示，帮助儿童熟悉校园环境。

帮助儿童逐步融入学校生活。了解和接纳每个儿童的发展差异和入学准备程度的不同。入学初期，应确保每个班级都有教师全程关注儿童在生活和学习中的需求，帮助儿童逐步熟悉环境，认识老师和新同学，适应小学的学习和生活[2]。

---

[1] 教育部. 幼儿园入学准备教育指导要点 [EB/OL]. （2021-03-31）[2024-03-18].http://www.moe.gov.cn/srcsite/A06/s3327/202104/t20210408_525137.html.

[2] 教育部. 小学入学适应教育指导要点 [EB/OL]. （2021-03-31）[2024-03-18].http://www.moe.gov.cn/srcsite/A06/s3327/202104/t20210408_525137.html.

二、儿童生活准备与适应的衔接路径

（一）儿童自理能力的培养

1. 不同阶段儿童自理能力的典型表现

小班：

初步表现出简单的自理意识，在帮助下能穿脱衣服或鞋袜。

开始尝试自己洗手、上下楼梯、将玩具和图书放回原处等自主生活维护能力。

中班：

能够基本独立完成如穿脱衣服、鞋袜、扣纽扣等日常自理技能。

逐渐学会如何整理自己的物品、擦桌子等生活技能。

大班：

能按需喝水、如厕、增减衣服。

坚持自己的事情自己做，能分类整理和保管好自己的物品。

进入小学后：

不用成人的提醒和帮助，能做基本的自我服务，照料好自己。

学会及时收纳、分类管理好自己的物品，做好课前准备[1]。

2. 不同阶段儿童自理能力的教育对策

小班：

设置易于拿取和放置物品的低矮柜子，鼓励儿童独立完成一些简单的生活技能。

老师可以通过示范和引导的方式，教给儿童如何穿脱衣物、正确使用洗手

---

[1] 教育部. 小学入学适应教育指导要点 [EB/OL].（2021-03-31）[2024-03-18].http://www.moe.gov.cn/srcsite/A06/s3327/202104/t20210408_525137.html.

间、整理玩具和图书等基本的自理技能，然后给予鼓励和肯定。

针对不同的自理任务，可以采用分步骤的指导方法，逐步培养儿童的自理能力，让他们在成功的经验中感受成就感。

中班：

提供具体的指导和示范，帮助儿童掌握更多的自理技能，如清洁自己的鼻涕、整理书包、擦桌子等。

设置实际操作的学习活动，如自己整理床铺、整理玩具等，引导儿童逐步学会个人生活自理能力。

组织自理技能比赛或小组竞赛，激发儿童对自理技能的积极学习兴趣，使他们以愉快的心态学习自理技能。

和家长积极合作，鼓励家长在家里也给予儿童一定的自理培养，比如在家里鼓励他们自己整理玩具和书籍等。在日常活动中，注重培养儿童的自理能力，指导他们进行穿脱衣物、洗手等基本的自理技能训练。

大班：

适当减少一日生活中的统一安排，帮助儿童逐步学会根据自己的需要喝水、如厕，根据天气变化和活动需要增减衣物[1]。

引导儿童学会分类整理和存放个人物品。幼儿园和家庭都应提供存放幼儿个人物品的设施设备，指导幼儿逐步学会分类整理和收纳衣物、图书、玩具、学习用品等。

进入小学后：

培养儿童生活自理能力。注意观察初入学儿童生活自理状况和个体差异，鼓励儿童独立穿脱衣服、系鞋带、进餐、收拾餐具、整理床铺等自我服务，根据天气变化和活动需要增减衣物等，增强初入学儿童适应小学生活的能力。

---

[1] 教育部.幼儿园入学准备教育指导要点[EB/OL].（2021-03-31）[2024-03-18].http://www.moe.gov.cn/srcsite/A06/s3327/202104/t20210408_525137.html.

指导儿童有序整理学习用品。家校合作，引导儿童根据课程和活动安排，学会独立清点、带齐每日学习和生活用品，分类摆放；课间准备好下节课所需的书本和学习用品；放学时收拾整理好个人物品。

（二）儿童时间管理能力的培养

1. 不同阶段儿童时间管理能力的典型表现

小班：

小班阶段的儿童通常还不能完全理解时间概念，难以准确评估时间和规划活动。他们往往根据自己的需求和兴趣来选择活动，并缺乏对时间长短的准确感知。

中班：

中班阶段的儿童开始具备基本的时间意识，能够遵守简单的日常生活规律，如午休时间、游戏时间等。他们更容易接受成人给出的时间指示，并在一定程度上有较好地按时完成任务的能力。

大班：

大班阶段的儿童时间意识更加明晰，能够根据老师或家长的要求合理地安排活动时间，有较好自主选择与执行各项活动的能力。他们能够初步理解较为复杂的时间概念，如昨天、明天、周末等。

进入小学后：

随着进入小学，儿童需要逐渐适应繁重的学习任务和课外活动，需要更多地管理自己的时间。他们需要学会合理规划学习、休息和娱乐的时间，以及按时完成作业等。

2. 不同阶段儿童时间管理能力的教育对策

小班：

通过游戏、音乐、故事等形式培养儿童的时间概念，引导他们认识并逐步适应园所的作息时间。老师可以以游戏形式向儿童传授一些时间概念，比如早晨、中午、晚上等。

中班：

引导中班儿童建立简单的活动规律，例如熟悉一日生活的各个环节的流程等，同时养成遵守规则和按时完成任务的习惯。老师可以通过简单的计时器或闹钟向儿童展示时间的概念。

大班：

在活动中设置简单的时间规划，鼓励儿童参与制定每个活动的时间安排，培养他们对时间的把握和合理分配时间的意识。同时可以引导大班儿童根据老师的指示和提醒合理安排自己的学习和游戏时间。

引导儿童在日常生活和游戏中感受时间，学会按时作息，养成守时、不拖沓的好习惯[1]。

进入小学后：

引导儿童合理安排学习、休息和娱乐时间。老师和家长可以与儿童一起讨论制订合理的学习计划，并监督其执行。同时，儿童需要逐渐学会使用日历、备忘录等工具来记录作业等重要事项，培养自我管理的能力。

三、儿童社会准备与适应的衔接路径

（一）儿童人际交往能力的培养

1. 不同阶段儿童人际交往能力的典型表现

小班：

愿意和小朋友一起游戏。

---

[1] 教育部.幼儿园入学准备教育指导要点 [EB/OL].（2021-03-31）[2024-03-18].http://www.moe. gov.cn/srcsite/A06/s3327/202104/t20210408_525137.html.

愿意与熟悉的长辈一起活动。

想加入同伴的游戏时，能友好地提出请求。

在成人指导下，不争抢、不独霸玩具。

与同伴发生冲突时，能听从成人的劝解。

中班：

喜欢和小朋友一起游戏，有经常一起玩的小伙伴。

喜欢和长辈交谈，有事愿意告诉长辈。

会运用介绍自己、交换玩具等简单技巧加入同伴游戏。

对大家都喜欢的东西能轮流分享。

与同伴发生冲突时，能在他人帮助下和平解决。

活动时愿意接受同伴的意见和建议[1]。

不欺负弱小。

大班：

有自己的好朋友，也喜欢结交新朋友。

有问题愿意向别人请教。

有高兴的或有趣的事愿意与大家分享。

能想办法吸引同伴和自己一起游戏。

活动时能与同伴分工合作，遇到困难能一起克服。

与同伴发生冲突时能自己协商解决。

知道别人的想法有时和自己不一样，能倾听和接受别人的意见，不能接受时会说明理由。

不欺负别人，也不允许别人欺负自己。

进入小学后：

愿意主动接近老师，有问题能找老师寻求帮助。

---

[1]　教育部.3—6岁儿童学习与发展指南 [EB/OL].（2012-10-09）[2024-03-8].http://www.moe.gov. cn/srcsite/A06/s3327/201210/t20121009_143254.html.

能与同伴友好相处，有经常一起玩的小伙伴。

能与同学分工合作完成任务，互帮互助，发生冲突时会协商解决[1]。

2. 培养不同阶段儿童人际交往能力的教育对策

小班：

通过各种有趣的活动，激发儿童参与活动的热情，帮助他们更好地融入集体，和小伙伴一起享受游戏的乐趣。

鼓励儿童学会友善、礼貌地与同伴交往，引导他们在与小朋友的交往中主动说"请""谢谢"和"对不起"。

通过模仿游戏及角色扮演等教学活动，教导儿童如何与他人进行简单的合作与交流。

中班：

进行模拟游戏和角色扮演，教导儿童参与游戏、介绍自己、邀请别人加入游戏等技巧。

鼓励儿童分享玩具和轮流使用资源，引导他们理解分享的重要性，并给予积极的肯定和鼓励。

指导儿童学会有效沟通和解决冲突，让他们明白在冲突时可以寻求老师或其他成年人的帮助，或者通过平等沟通达成和解。

鼓励儿童在活动中多倾听同伴的建议和意见，培养尊重和接纳不同意见的态度，提高他们的交往能力和社交技能。

通过讲故事、角色扮演等形式，引导儿童关心和帮助他人，树立友善、合作、互助的正面价值观。

大班：

扩展幼儿的交往范围。鼓励儿童和不同年龄的伙伴、成人交往，认识新伙

---

[1] 教育教育部.小学入学适应教育指导要点[EB/OL].（2021-03-31）[2024-03-18].http://www.moe.gov.cn/srcsite/A06/s3327/202104/t20210408_525137.html.

伴。如：组织跨班级、跨年龄的游戏活动，创设自由交往的机会，丰富交往经验。

丰富儿童分工合作的经验。提供材料、创设条件，引导和支持幼儿合作开展活动，体验合作的重要性。鼓励幼儿认真倾听同伴的想法和建议，当意见不一致时说明理由，学习协商解决问题，达成一致。同伴遇到困难时，鼓励儿童提供力所能及的帮助。遇到冲突时，指导儿童尝试用协商、交换、轮流、合作等方法解决，不争抢，不欺负同伴。

营造宽容接纳的师幼交往氛围。用尊重、接纳的态度与儿童交流，鼓励他们表达自己的想法和需求，不用对错简单评价，肯定积极想法，满足合理需求。

进入小学后：

积极建立亲密的师生关系。入学前，教师应通过查阅儿童成长档案、与幼儿园教师交流、与新生家长沟通等多种途径了解新生的基本情况。入学后，教师关注每个儿童的适应情况，尊重和接纳儿童的个体差异。多与儿童亲密接触，通过微笑、爱抚和拥抱对儿童表示赞许和喜爱；耐心倾听儿童，让他们感受到老师的爱护、尊重和平等对待。

帮助儿童建立良好的伙伴关系。通过多种游戏、活动帮助儿童在新集体中找到小伙伴，不让儿童落单。为儿童创造交往机会，设计一些需要合作完成的活动或任务，引导儿童互帮互助，发生冲突时学习协商解决[1]。

（二）儿童规则意识的培养

1. 不同阶段儿童规则意识的典型表现

小班：

小班阶段的儿童对于规则的认知比较模糊，常常需要老师和家长的引导和提示才能遵守简单的规则，如安全规则、游戏规则等。

---

[1] 教育部. 小学入学适应教育指导要点 [EB/OL].（2021-03-31）[2024-03-18].http://www.moe.gov.cn/srcsite/A06/s3327/202104/t20210408_525137.html.

中班：

中班阶段的儿童开始逐渐感受规则的意义，理解并接受一些日常生活规则，如排队、轮流玩耍、分享玩具等。他们在游戏和活动中更容易理解和遵守规则。

大班：

大班阶段的儿童能够理解规则的意义，能与同伴协商制定游戏和活动规则。

进入小学后：

了解并遵守《小学生日常行为规范》和校规的基本要求，有明确的规则意识。能积极参与班级及各类活动规则的制定，想办法扩展游戏或推进活动[1]。

2. 培养不同阶段儿童规则意识的教育对策

小班：

通过故事、游戏等方式向儿童说明幼儿园规则的重要性，引导他们逐渐建立基本的规则概念。

老师和家长应当及时地提醒和引导儿童，让他们在日常生活中逐步接受并遵守简单的规定，如安全规则、游戏规则等。

中班：

通过示范、故事、角色扮演等形式强化儿童的规则意识，引导他们在日常活动中养成良好的习惯。

设计有趣的游戏和小组活动，让儿童在互动中能够理解和遵守规则，比如轮流进行游戏、遵守游戏规则等。

大班：

在日常生活和游戏中培养规则意识，引导儿童与同伴讨论制定游戏、班级活动规则并自觉遵守。大班下学期，指导儿童遵守集体活动的基本规则，做到举手提问、轮流发言，别人讲话时认真倾听、不随意打断等。

---

[1] 教育部.小学入学适应教育指导要点[EB/OL].（2021-03-31）[2024-03-18].http://www.moe.gov.cn/srcsite/A06/s3327/202104/t20210408_525137.html.

进入小学后：

帮助儿童理解并学习遵守小学规则。通过小组讨论等多种方式，帮助儿童理解班规校规的作用，结合违规引发的同伴冲突等实际案例，分析不遵守规则带来的后果，帮助儿童理解并学习遵守规则。要给儿童一定的时间理解和学习遵守规则，做不到时，不要简单地批评和指责。

引导儿童自主制定班级和活动的规则。组织班级或小组活动时，鼓励儿童出主意、想办法，讨论制定规则[1]。

四、儿童学习准备与适应的衔接路径

（一）儿童探究能力的培养

1. 不同阶段儿童探究能力的典型表现

小班：

小班阶段的儿童通常展现出对周围环境和新事物的好奇心，开始主动观察和探索周围世界。他们通过感官体验，尝试用各种方式了解事物。

中班：

中班阶段的儿童喜欢接触新事物，经常问一些与新事物有关的问题。他们具备更多的实践能力，可以用简单的科学实验、观察和操作来认识事物，并表现出更多的主动性。

大班：

大班阶段的儿童在探究能力上有了较大提升，能够提出更多的问题，并尝试寻找答案。他们常常愿意参与各种探索与发现的活动，展现出更加主动的求知欲。

---

[1] 教育部. 小学入学适应教育指导要点 [EB/OL]. （2021-03-31）[2024-03-18]. http://www.moe.gov. cn/srcsite/A06/s3327/202104/t20210408_525137.html.

进入小学后：

在观察、阅读、互动讨论等情境中，能发现问题、提出问题。

有好奇心，能够对不懂的现象进行追问和探究[1]。

2. 培养不同阶段儿童探究能力的教育对策

小班：

设计简单的观察实验活动，引导儿童以直接感受和观察为主要手段进行对周围环境的探究。

通过图片书、玩具等教具，培养儿童的想象力和观察力，同时激发其探索事物的兴趣。

中班：

组织一些简单的科学实验，让中班儿童亲身参与，通过实践感知并理解一些日常生活中的自然规律。

鼓励中班儿童提出问题，并引导他们思考解决问题的方法，激发探究兴趣。

大班：

保护儿童的好奇心和主动性。接纳、鼓励儿童对新事物的观察、提问等探究行为，避免简单打断或否定儿童的奇思妙想。如：把儿童有浓厚兴趣的问题作为集体讨论的话题，鼓励儿童分享自己的发现和观点，支持他们进一步探究想法和行动。

支持儿童持续地探究行为。分析儿童在探究活动中可能获得的发展，提供充足的时间、丰富的材料支持幼儿持续、深入地进行探究，寻找问题的答案。

进入小学后：

创设敢问想问的氛围。面对学校和课堂的陌生环境，新入学儿童会产生一定的紧张心理。教师应鼓励儿童主动提问、不懂就问，用开放、包容的态度回

---

[1]　教育部.小学入学适应教育指导要点[EB/OL].（2021-03-31）[2024-03-18].http://www.moe.gov.cn/srcsite/A06/s3327/202104/t20210408_525137.html.

应儿童的各种问题。各学科教师都应给儿童充分提问的时间和空间，不急于给出答案。

激发儿童的求知欲。教师应注意发现儿童在课堂上和生活中有价值的问题，鼓励和支持儿童不断追问，持续深入地探究[1]。

（二）儿童良好学习习惯的培养

1. 不同阶段儿童学习习惯的典型表现

小班：

专注性：通常表现出较短暂的专注，对喜欢的事物可能会投入较多精力，但难以保持长时间的注意力。

坚持性：较难坚持完成较长时间的任务或游戏，容易转移兴趣。

独立性：愿意尝试独立完成一些简单的任务。

计划性：尚未具备系统性的计划和安排能力，更多是按照自己的兴趣和临时的想法行动。

中班：

专注性：开始能够表现出较长时间的专注力，能够在老师引导下进行一定时间的学习或活动。

坚持性：开始展现出一定的坚持性，对感兴趣的事物能够持续投入时间和精力。

独立性：能够独立完成一些简单的任务，并且愿意从事独立活动。

计划性：在一些简单的日常活动中已经能够做出简单的计划，能够按照老师或家长的安排开展活动。

大班：

---

[1] 教育部. 小学入学适应教育指导要点 [EB/OL]. （2021-03-31）[2024-03-18].http://www.moe.gov.cn/srcsite/A06/s3327/202104/t20210408_525137.html.

专注性：能专注地做事，分心时能在成人提醒下调整注意力。

坚持性：能坚持做完一件事，遇到困难不放弃。

独立性：乐于独立思考并敢于表达。

计划性：做事有一定的计划性[1]。

进入小学后：

专注性：做事专注，能有意识地调整注意力。

坚持性：遇到困难经常积极地寻找解决的办法。

独立性：能够独立地进行学习活动，如自己完成作业和阅读等。

计划性：做事有一定的计划性，逐步学会合理安排生活和学习。

2. 培养不同阶段儿童良好学习习惯的教育对策

小班：

设计能够引起儿童兴趣的多样化材料和游戏，以及丰富多彩的教室环境，抓住儿童的好奇心和注意力，激发他们的学习兴趣。

将任务和游戏内容细化，使其更符合小班儿童的认知水平和兴趣爱好，鼓励他们完成简单的任务或游戏，逐步提高他们的坚持能力。

老师可以给儿童提供适当的指导和示范，让他们能够模仿并尝试独立完成一些简单的任务，增强他们的独立性和自信心。

在日常活动中引导孩子建立简单的日程规划，帮助他们逐步理解按照计划进行活动的重要性，并培养一定的计划性。

及时给予儿童积极的鼓励和肯定，鼓励他们在实现小目标上取得进步，这有助于增进他们的自信和愿意尝试新任务。

通过丰富的感官体验和手工活动，激发儿童的兴趣和想象力，促进他们在自己的兴趣方向上的专注力和坚持性。

中班：

---

[1] 教育部.幼儿园入学准备教育指导要点 [EB/OL].（2021-03-31）[2024-03-18].http://www.moe.gov.cn/srcsite/A06/s3327/202104/t20210408_525137.html.

鼓励中班儿童参与有趣的项目式学习，让他们能够持续投入时间和精力，培养他们的坚持性和学习热情。

提供机会让儿童独立完成一些简单的任务，如整理玩具或书籍，鼓励他们在活动中做出自主的决策，培养独立意识和自主性。

鼓励儿童在日常生活中制订个人计划，如整理书包、收拾玩具等，并逐步引导他们学会按照计划进行活动。

通过情境引导等方式，帮助中班儿童在实际生活中学会思考问题、制定解决方案，并按部就班地执行计划。

大班：

支持幼儿专注持续地完成任务。大班下学期，有意识地增加需要一定专注力和坚持性才能完成的游戏和活动，保证幼儿有充足的活动时间能够专注地完成任务。对需要多次探索的活动，要提供足够的时间和空间，鼓励支持幼儿持续完成，避免因活动频繁转换干扰幼儿专注做事。

鼓励幼儿独立思考。为幼儿提供充分的时间思考、讨论和表达自己的观点，接纳幼儿不同的想法。鼓励幼儿积极补充同伴的观点，并说明理由；对别人的观点有不同意见时敢于大胆质疑并陈述自己的观点。

引导幼儿有计划地做事。在一日活动开始前向幼儿介绍当天的活动安排，鼓励他们说一说自己的活动计划，和幼儿一起回顾他们的计划和完成情况，分析原因并调整。鼓励幼儿尝试有计划地安排自己的活动，如尝试安排周末的活动或日程安排[1]。

进入小学后：

引导儿童专注做事。通过趣味性、挑战性、合作性的活动或任务，锻炼和培养儿童较长时间集中注意力。

指导儿童学习制订计划并坚持完成。鼓励儿童用图画、符号、文字等自己

---

[1]　教育部.幼儿园入学准备教育指导要点[EB/OL].（2021-03-31）[2024-03-18].http://www.moe.gov.cn/srcsite/A06/s3327/202104/t20210408_525137.html.

喜欢的方式，制订计划表或任务清单，指导和督促儿童按时完成，体会有计划做事的重要性。成人要注意观察儿童完成任务的情况，儿童遇到困难时，不急于干预，鼓励他们自己尝试解决问题；不能独立解决时，引导他们与同学讨论，必要时给予指导[1]。

（三）儿童数学学习能力的培养

1. 不同阶段儿童数学认知的典型表现

小班：

感知和发现周围物体的形状是多种多样的，对不同的形状感兴趣，能注意物体较明显的形状特征，并能用自己的语言描述。

体验和发现生活中很多地方都用到数，能用数词描述事物或动作。

能手口一致地点数 5 个以内的物体，并能说出总数；能按数取物。

能通过一一对应的方法比较两组物体的多少。

能感知和区分物体的大小、多少、高矮、长短等量方面的特点，并能用相应的词表示。

能感知物体基本的空间位置与方位，理解上下、前后、里外等方位词。

中班：

在指导下，感知和体会有些事物可以用形状或数来描述，对环境中各种数字的含义有进一步探究的兴趣。

能感知和区分物体的粗细、厚薄、轻重等量方面的特点，并能用相应的词语描述。

能通过数数比较两组物体的多少，能通过实际操作理解数与数之间的关系。会用数词描述事物的排列顺序和位置。

---

[1]　教育部. 小学入学适应教育指导要点 [EB/OL].（2021-03-31）[2024-03-18].http://www.moe.gov.cn/srcsite/A06/s3327/202104/t20210408_525137.html.

能感知物体的形体结构特征，画出或拼搭出该物体的造型。

能感知和发现常见几何图形的基本特征，并能进行分类。

能使用上下、前后、里外、中间、旁边等方位词描述物体位置和运动方向[1]。

大班：

初步理解量的相对性。

能用常见的几何形体有创意地拼搭和画出物体的造型。

能按语言指示或根据简单示意图正确取放物品。

能辨别自己的左右。

能在教师指导下，尝试运用数数、排序、简单的统计和测量等数学方法解决日常生活中的问题。

进入小学后：

能在日常生活中发现并提出简单的数学问题，尝试用不同的方法解决[2]。

2. 培养不同阶段儿童数学学习能力的教育对策

小班：

通过丰富多彩的形状游戏和材料，引导儿童观察和描述周围物体的形状特征，激发他们对形状的兴趣，并帮助他们用自己的语言描述和区分不同的形状。

在日常生活中，创设各种场景让儿童体验到数的存在，并鼓励他们使用数词描述事物或动作，如通过数班级老师的数量、餐桌上的餐具数量等。

设计各种教具和游戏，让儿童通过一一对应的方法来比较两组物体的多少，从而培养他们对数量的感知和理解。

通过各种材料和游戏，帮助儿童感知和区分物体的大小、多少、高矮、长

---

[1] 教育部.3—6岁儿童学习与发展指南[EB/OL].（2012-10-09）[2024-03-18].http://www.moe.gov. cn/srcsite/A06/s3327/201210/t20121009_143254.html.

[2] 教育部.小学入学适应教育指导要点[EB/OL].（2021-03-31）[2024-03-18].http://www.moe.gov. cn/srcsite/A06/s3327/202104/t20210408_525137.html.

短等特点，并引导他们使用相应的词汇来描述这些特征。

组织儿童进行方位词游戏和互动，引导他们感知物体的基本空间位置与方位，理解并正确运用上下、前后、里外等方位词[1]。

中班：

引导中班儿童进一步感知和体会物体可以用形状或数字来描述，通过游戏、实物操作等形式，加深他们对数字的认识。

组织中班幼儿进行观察、感知和描述物体的粗细、厚薄、轻重等量方面的特点，引导他们使用相应的词语描述这些特征。

通过比较两组物体的多少，以及实际操作中理解数与数之间的关系的活动，帮助幼儿加深对数量关系的理解。

鼓励儿童感知和发现常见几何图形的基本特征，并进行分类，如通过观察日常生活中的各种物品，了解不同的几何形状。

利用游戏和互动教学，启发幼儿使用上下、前后、里外、中间、旁边等方位词描述物体的位置和运动方向，增强其空间方位的认知。

通过让儿童参与造型拼搭和绘画活动，培养他们感知物体的形体结构特征，并启发他们自由创作。

大班：

借助简单示意图或语言指示，让儿童能够正确地取放物品，并培养他们的理解能力和操作技能。

通过游戏和实际操作，帮助儿童辨别自己的左右，并初步理解量的相对性。

通过实际情境和操作，让儿童理解"加"和"减"的实际意义，培养他们的数量感知和数学思维。

通过实物操作或其他方法进行 10 以内的加减运算，帮助儿童掌握最基本的数学计算能力。

---

[1] 教育部.3—6 岁儿童学习与发展指南 [EB/OL].（2012-10-09）[2024-03-18].http://www.moe.gov.cn/srcsite/A06/s3327/201210/t20121009_143254.html.

鼓励儿童通过使用简单的记录表、统计图等表示简单的数量关系，培养其数据表达和分析能力。

引导儿童发现事物的简单排列规律，培养其逻辑思维和解决问题的能力，让他们体验到解决数学问题的乐趣。

引导儿童尝试用数学的方法解决日常生活中的问题。发现和学习解决生活中和数学有关的问题，如：通过统计每天的出勤人数、测量记录身高和体重的变化、自主管理进餐和睡眠时间等方式，帮助幼儿体验运用数学方法解决问题的乐趣。

进入小学后：

丰富儿童的数学经验。提供丰富的数学游戏材料，创设解决实际问题的情景，在日常生活中帮助儿童积累数学经验，如：去超市体验购物、小组活动的统计记录等，帮助儿童在实际操作中积累运用不同策略解决加减运算问题的经验。

（四）儿童语言学习能力的培养

1. 不同阶段儿童听、说、读、写能力的典型表现：

小班：

听：能听懂日常会话，别人对自己说话时能注意听并作出回应。能听懂短小的儿歌或故事。

说：愿意在熟悉的人面前说话，能大方地与人打招呼。愿意表达自己的需要和想法，必要时能配以手势动作。能口齿清楚地说儿歌、童谣或复述简短的故事。

读：主动要求成人讲故事、读图书，会看画面，能根据画面说出图中有什么、发生了什么事等。

写：能理解图书上的文字是和画面对应的，是用来表达画面意义的。爱护图书，不乱撕、乱扔。喜欢用涂涂画画表达一定的意思。

中班：

听：在群体中能有意识地听与自己有关的信息。能结合情境感受到不同语气、语调所表达的不同意思。

说：愿意与他人交谈，喜欢谈论自己感兴趣的话题。能基本完整、比较连贯地讲述自己的所见所闻和经历的事情。

读：反复看自己喜欢的图书，喜欢把听过的故事或看过的图书讲给别人听。对生活中常见的标识、符号感兴趣，知道它们表示一定的意义。

写：愿意用图画和符号表达自己的愿望和想法。在成人提醒下，写写画画时姿势正确。

大班：

听：在集体情境中能认真听并能听懂他人说话，有疑问时能主动提问。

说：能较清楚地讲述一件事情。

读：能说出图画书的主要情节，并有自己的理解和想法。

写：能认识并书写自己的名字[1]。

进入小学后：

听：在日常生活和课堂教学中能领会同学和老师说话的主要内容，并能积极做出回应。

说：能较完整地讲述小故事，能简要讲述自己感兴趣的见闻。

读：喜欢阅读，对感兴趣的人物和事件有自己的理解和想法，能随着作品的展开产生相应的情感体验。

写：学习认识汉字的笔画和间架结构，初步掌握写字的基本笔画、笔顺规则[2]。

---

[1]　教育部.3—6岁儿童学习与发展指南[EB/OL].（2012-10-09）[2024-03-18].http://www.moe.gov.cn/srcsite/A06/s3327/201210/t20121009_143254.html.

[2]　教育部.小学入学适应教育指导要点[EB/OL].（2021-03-31）[2024-03-18].http://www.moe.gov.cn/srcsite/A06/s3327/202104/t20210408_525137.html.

2. 培养不同阶段儿童语言学习能力的教育对策

小班：

提供丰富多彩的听觉刺激，包括儿歌、故事和日常会话，帮助儿童加强语言理解和沟通能力。

在熟悉的人面前为儿童创建轻松的社交环境，促进他们乐于表达自己的想法和需要，同时培养他们对人际交往的信心。

提供丰富的图书资源，鼓励儿童主动要求成人讲故事或读图书，并根据图画内容进行描述和思考。

通过教育培养儿童爱护书籍的意识，鼓励他们细心呵护图书，并在阅读时保持良好的阅读书籍的习惯。

在创意角或其他场所提供足够的绘画材料，鼓励儿童用涂鸦和画画表达自己的意愿和想法，增强沟通方式的多样性。

中班：

通过语音模仿、情境表演等活动，帮助儿童感受到不同语气、语调所表达的不同意思，促进他们语言交流和理解能力的提升。

鼓励儿童在与他人交谈中表达自己感兴趣的话题，培养他们的社交沟通技能和主动表达意愿的意识。

引导儿童基本完整、比较连贯地讲述自己的所见所闻和经历的事情，增强他们的表达能力和逻辑思维。

鼓励儿童反复看自己喜欢的图书，把听过的故事或看过的图书讲给别人听，提高他们的表达能力。

提供生活中常见的标识、符号的认知活动，培养儿童的符号理解能力与表达愿望及想法的方式。

鼓励儿童用图画和符号表达自己的愿望和想法，培养多元化表达方式。

成人提醒下，引导儿童在写写画画时保持正确姿势，养成良好的书写和绘画姿势习惯[1]。

大班：

培养儿童的倾听和表达能力。组织儿童围绕生活和游戏中感兴趣的事情进行讨论，分享自己的发现以及探究的过程、方法。教师应给予充分的时间，鼓励和引导儿童表达，接纳儿童不同的想法，不轻易打断儿童讲话。对注意力不集中或不持久的儿童，通过适当的方式吸引他们参与到活动中来。鼓励儿童听不懂时要主动提问，对儿童的提问及时予以回应。坚持每天和儿童聊一聊，说一说今天做的事情或看过的书等，帮助儿童学习按照一定的顺序、比较完整地进行讲述。

培养儿童的阅读兴趣和能力。根据儿童的阅读兴趣和活动需要提供和更换图画书，并给予儿童充足的阅读时间。鼓励儿童自主阅读，保护他们对符号、文字的兴趣和敏感性。经常和儿童一起讨论书中内容，加深他们的阅读兴趣和理解能力，鼓励儿童根据情节、图书画面等对故事结果进行预测或续编、创编故事；通过绘画、手工、搭建、表演等方式再现故事情节、人物关系，促进幼儿语言、情感、社会性等多方面的发展。

保护儿童的前书写兴趣。大班下学期，教师要有意识地运用文字和符号辅助儿童记录和总结游戏的过程、想法，让儿童感受文字符号在日常生活中的功能和意义。如：鼓励儿童用图画、符号、文字等方式为自己的活动区、生活活动设施等制作标识，记录游戏的过程、故事情节、愿望等。

做好必要的书写准备。养成儿童自己扣纽扣、系鞋带的习惯，锻炼手部精细动作，促进手眼协调。在绘画拼图等活动中认识上下、左右等方位，通过"跳房子""给小动物找家"等游戏，帮助幼儿认识田字格的结构。不宜要求儿童提前学写字，儿童有自发书写行为时，可以示范正确的书写姿势，帮助儿童学习由上至下、由左至右的运笔技能，但不宜进行机械训练，也不宜简单评判

[1]　教育部.3—6岁儿童学习与发展指南[EB/OL].（2012-10-09）[2024-03-18].http://www.moe.gov.cn/srcsite/A06/s3327/201210/t20121009_143254.html.

写得对不对、好不好，重在保护儿童写画的兴趣[1]。

进入小学后：

创设轻松的听说环境。在日常生活和课堂教学中，引导儿童讨论感兴趣的话题，交流有趣的见闻、故事、图画书等，营造儿童敢说想说的氛围，鼓励他们主动参与、积极表达。

营造浓厚的阅读氛围。学校要为班级提供多种多样的、适合初入学儿童阅读的图画书，在走廊、班级设立图书角供儿童自主取阅，支持儿童广泛阅读、轻松阅读；教师坚持每日为儿童读故事书，定期给儿童推荐好书，指导家长亲子共读，培养儿童热爱阅读的良好习惯。鼓励和支持儿童在生活和阅读中识字。

培养良好的书写习惯。指导儿童借助田字格把握汉字的笔画和间架结构，掌握正确的运笔方法，保持正确的书写姿势。通过给自己制作小书签、给爸爸妈妈写生日卡等方式，感受写字的意义和乐趣。对控笔能力弱的儿童要给予特别关照，允许他们有一定的适应过程[2]。

[1]　教育部.幼儿园入学准备教育指导要点[EB/OL].（2021-03-31）[2024-03-18].http://www.moe.gov.cn/srcsite/A06/s3327/202104/t20210408_525137.html.

[2]　教育部.小学入学适应教育指导要点[EB/OL].（2021-03-31）[2024-03-18].http://www.moe.gov.cn/srcsite/A06/s3327/202104/t20210408_525137.html.

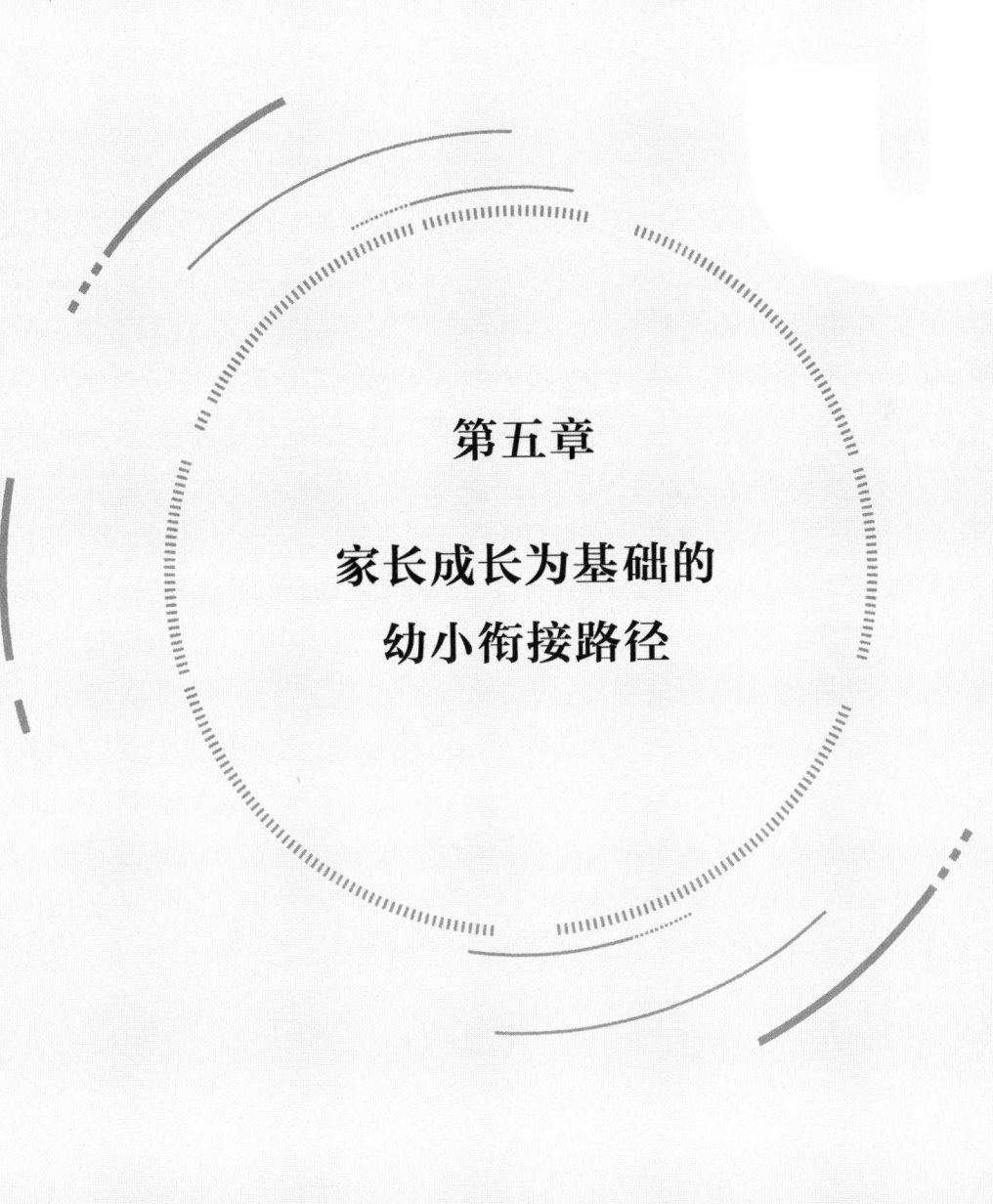

第五章

家长成长为基础的
幼小衔接路径

教育部《指导意见》提出"幼儿园和小学要把家长作为重要的合作伙伴，建立有效的家园校协同沟通机制，引导家长与幼儿园和小学积极配合，共同做好衔接工作"。已有研究显示，家长在幼儿的家庭活动、学校活动和家校沟通方面的参与度越高，幼儿的总体入学准备状态越好。并且有学者认为，在幼小衔接的教育生态中，家长作为其中的重要因子，若是由于对科学幼小衔接教育观念的不理解，对儿童学习特点的不了解，对幼小衔接工作的不信任，而产生焦虑与紧张情绪，进行过度或过少的介入，都会对儿童、幼儿园教师与小学教师在这个阶段的状态产生消极影响[1]。前期调研显示，无论是幼儿园大班家长还是小学一年级家长对儿童的教养期望都比较高，但是他们在教养孩子的过程中会怀疑自己的教养方式、感觉自己能力不足、会因为缺少育儿知识和经验倍感压力。

因此，《指导意见》提出"要及时了解家长在入学准备和入学适应方面的困惑问题及意见建议……帮助家长认识过度强化知识准备、提前学习小学课程内容的危害，缓解家长的压力和焦虑"。2021 年 7 月，中共中央办公厅、国务院办公厅印发《关于进一步减轻义务教育阶段学生作业负担和校外培训负担的意见》也提及要"积极推进有效科学衔接"，为规范校外培训机构的办学行为，"不得开展面向学龄前儿童的线上培训，严禁以学前班、幼小衔接班、思维训练班等名义开展线下学科类（含外语）培训"，落实课程改革，缓解家长的焦虑。

一直以来，受社会上以教授孩子学科知识的"幼小衔接班"的影响，很多家长片面地将幼儿入学准备与提前学习小学学科知识画上等号，许多家长为了不让孩子输在起跑线上，在幼儿的空余时间安排了各种辅导班，打着做好充分的入学准备和不让儿童掉队的名号向儿童大量灌输语文、数学等小学学科知识，甚至有家长在儿童大班阶段为其重新择校，将儿童送去专门的"幼小衔接班"，进行专门的知识学习。前期调研显示，有 38.58% 的家长反映目前孩子上的幼儿

---

[1] 曹楠，吴荔红. 澄清与化解：基于家长视角对幼小衔接现实困惑的思考 [J]. 陕西学前师范学院学报，2021，37（10）：110–116.

园已经提前教了拼音等小学知识，有 1.85% 的家长目前周末会带孩子去上"幼小衔接班"，9.87% 的家长计划下学期让孩子上"幼小衔接班"，32.5% 的家长计划在大班毕业后的暑假让孩子上"幼小衔接班"。此类过度学习式的入学准备，是家长教育焦虑向外辐射的结果。

目前很多家长存在的困惑主要集中在以下几个方面：一是迷茫，不知道什么是幼小衔接。随着相关文件政策的颁布以及社会和学校的宣传，家长原有的将幼小衔接等同于提前学习小学知识的观念受到了冲击，而对于新观念的理解还缺乏科学认识。前期的调研结果显示，幼儿园大班的家长对于入学准备教育的认识不够全面。二是怀疑，家长对政策的执行情况持观望的态度。家长对于小学一年级是否真的能做到"零起点"教学，是否能做到减缓教学进度，是否改革了一年级教育教学方式，采用游戏化、生活化、综合化等方式实施教学等持怀疑观望的态度，这些质疑和担忧，成为家长入学准备焦虑难以有效缓解的重要原因。前期的调研显示，有 72.33% 的幼儿园大班家长表示让儿童进行超前学习的原因是害怕小学进度快，自己孩子跟不上，可以看出家长对于小学"零起点""放缓教学进度"的入学适应教育表示怀疑。三是不知所措，不知道具体该怎么做。前期调查显示家长非常愿意配合幼儿园和小学做好幼小衔接，但是不知道具体怎么做。前期调查家长的学习需求时显示，家长对于学习如何培养儿童的入学期待、专注力、学习习惯、时间观念等表现较高的学习需求，得分均显著高于中立分。在此过程中家长对于自己教育孩子能力的怀疑，很多家长存在不会教、怕教错的担忧。家长作为幼小衔接过程中的重要参与者，这些焦虑都会严重影响幼小衔接工作的开展及其效果，所以解决家长们关于幼小衔接的困惑是做好幼小科学衔接的重要内容。

本研究通过家园（校）共育的方式构建家长成长的幼小衔接方案旨在通过分析幼小双向衔接的背景下引发家长各种焦虑的原因，通过一些路径破解家长的困惑，缓解家长的焦虑，使家长从迷茫到明白什么是幼小衔接，从怀疑到相信政策的落实和执行，从不知所措到能够对孩子进行有效的陪伴与指导，从只关注儿童的学习适应到关注儿童的整体适应，使家长能够形成科学的教育观念、理性的教育心态，与幼儿园和小学建立协同的共育关系，共同推进幼小科学衔接。

第一节　家长成长为基础的幼小衔接内容

一、树立科学的育儿观

（一）幼小衔接时期儿童的心理特点

了解幼小衔接时期儿童的心理特点对于家长来说非常重要。在这一阶段，儿童面临从幼儿园到小学的过渡，这是一个关键的转折点，对于他们来说身心都会发生很多变化和挑战。了解儿童的心理特点可以帮助家长更好地理解他们的需求和行为，并采取相应的教育和引导方法，帮助他们适应新的环境和角色。

首先是彷徨期，儿童进入小学之前对于小学生活会感到不确定和害怕。他们可能通过老师和家长的描述了解到小学的要求更严格，这给他们带来压力。这种彷徨感源于面对未知事物的恐惧，还有离开成人守护需要具备独立能力的担忧。在这个阶段，家长应该帮助儿童客观地认识小学生活，不夸大也不贬低小学的要求，让儿童知道会遇到挑战但同时要培养他们的自信心，并让他们相信自己有能力去应对这些挑战。

其次是兴奋期，在进入小学之初儿童对即将开始小学生活表现出期待和憧憬。他们可能期待结识新的朋友、学习新的知识和参与更多的活动。在这种情况下，儿童会感到非常激动，有一种兴奋的心理状态。家长需要密切关注儿童的兴奋程度，因为如果儿童过于兴奋，在适应小学的过程中一旦遇到一些困难和挫折，儿童便会因为现实和理想的剧烈冲击，导致心理崩溃，无法快速适应小学生活。

再次是厌倦期，大约入学一个月，一些儿童会对小学生活失去新鲜感。因为他们在学校感觉受到纪律和学习方面的限制，可能感到生活上比较紧张，而且发现学习的任务并没有想象中容易。在这个阶段，一些儿童可能会产生厌倦，不情愿去上学。家长需要细心分析孩子不想上学的原因，并针对性地解决问题。

最后是适应期，大约入学两个月后，如果学校和家庭教育相互配合良好，儿童会逐渐适应并喜欢上学。他们能够熟悉校园环境、教室规则等，自觉遵守学校的规章制度，并能够管理好个人学习用品和完成作业。儿童开始对学习产生兴趣，并愿意主动参与其中，专注于老师的讲解，并按时完成作业和任务。他们也能够积极地与同学交往，建立友好的人际关系。

（二）游戏对儿童发展的重要作用

游戏对儿童的综合发展有着积极的影响。在身体健康发展方面，一些体育游戏如老鹰抓小鸡、扔沙包和跳房子等，通过跑、跳、躲、闪等游戏动作，提升了儿童的动作技能，并且锻炼了幼儿的肌肉活动能力。而插塑、搭积木和穿珠等操作类游戏，则可以训练儿童手部的小肌肉活动能力。户外游戏能让儿童接触到充足的阳光和新鲜的空气，增强他们对外界环境变化的适应能力。游戏带给儿童愉快、满足的体验，同时确保了他们身体的健康。在认知方面，磁力片游戏可以提高儿童对图形的知觉能力。比如，在玩磁力片时，儿童通过多种尝试，发现可以用两个三角形组成一个正方形。象征性游戏促进了孩子的记忆、想象、创造和思维能力的发展。例如，儿童在假装玩游戏时，可以通过扮演不同角色和运用环境物品进行思考和规划。这种以人代人、以物代物的过程促进了儿童智力的发展。而且，很多游戏是和同伴一起玩的，这有助于儿童掌握交往的基本方法，如交换、等待和轮流。

此外，在幼小衔接的过程中，由于幼儿园与小学的生活和学习方式等方面存在较大差异，为了帮助儿童尽快适应小学教育，他们需要具备情绪、认知和技能等关键特征或基础条件。学习品质是一种相对持续稳定的学习态度和风格，不仅可以帮助个体提高认知和技能水平，还可以激发主动学习意识，是促进儿童全面发展和入学准备的重要品质。国内外许多学者的深入研究表明，学习品质对幼儿整体发展具有潜移默化且持久影响，例如麦克德莫特（McDermott，1999）及其团队的研究证明，学习品质可以间接影响个体的学习行为和学业成就，是影响幼儿早期学业表现的重要因素，良好的学习品质对于那些在学习上遇到困难或失利的儿童具有保护作用。《3—6岁儿童学习与发展指南》（2012）明确指出培养幼儿学习品质的重要性和必要性，强调重视并帮助幼儿逐步养成积极主动、认真专注、勇于面对困难、敢于探索和尝试、喜欢想象和创造等良好的学习品质。《幼儿园入学准备教育指导要点》（2021）强调帮助大班儿童科学准备入学，顺利过渡到小学，其中在学习准备方面需要着重培养儿童的好奇心、学习习惯、学习兴趣和学习能力等学习品质。而游戏是儿童主动参与的自主活动，儿童在游戏过程中表现出的兴趣、好奇心、创造力和自主性体现了游戏背后蕴含的游戏精神和儿童精神。而这些精神也是学习品质所包含的重要内容。从根本上说，游戏所包含的游戏精神和儿童精神与学习品质的内容是相互交融的。因此，游戏不仅可以促进儿童多方面能力的发展，而且对培养他们的学习品质也具有重要作用[1]。

（三）幼儿园小学化的危害

目前，很多家长过于注重知识上的准备，对儿童的教育盲目跟风，认为在幼儿期掌握更多的知识就会领先同伴。家长这种焦虑和认识上的误区成为幼儿园"小学化"的重要原因。儿童在本应该做好入学准备的时候没做准备，反而会对其身心发展产生一定的影响，甚至造成厌学，从而影响到儿童未来的可持续发展。对于社会来说也导致了幼小衔接的问题层出不穷，造成了教育生态

---

[1]　刘文倩.大班幼儿学习品质研究[D].聊城：聊城大学，2022.

系统的混乱。因此，需要让家长认识到幼儿园小学化的危害。幼儿园小学化的危害具体表现在以下几个方面。

第一，超前学习最大的危害是厌学。其实孩子 3 岁入园，6 岁入小学，这种学段的划分是有科学依据的，其中非常重要的一个依据就是儿童的身心发展特点。每个阶段儿童的身心发展特点都不一样，因此需要用不一样的、适应这一阶段儿童特点的教育方式去引导他们。比如幼儿园阶段的儿童是以直觉动作思维和具体形象思维为主的。让幼儿园的儿童提前学习拼音和超出他理解范围的数学计算，儿童并不能理解这些抽象的知识。他们只能死记硬背，当然这个过程是非常枯燥的，儿童就会感觉学习是很枯燥的，会讨厌学习。

第二，对自己的能力产生怀疑。儿童在超前学习的过程中必定是很艰难的，而且这种艰难的学习过程也有可能会让儿童慢慢对自己的能力产生怀疑。比如，一个哭着背乘法口诀的孩子会说，"这太难了，太难了，我永远也学不会"。也就是儿童对自己的能力产生了怀疑，不但觉得自己现在学不会，未来也学不会。

第三，对学习目的产生误解。用死记硬背的方法来学习，表面上儿童是学会了，但是这个"学会"背后给予儿童的信息就是，学习的目的就是记住结果，至于为什么是这样的是不用思考的。但是当前社会需要的是会思考、会创新的人才，而死记硬背的学习方法慢慢地就把儿童的好奇心、求知欲、思考和探究都磨没了。

第四，影响专注力的发展。学龄前儿童不容易集中注意力，所以幼儿园用游戏化的方式让儿童投入活动中，培养他们的专注力。但是当儿童提前坐在那里学习小学的知识时，儿童是很难感兴趣的，他们很难集中注意力，慢慢地就养成了不专注的习惯。

（四）科学认识幼小衔接的政策

家长科学地认识幼小衔接政策可以帮助他们更好地理解过渡的重要性，明白他们在衔接过程中应该扮演的角色和参与的方式，知道儿童在过渡期可能遇到的困难和挑战，并与学校配合提供适宜的指导和支持，使儿童顺利适应小学生活。

关于幼小衔接的政策文件有很多，可以主要按照以下几个方面帮助家长科学地认识幼小衔接政策。第一，介绍幼小衔接过程中幼儿园、学校和家庭各自的角色和职责，比如幼儿园要做好入学准备教育，小学要做好入学适应教育，家庭要与幼儿园和小学合作做好家庭方面的教育和引导。第二，介绍幼儿园和小学阶段儿童需要做好的具体准备和适应内容，可以参考《幼儿园入学准备教育指导要点》和《小学入学适应教育指导要点》。第三，介绍关于幼儿园小学化的治理的相关规定，让家长知道幼儿园小学化的主要表现形式以及治理手段。如《关于开展幼儿园"小学化"专项治理工作的通知》（2018 年 7 月）从课程内容、教学方式、教育环境等方面规定了幼儿园小学化的表现形式。《关于进一步减轻义务教育阶段学生作业负担和校外培训负担的意见》（2021 年 7 月）规定，不得开展面向学龄前儿童的线上培训，严禁以学前班、幼小衔接班、思维训练班等名义面向学龄前儿童开展线下学科类（含外语）培训。第四，学习《义务教育课程方案和课程标准（2022 年版）》的相关内容，让家长理解小学阶段是如何与幼儿园衔接的。比如，《义务教育数学课程标准》指出在一年级第一学期的入学适应期，利用生活经验和幼儿园相关活动经验，通过具体形象、生动活泼的活动方式学习简单的数学内容。这期间的主要目标包括：认识 20 以内的数，会 20 以内数的加减法（不含退位减法）；能辨认物体和简单图形的形状，会简单地分类；解决日常生活中的简单问题；对学习数学产生兴趣并树立信心。

（五）科学认识社会对人才的要求

当代社会的一个重要特点就是科技的进步。随着技术的不断更新迭代，人们需要不断提出新的想法和解决方案，推动社会的进步。因此，现代社会对人才有着更高的要求。除了专业知识和技能，人才还需要具备敢于创新、善于发现问题和解决问题、良好的交流能力以及适应能力等综合素质。这种对人才的要求也体现在中学阶段和高考改革中。目前的中高考改革更加注重考查核心价值观、学科素养、关键能力和必备知识。它也更加注重培养全面发展的人才，并将五育并重的理念融入考查内容。中高考改革在促进基础教育教学和育人方式改革方面起到重要的引领作用。未来，中高考改革还将根据社会发展对创新人才培养的新需求，不断发展。单纯靠死记硬背和强化训练已经越来越难以满足新中高考改革的要求和培养未来人才的标准。因此，需要更加注重培养学生的综合素质和创新能力，以适应未来人才培养的需求。

二、创设适宜的家庭成长环境

创设适宜的家庭成长环境对于幼小衔接至关重要。良好的家庭环境包括整洁、安静、温馨的物质环境和富有鼓励、支持、民主气氛的精神环境。在物质环境创设方面，可以选择适合孩子的书桌和椅子，同时配备孩子喜欢的台灯和闹钟等。准备一个小书架，放上孩子喜欢且适合阅读的书籍。准备一个带有多个抽屉的柜子，与孩子一起为每个抽屉贴上标签，分类存放学习用品。文具应该实用和朴素，过于华丽的学习用品可能分散儿童的注意力，并容易引发攀比心理。

在精神环境创设方面，可以鼓励儿童独立管理自己的学习空间，例如打扫卫生、摆放物品和更换书籍等。营造亲子互学、共同阅读的氛围，经常和孩子在安静的环境中一起阅读，成为爱读书、爱学习的榜样。在与孩子交流时，使用温和且具有引导性的语言，避免简单粗暴的教育方式。家长可以与孩子一起制作奖励表，用红星、红花或小贴纸等形式记录孩子的进步，鼓励并增强孩子的荣誉感和自信心。

通过创设适宜的家庭成长环境，可以为儿童提供稳定的过渡环境、情感支持、学习动力、适应能力和家校合作，并为他们的学习和成长打下坚实的基础。

三、提高家长教育能力

随着时代的进步与发展，现代家庭结构和功能与以往相比发生了较大变化。家庭教育问题频频出现，家长教育观念落后，教育知识匮乏，儿童观、教育观、成才观失之偏颇，家庭教育过程中存在教育方式简单粗暴、重智轻德、忽视儿童身心发展规律等问题，而这些问题在很大程度上是由家长教育能力不足所导致的。因此，要解决幼小衔接家庭教育存在的问题，培养和提升家长的教育能力是关键。

在幼小衔接阶段，儿童面临许多新的学习和生活挑战。提升家长的教育能力可以帮助他们更好地了解儿童的成长需求，理解学校教育体系和课程，并为儿童提供更合适的支持和指导。

通过提高教育能力，家长可以建立正确的家庭教育观念。他们可以了解到教育不仅是传授知识，还包括培养孩子的品格、社交技能和情绪管理能力等方面。正确的家庭教育观念可以引导家长在教育过程中更具有目标性、科学性和持久性。提高家长的教育能力有助于建立良好的家校合作关系。家长与学校之间的良好沟通和合作有助于共同关注孩子的学习和发展，分享信息、理解彼此的期望和需求，共同制定教育目标和计划，共同支持儿童的成长。家长通过不断提升教育能力，可以成为儿童的良好榜样和有力引导者。他们可以以积极的行为和言行塑造儿童正确的价值观和行为模式，引导儿童形成良好的学习习惯和道德观念。

因此，提高家长的教育能力对幼小衔接阶段的儿童来说至关重要。它可以为儿童提供个性化的支持和指导，促进家校合作，培养正确的教育观念，并为儿童的学习和成长奠定坚实的基础。

第二节　家长成长为基础的幼小衔接原则

《幼儿园教育指导纲要》指出"家庭是幼儿园最重要的合作伙伴，应本着相互尊重、平等合作的原则，争取家长的理解、支持和主动参与，并积极支持帮助家长提高教育能力，形成教育合力"。而目前的家园共育活动中存在家园的角色定位偏差，内容、形式单一、缺少互动，没有关注到家长教育能力的提高等问题。已有研究显示，目前家长在家园共育参与过程中主要扮演"参与者"的身份，即支持教师教学活动、参加亲子游戏、提供简单辅助、做志愿者等。而家长对"学习者"这一身份的认识还很不足，在参与过程中出现学习意识淡薄的问题。家长在活动中更为关注儿童的学习成长情况，而忽视了自身教育能力的提升。就家长而言，参与家园共育活动不仅能够帮助家长全面了解儿童的发展情况，增进家长与教师间的亲密关系，同时对家长自身的成长也具有重要价值。参与家园共育活动是家长提高育儿能力的有效途径，在参与过程中，家长可以通过观察、模仿、提问、协商、操作等方式提高教育能力[1]。所以本研究旨在构建基于家长成长的幼小衔接家园（校）共育方案。通过本方案的实施，使家长与学校的合作实现从边缘的被动合作到充分的主动合作的转变，家长在家园（校）活动中也从"旁观"到"了解"到"参与"到"反思"再到"主动学习"最后实现"成长"的目标。

---

[1]　张鑫.家园共育中家长边缘性参与研究 [D].重庆：西南大学，2018.

一、增强系统性原则

幼小衔接过程中的家园共育工作可以通过一系列主题活动的开展来实现，这些活动内容应该全面系统，既能提高家长的对入学准备教育的科学认识，又能提高家长的教育能力，从而缓解家长的焦虑情绪。在提高科学认识方面的主题具体可以包括"科学认识入学准备阶段儿童的身心特点""游戏对儿童发展的重要作用""认识幼儿园小学化的危害""幼小衔接相关政策解读""科学认识社会对人才的要求"等。在提高家长教育能力方面的主题具体可以包括"如何创设适宜的家庭成长环境""如何让孩子爱上运动""如何让孩子的小手更灵活""如何保护孩子的好奇心""如何激发孩子的学习兴趣""如何提高孩子的专注力""如何让孩子爱上阅读""如何提高孩子的倾听和表达能力""如何提高孩子的自理能力""如何提高孩子的社会交往能力""如何培养孩子的时间观念""如何增强孩子的规则意识""如何提高孩子的自控能力""如何让孩子讲文明懂礼貌""怎样和孩子沟通更有效"等。

二、增强专业性原则

教师在每一次家园（校）共育活动开始之前都要进行专业的教研，从而保证在活动中能够提供给家长科学、专业的育儿知识。在当今社会，家长获取育儿知识的渠道确实非常多，但一些信息可能缺乏科学性或者准确性。因此，教师在专业教研的过程中，可以将最新的教育理论、科学研究成果等内容转化为可理解的、实用的建议，提供给家长。这样不仅能够提高教师的专业水平和教育质量，也能够帮助家长更好地了解并信服教师提供的教育指导。

比如，在幼小衔接过程中，家长对幼儿园是否提前教授小学知识常常会有抱怨。当家长指责幼儿园不教知识时，有的老师说："现在国家规定不能教啊，我们也是没办法。不过幼儿园也不是什么都不学，我们也有科学、语言、艺术、社会、健康五大领域的课程，孩子们也可以学到很多。"但是在这个回应中，家长并不能明白为什么幼儿园不能提前教小学的知识，所以这样的说法并不能说服家长。教师应该用更加专业的表达向家长解释清楚。

面对这一问题，更加专业的解释可以这样来说，"幼儿园禁止教数学拼音是有原因的，因为人的逻辑思维是从6岁才开始发展的，幼儿园的孩子是具体形象思维，对于抽象的东西还无法理解，超前学习只会打压孩子的学习兴趣，让孩子在正式学习前就讨厌学习。孩子们在幼儿园其实也能学到很多。比如孩子们搭积木，正方形积木没有了，用两个三角形替代，学会了图形的组合，发展了空间思维，对以后学数学都有很大的帮助。幼儿园主要的活动是游戏，但孩子不是瞎玩。孩子在游戏中可以学到很多东西。比如人际交往、语言交流、空间思维、规则意识等。这些学习品质都可以为以后学习系统知识打下良好的基础。这是昨天 ×× 的游戏观察记录，他用积木搭楼梯。你看这里，他已经掌握了对称的概念，这种三维的造型同时也发展了孩子的空间思维。搭完以后还自己画画去装饰，这几个符号是你们小区的名字，虽然不会写字，但是他会自己创造符号去标识。所以如果仔细观察孩子的游戏，会发现孩子学会了很多东西，幼儿园并不是什么都不教，重要的是我们大人要去发现孩子的学习"。

以上表述中，教师首先利用专业知识解释了为什么幼儿园不能提前教授小学知识，然后通过实际的例子向家长展示了幼儿园提供的认知和发展机会。最后，教师运用这位家长的孩子在游戏中的具体表现解读了孩子在游戏中的学习和成长。只有通过专业化的引导，家长才能科学认识到去小学化的原因，不再为是否让孩子提前学习而纠结和焦虑。这也为后续开展科学的入学准备教育工作打下基础。另外，在家园共育过程中，教师要在每个活动开展之前进行主题教研，确保该活动具有专业性。这样可以有效提升活动的质量和效果，同时促使教师和家长在此过程中共同成长。

三、增强针对性原则

由于每个家庭都有不同的情况和挑战，在家园（校）共育的过程中学校要了解家长的困境、需求和教育能力现状。针对家长的困境和需求，为他们提供针对性的帮助和资源，帮助他们应对挑战，提高教育能力。通过理解和满足家长个性化的需求，可以推动家长更好地参与到孩子的教育中，实现家庭和学校共同为儿童的全面发展作出积极贡献。而且当家长感受到学校真正关注和支持他们的需求时，他们更有可能积极地参与到家园（校）共育的过程中，与学校形成有效的合作伙伴关系，共同为儿童的教育奉献力量。

为了实现这一目标，学校可以定期进行家长调研和问卷调查，了解家长的需求和关注点。根据家长的需求和困境，学校可以设计和提供个性化的培训课程。例如，可以设置不同主题的育儿讲座、教育技巧培训、亲子沟通等，以满足不同家长的需要。此外，学校应与家长保持沟通，并提供持续反馈机制。通过定期检查和评估家长的需求和进展，学校可以根据反馈调整和改进家长支持计划，确保针对性和有效性。

四、增强参与性原则

目前在家园（校）共育的过程中，幼儿园和小学与家长之间缺乏深度合作。在幼儿园阶段，大部分家长认为组织家园共育活动是幼儿园的责任。而幼儿园也认为家长能来参加就很不错了，家长参与组织只会"越帮越忙"。对于开展家园共育活动的目的，幼儿园主要是想向家长展示教育成果，让家长了解儿童在集体生活中的学习和生活情况，同时展示教师的教育形象。家长主要是想了解自己孩子在集体生活中的学习和生活情况。而在小学阶段，家长和学校的沟通主要是通过家长学校活动、微信群等方式进行，而且家校之间的交流往往在学生出现问题、布置作业和发布通知等情况下才会进行，这种活动缺乏规范性和计划性，家校之间的联系以学校单方面的通知为主[1]。前期调研结果显示，有

---

[1]　柏欣彤. 小学教育阶段家校合作机制协调性研究 [J]. 淮阴师范学院学报（自然科学版），2023，22（1）：80-82.

31.55% 的幼儿园教师认为家长对幼儿园组织的家园共育活动支持度不高。可以看出，目前家园（校）共育的过程中，家长参与的程度较低，缺乏积极主动性。

为了改变这一现状，需要采取两方面的措施：一方面是引导家长重视家园活动，另一方面是进一步优化家园（校）共育活动，让家长能够积极参与其中。在过去，许多家园（校）共育活动主要是教师讲解、家长听课，或者是儿童活动、家长旁观，导致家长在活动中的参与度相对被动，缺乏积极性。因此，需要对家园（校）活动进行创新，丰富内容，以吸引家长的主动参与。只有通过深入参与，家长才能学习到新的育儿理念和方法。例如，在幼儿园举办开放日活动时，可以提供给家长一个观察记录表，引导家长观察儿童在活动中的表现。观察完毕后，可以通过讨论和幼儿园老师的专业解读，向家长介绍儿童在游戏中的行为表现以及背后的身心发展特点。在此过程中，家长可以从更专业的角度、更加直观地了解儿童。在小学阶段，学校可以加大宣传力度，让家长了解到家校合作的重要性及必要性。每学期定期开展家长学校活动，增强与家长的联系。这些可以由学校牵头组织交流会，家长委员会成员结合全体家长意见参与决策，可以尝试放手让家委会成员来完成。在一些实践活动中，也可以积极寻求家长的支持、参与，如歌唱比赛请家长做大众评委、春游时请家长帮忙管理班级学生等。

五、增强互动性原则

家庭和学校的合作应该是一个持续性的过程，而不仅仅是特定活动的参与。通过增强家校互动性和家长之间的互动性，可以建立起更紧密的学习伙伴关系。家长与家长之间的交流和合作，可以相互学习，共同解决教育问题，更有效地支持儿童的学习和成长。家长之间的交流合作，可以帮助他们互相学习，共同解决教育问题，为儿童提供更好的教育支持，更有效地促进儿童的学习和成长。前期的调研结果显示，不同特征的家长在对幼小衔接的认识、儿童的教养期望、教养压力和教养效能等方面的表现是不一样的，为家长提供交流的平台，可以促进他们之间观点的碰撞、交流、互相学习。

为了加强家园（校）共育过程中家长之间的互动交流，幼儿园 / 小学可以创建一个家长社群，家长可以通过在线论坛、社交媒体群组或专门的交流平台提出问题，也可以主动分享自己的育儿经验和教育心得帮其他家长解决教育难题。这样能够形成一种良性循环，从而为所有儿童提供更全面的教育支持。此外，家长之间的互动也能够让家长真正成为家园（校）共育中的一分子。在家园（校）共育的过程中，不是所有的问题都必须由教师来解决。家长通过与其他家长合作交流，共同探讨教育难题，分享有效的教育方法和资源，相互启发和借鉴，可以提高家园（校）共育的工作效率和质量。

六、增强可行性原则

为了提高家长的教育能力，学校除了提供理论知识外，还应该为家长提供可行性较强的行动方案。这样做的原因在于，单纯听讲座或阅读理论资料可能会激发家长的热情和动力，但缺乏具体的行动指南可能导致这种动力逐渐消退。通过教授具体的方法，可以增加家长的行动力和信心，使他们更勇于实践，并获得实际的成果。此外，家长面临的教育问题往往具有很高的复杂性和个体差异性，而纯粹的理论知识无法满足家长的个性化需求和实际问题。通过传授具体的方法和实用技巧，家长可以了解如何解决实际问题，比如培养孩子的学习习惯、处理亲子关系、营造积极的家庭氛围等。当家长拥有具体实用的方法和技巧，并能够在日常生活中方便地运用时，他们会更有动力和信心参与到家园（校）共育的过程中。这将促进家长与学校之间的合作伙伴关系，共同为儿童的教育事业贡献力量。

七、增强及时性原则

通常情况下，幼儿园在家园（校）共育活动结束后往往就不再继续关注家长的反馈了。家长的疑问是否得到了破解，是否遇到了新的问题，幼儿园 / 小学也不再进行进一步的沟通和交流。然而，在实际情况中，家长的反馈对于家园（校）共育至关重要。比如，在共育活动过程中，家长的困惑得到解答，他们学会了与儿童沟通的方法和一些育儿技巧。这些积极的反馈可以让家长看到自己和孩子的成长。同时，家长可能还存在一些待解决的疑问，幼儿园 / 小学也可以以此为契机，开展后续的家园（校）共育活动，进一步满足家长的需求。总之，及时了解家长的反馈可以帮助幼儿园 / 小学更好地了解家长的需求，激发家长后续参与活动的积极性，为家长提供更精准的支持和指导，进一步促进儿童的发展。

第三节　家长成长为基础的幼小衔接
具体实施路径

　　基于目前家园（校）共育过程中存在的问题，结合幼小衔接的具体内容，构建以家长成长为基础的幼小衔接具体实施路径。幼小衔接过程中的家园（校）共育工作可以通过一系列主题活动的开展来实现，每个主题主要包括"教师教研""聚焦问题""具体活动""家长互动""教师支招""家长反馈"六个环节来完成。（见图 5-3-1）在家长反馈后针对出现的新问题教师再次进行教研，开启新一轮的家园（校）共育，在螺旋上升式的家园（校）共育实践中帮助家长形成理性、科学的幼小衔接观念，厘清儿童在幼小衔接过程中需要培养的各种能力，制订家庭培养计划，提高家长的教养能力，使家长能够针对自己的孩子进行个性化的引导，增强家长的教养效能感，进而提高幼小衔接教育的质量。

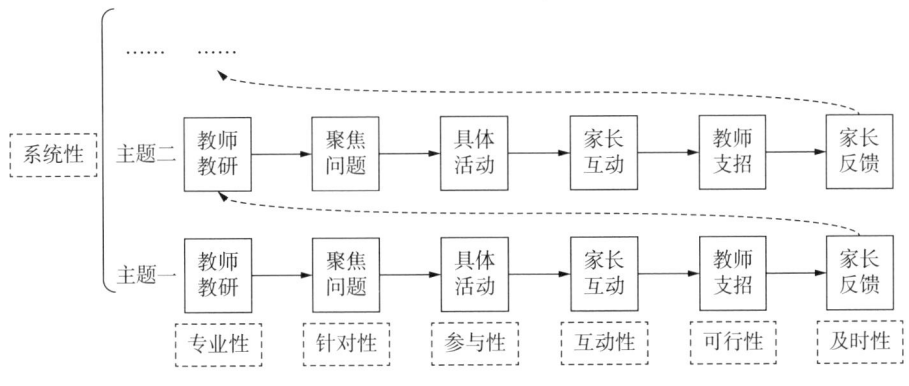

图 5-3-1　幼小衔接过程中家园（校）共育实践路径图

一、提高家长科学幼小衔接的认识

（一）了解相关政策，增强家长科学幼小衔接的意识

教师教研：

教师进行专门研讨，梳理幼小衔接相关政策内容，包括《关于规范幼儿园保育教育工作防止和纠止"小学化"现象的通知》《关于开展幼儿园"小学化"专项治理工作的通知》《关于大力推进幼儿园与小学科学衔接的指导意见》《关于进一步减轻义务教育阶段学生作业负担和校外培训负担的意见》《义务教育课程方案和课程标准（2022 年版）》等。理解科学幼小衔接的内涵，并通过问卷调查或面对面交流，了解家长对幼小衔接的困惑。

聚焦问题：

家长对幼小衔接存在以下几种误解：第一，幼小衔接就是提前学习小学知识；第二，幼小衔接是幼儿园的事情，与小学和家庭关系不大；第三，幼小衔接是大班下学期需要开展的工作。

具体活动：

邀请专家、小学教师和幼儿园教师共同举办家长会，专家进行幼小衔接政策解读，小学教师介绍小学新生入学后的教学和活动安排，幼儿园教师介绍幼儿园的活动安排及其与幼小衔接的关系，让家长了解幼儿园是如何帮儿童做好入学准备的，并强调幼小衔接不等同于提前学习小学知识。

家长互动：

邀请往年大班家长分享经验，家长互相交流，有困惑的家长可以现场或者线上进行提问和交流。

教师支招：

教师通过推送宣传视频、文章等方式，向家长传达正确的幼小衔接理念和幼儿园小学化的危害，帮助他们树立正确的教育观念。

家长反馈：

收集家长的反馈意见，通过问卷调查、访谈等方式了解家长对于科学幼小衔接的理解情况，并针对反馈情况进行后续跟进与帮助。

（二）了解幼儿的身心发展特点

教师教研：

教师通过专业教研深入了解大班儿童的身心发展特点，包括儿童的身体动作、记忆、思维、想象、创造、语言和社交等方面的发展特点，收集相关资料和案例。

聚焦问题：

第一，有些家长对孩子学习的期望过高，或者在某些方面过分焦虑，担心儿童的表现不足以达到预期水平，缺乏对于儿童正常发展的了解。

第二，有些家长盲目地让孩子参加各种课外辅导，并将孩子的发展与其他孩子进行过分比较，希望孩子在各方面更快地超过他人，而忽略了每个孩子的发展进程是独特的。

具体活动：

举办大班家长会，邀请专业教育专家或心理学家举办讲座，介绍大班儿童的身心发展特点，包括身体协调能力、社交能力、情绪管理和认知发展等方面。

同时展示一些实际案例和故事，以便让家长更直观地理解。

家长互动：

在家长会上设置互动环节，鼓励家长分享他们对大班儿童成长的观察和感受，引导家长之间交流和分享经验。

教师支招：

第一，向家长推荐育儿书籍和线上资源，帮助家长了解不同年龄段儿童的身心发展特点，以便更好地指导儿童的成长。

第二，让家长观察儿童的平时行为、情绪反应、兴趣爱好等，以了解他们的认知、社交和情感发展。

第三，鼓励家长和儿童进行有意义的交流，了解儿童对自己、家庭和外部世界的看法，以及对不同事物的理解和反应。

第四，鼓励家长参与儿童的游戏、学习和兴趣爱好，观察他们的表现和进步，从中了解他们的身心发展水平。

第五，与儿童的老师保持密切联系，定期了解儿童在学校的学习状态和社交表现。

家长反馈：

通过交流和收集家长观察儿童的案例，了解他们对大班儿童身心发展特点的理解情况。

（三）了解游戏对儿童发展的重要性

教师教研：

教师进行专业教研，深入了解游戏对儿童发展的重要性。（1）游戏可以促进儿童的身体协调能力和肌肉发展，提高运动技能和身体素质。（2）不同类型的游戏可以帮助儿童学习规则和模式、培养解决问题的能力、提升观察力和逻辑思维能力，促进认知水平的发展。（3）在玩耍和互动中，儿童可以学会分享、合作、交流和倾听他人意见，提高社交技能。（4）通过角色扮演、创造性玩耍等游戏活动，可以激发儿童的想象力和创造力。（5）在游戏过程中，儿童常常经历胜利与挫折，学会面对情绪反应、积极处理情绪，并培养自我调节的能力。（6）在游戏中，儿童需要交流、表达和理解，这有助于促进语言能力和沟通技能的提高。

教师准备游戏场地组织儿童开展相应的游戏让家长来幼儿园观察儿童在游戏中的表现，帮助家长理解游戏对儿童发展的重要意义。

聚焦问题：

第一，部分家长认为游戏只是孩子在幼儿园随意玩耍，而非真正的学习，他们低估了游戏在儿童发展中所起到的重要作用，认为学习应该以传统的课堂方式进行。

第二，一些家长认为过多的游戏会分散孩子的注意力，影响学习，从而和幼儿园开展的游戏教育产生抵触。

具体活动：

邀请大班家长到幼儿园观察儿童的游戏活动。在观察之前，教师可以提供给家长一张观察表，引导家长在观察过程中关注儿童的行为、情绪、交流等方面，并记录下来。观察结束后，教师对观察表进行分析，将游戏中反映出的儿童特点以及促进了儿童发展的方面进行专业的解读和分析，向家长进行呈现。

家长互动：

在观察活动之后，组织家长座谈会或讨论会，鼓励家长分享他们对游戏活动的感悟和思考，互相交流经验和见解，共同探讨游戏对儿童发展的重要性。

教师支招：

第一，指导家长为儿童选择适合的玩具。如拼图、拼插积木、针线织布等益智玩具，可以锻炼儿童的动手能力和逻辑思维能力；涂色画板、彩色笔、橡皮泥等文具类玩具，可以培养儿童的创造力和想象力；球类、跳绳等运动类玩具，有助于促进儿童的身体协调能力和运动技能；团队竞赛游戏玩具，可以培养儿童的合作精神和社交能力。

第二，采取适宜的方式与儿童一起游戏。创造良好的游戏环境，确保游戏环境安全、整洁。倾听儿童的想法，鼓励儿童展示自己的创意，倾听他们的想法，给予肯定和鼓励。积极参与孩子的游戏，根据孩子的年龄和游戏情境，进行适当的引导和互动，让孩子感受到家长的陪伴和支持。

家长反馈：

收集家长在家陪儿童游戏的案例，并让家长解释该游戏对于儿童发展的意义，通过案例的收集了解家长对于游戏对儿童发展重要性的理解情况。

二、提高家长的教育能力

（一）帮助儿童形成入学期待

教师教研：

教师通过专业教研，了解如何激发孩子向往上小学，并对家长进行相关内容的培训，准备相关教育资料和案例。

聚焦问题：

第一，有些家长使用威胁和恐吓的方式，比如"如果你不好好学习，就会被老师批评或惩罚"，这样的话语可能让儿童产生对上学的抗拒心理。

第二，有些家长自身对于儿童上小学持有负能量的情绪或态度，比如过分焦虑、担忧或消极情绪，并在沟通中传递给儿童，儿童可能因此形成对上学的负面印象。

第三，有些家长在沟通中不尊重儿童的意见和感受，总是强调自己的观点，而不愿倾听儿童的想法，这种沟通方式可能让儿童感到不被重视，产生对上学的抵触情绪。

第四，家长由于过度关心和保护孩子，反而可能让孩子缺乏面对新挑战的勇气和自信心，从而产生对上小学的不适感。

具体活动：

组织一次回顾与展望的家长与儿童互动活动，邀请家长和儿童一起回顾儿童在幼儿园的三年成长变化，包括适应过程、成长点滴和自我成长的认知。鼓励家长分享自己小时候进入小学的经历和有趣的事情，并展望儿童即将进入小学的新生活，引导家长和儿童一起探讨、展望和期待。

家长互动：

让班级里比较向往入学的儿童家长分享经验，让他们分享在日常生活中如何引导儿童对上小学产生期待的经验。同时，为有疑惑的家长提供一个平台，他们可以提出问题，而其他家长可以分享他们的解决方案或建议。

教师支招：

第一，家长在生活中可以通过正面的言行和态度，表达对孩子进入小学的期待和信心，营造对小学生活的期待，如校园生活、新朋友、有趣的课程等，让儿童对小学生活充满期待。

第二，带儿童参观附近的小学，并介绍学校的环境、老师以及学习设施，让儿童对即将去的地方有一定了解，减少陌生感和焦虑情绪。

第三，邀请朋友或邻居家的小学生到家里，让儿童和他们互动交流，了解小学生的生活和经历。

第四，鼓励儿童积极表达对小学生活的期待和担忧，倾听他们的想法，并进行正确引导和正面回应。

第五，可以通过角色扮演的方式，让儿童扮演小学生进行游戏，加深对小学生活的认识和想象。

家长反馈：

通过访谈了解班级儿童入学期待的情况和家长激发儿童向往入学情感的情况。

（二）增强儿童的体质

教师教研：

教师进行专业教研，研究儿童体质发展的特点，了解如何在日常生活中增强儿童的体质，并准备相关资料和实例。

聚焦问题：

第一，有些家长过度依赖电子产品来安抚儿童、让儿童安静或者缓解自己的疲劳，限制了儿童进行体育活动和户外运动的时间，从而影响到儿童的体质发展。

第二，有些家长过度保护和溺爱儿童，对儿童的安全过分担心，导致儿童的活动范围受到限制，缺乏锻炼机会。

第三，有些家长在生活中给予儿童过多油炸食品、糖类食物和高热量零食，而忽视新鲜水果、蔬菜等营养均衡的饮食，这可能对儿童的身体健康产生不利影响。

第四，家长因为工作忙碌或其他原因，忽视了带儿童去户外活动、体育锻炼的重要性，使儿童的户外运动机会降低，从而影响到体质的增强。

第五，家长未能保证儿童有足够的睡眠时间和良好的睡眠质量，长此以往可能对儿童的体质和免疫力产生不利影响。

具体活动：

组织一场儿童健康成长讲座，邀请专业医生或营养师为家长讲解儿童体质发展的特点，以及从营养、运动、作息等多方面教给家长如何增强儿童的体质。同时，可以设置实际案例分享和互动环节，鼓励家长分享自己的育儿经验和体会。

家长互动：

在家长中开展以"健康营养的童趣美食"为主题的比赛，每位家长做一道菜，要求菜品需要有特定的营养均衡，同时需要符合孩子喜爱的口味，让家长介绍美食的做法，孩子介绍美食的口味，为家长之间的交流搭建平台。设立一些有意义的奖项，比如"最具创意奖""最佳营养搭配奖"等，以及一些小礼品或证书作为奖励。

教师支招：

提供一些实用的支招，比如如何制订合理的饮食计划、如何选择适合的运动方式、如何合理安排孩子的作息时间等方面的建议，帮助家长更好地关注孩子的体质发展。

第一，制订合理的饮食计划。确保孩子膳食中包含足够的蔬菜、水果、全谷类、蛋白质和适量的脂肪，以满足他们全面的营养需求。尽量减少儿童的糖分摄入，限制高糖高盐的零食、饮料等，给予他们更多天然食材和健康饮食选择。

第二，选择适合的运动方式。鼓励儿童尝试不同类型的活动，包括跑步、球类运动等，以全面提高身体素质。家长可以陪伴孩子一起参与户外活动，与孩子一同骑车、打篮球或者进行家庭健身操等，增进亲子关系的同时培养孩子的运动习惯。

第三，合理安排作息时间。每天为儿童安排合理的作息时间，包括规律的起床、睡觉时间，帮助儿童培养良好的生活习惯。确保儿童的睡眠环境舒适、安静，避免使用电子设备、吃过多甜食等刺激性物品影响睡眠。

家长反馈：

通过活动中家长的表现，了解家长对于增强儿童体质方法的掌握和执行情况，并给予家长及时的鼓励。

（三）培养儿童的自理能力、劳动技能

教师教研：

教师教研提高孩子自理能力和劳动技能的方法和策略，以及培养儿童的积极劳动情感和正确的价值观念，探讨出增强他们自理能力与积极的劳动态度的方法。

聚焦问题：

第一，一些家长没有意识到培养儿童的自理能力和劳动技能对其成长的重要性。家长可能更关注学习成绩，而忽视了实际生活中的技能培养。

第二，部分家长可能出于疼爱孩子、希望给予孩子最好的，而倾向于为孩子包办一切，导致儿童缺乏自主完成日常生活事务的机会。

第三，家长可能会为儿童设定过高或过低的任务，难以准确判断儿童的实际能力水平，进而影响对儿童的合理期望。

第四，一些家长不清楚如何有针对性地激励儿童参与自理和劳动，也可能缺乏特定技巧来引导儿童逐步提升自理能力和劳动技能。

具体活动：

开展"自理小能手成长之旅"活动，目的是帮助儿童培养自理能力，提高日常生活技能。同时，增强家长对于培养儿童自理能力的方法和技巧的认识，并提高他们的参与度。

家长和儿童制定一张包含多项日常生活小任务的清单，如整理书包、自己穿脱外套、收拾玩具等。儿童进行每日任务打卡。教师可对家长提供相关指导，帮助家长了解如何在家中指导儿童完成相应的自理任务。

活动时间为一个月，评选出最积极参与的自理小能手，颁发成就奖，比如荣誉证书、小礼物等。同时让儿童展示自己学会的自理技能，并邀请家长分享他们在此过程中的心得和经验。

家长互动：

"自理小能手成长之旅"活动开展过程中，鼓励家长在班级群分享自己在家中培养孩子自理能力的方法和经验。活动结束后，邀请获奖家长分享他们在此过程中的心得和经验。

教师支招：

第一，鼓励儿童参与家务活动，如整理玩具、叠被子、清洁桌面等。家长可以通过示范的方式教儿童如何进行日常生活技能操作，比如演示如何叠被子等，并在儿童自行尝试时给予及时的指导与鼓励。

第二，家长可以为儿童设立一些专属任务，如自己整理书包、摆放餐具等。通过完成这些任务，增强儿童的责任感和成就感。

家长反馈：

通过活动中鼓励家长分享培养儿童自理能力的经验，了解家长对于培养儿童自理能力的认识和实践方法。在家长分享中，对于那些切实有效的方法和策略，及时给予表扬和肯定，以鼓励其他家长学习借鉴。同时，针对家长在培养儿童自理能力过程中遇到的困惑和问题，提供相应的指导。

（四）培养儿童的时间管理能力

教师教研：

教师探讨儿童对时间的感知和理解，了解不同年龄段儿童对时间概念的认知特点和发展规律。整理让儿童认识时间、安排时间和管理时间的方法。

聚焦问题：

第一，一些家长不清楚如何培养儿童的时间管理能力，缺乏对于儿童时间的感知和时间管理技能的认知。

第二，部分家长过度为孩子安排课外活动和学习任务，导致儿童缺乏自主安排时间的机会。

第三，家长自身在时间管理方面存在问题，比如经常迟到、临时改变计划等，给儿童树立了不良的榜样，影响儿童对时间的重视和管理。

具体活动：

签到打卡活动：引导家长在每天接送孩子时进行签字打卡记录，以此监督家长和儿童及时入园和离园。活动为期一个月，对于及时入园和离园次数最多的家长和儿童进行表扬。

亲子作业：周末的时候，鼓励家长和儿童一起合作设计家庭时间管理小作业，比如制作家庭日程表，由儿童和家长共同在规定时间内完成。

家长互动：

鼓励家长们在周末和假期的时候几组家庭一起制定家庭活动日程表，几个家庭一起按照计划活动。在活动结束后，家长们和孩子们一起分享各自的经验和心得体会。

教师支招：

第一，建立规律的作息时间。帮助儿童建立每日规律的作息时间，培养良好的生活习惯，比如早睡早起、按时吃饭等，这有助于儿童更好地控制自己的时间。

第二，分配家务任务。让儿童参与家务劳动，学会合理安排时间来完成家务任务，培养责任感和时间管理能力。

第三，限制电子产品时间。合理控制儿童使用电子产品的时间，引导他们更多地参与实际活动和运动，培养控制时间的能力。

第四，家庭共同活动。安排一些家庭共同的活动，比如一起做手工、玩棋盘游戏或者户外运动等，教导儿童如何在不同活动之间合理分配时间。

第五，榜样示范。家长要成为儿童的良好榜样，守时、有计划地安排家庭日常活动，呈现给儿童一个明确的时间管理模范。

家长反馈：

利用儿童入园和离园的环节，了解家长对于培养儿童时间管理能力的重视程度。在家长接送儿童的环节中安排时间，教师可以与家长进行简短而有针对性的交流，了解家长对于时间管理教育的需求，同时也为家长提供及时的建议、资源和支持。

（五）培养儿童的规则意识

教师教研：

深入研究规则对儿童成长和发展的重要性，以及大班幼儿对规则的认知发展特点，并提出相应的教育方法和策略。研讨不同的规则教育策略，包括游戏化教学、社交情景模拟、故事情景引导等方法的效果和适用性。

聚焦问题：

第一，部分家长可能缺乏对于儿童规则认知发展的了解，不清楚大班儿童对规则的认知水平和理解能力，因而在教育过程中感到困惑。

第二，有些家长觉得与儿童交流沟通困难，认为儿童的理解能力和认知水平有限，难以理解规则。

第三，家庭成员的不同教育观点和行为模式，这可能对孩子的规则意识形成带来挑战。

第四，一些家长可能日常生活中面对强化和执行规则时感到困难，因为时间、精力等无法持续进行规则意识的培养。

具体活动：

开展"家庭公约共建"活动，在教师的指导下家长和儿童共同制定家庭公约，如使用手机公约等。家长和儿童严格执行制定的规则，并记录执行情况、遇到的问题及解决方法。执行两周后，鼓励家长和儿童进行分享，交流规则执行的体会和感受，分享遇到的困难以及解决方法。通过活动的开展家长和儿童不仅能积极参与制定规则，也能在执行过程中增强规则意识和自我管理能力。同时，家长的引导和积极榜样的影响也将有助于儿童更好地理解规则的重要性和切身体会到规则对家庭的秩序和和谐的重要作用。

家长互动：

"家庭公约共建"活动结束后，开展专门的家长交流会，轮流分享他们在规则制定、执行过程中的困惑、成功经验、挑战、改进方法等。同时，就家长们在分享中提到的具体问题进行深入讨论，鼓励家长们提出问题并共同寻找解决方案。

教师支招：

第一，明确制定家庭规则。家长应与孩子一起明确制定家庭规则，包括家务分工、晚上睡觉时间、使用电子设备时间等。规则的制定应该考虑儿童的年龄和个性特点，并且规则要尽可能清晰明了，让儿童容易理解和遵守。

第二，言传身教。家长要以身作则，自己首先要遵守家庭规则，成为儿童的良好榜样。通过自己的行为来向儿童传递正确的价值观，引导幼儿理解遵守规则的重要性，并化抽象的规则为具体的行动，让儿童观察家长的行为并模仿。

第三，适时地沟通和解释。家长需要与儿童进行积极的沟通和解释，让儿童明白规则的重要性和意义。家长应当关心儿童对规则的理解和感受，耐心向儿童解释规则背后的原因，并鼓励他们主动遵守规则。

第四，奖惩机制。家长可以设立奖惩机制，奖励儿童遵守规则所展现的积极行为，同时对于违反规则的行为进行合理的惩罚，以此来培养儿童遵守规则的意识和习惯。

第五，培养自我管理能力。家长需要适度地给予儿童一定的自主权，在规则执行方面，可以给予儿童适当的决策权和自我管理空间，让儿童参与制定规则、管理自己的时间和行为，培养他们的自我管理能力。

家长反馈：

让儿童针对家长在执行家庭公约过程中的表现进行评价，提出自己认为家长表现良好的方面和需要改善的地方。对于表现优秀的家长，可以给予适当的表扬和鼓励，激发家长参与家园共育活动的积极性。

（六）提高儿童的交往能力

教师教研：

研讨大班儿童社会交往能力发展的特点，包括群体行为的特征、同伴关系的变化等方面的特点，以便更好地针对这些特点进行教学设计和指导。探讨儿童需要掌握的具体社会交往技能，如沟通技巧、分享合作、尊重他人、解决冲突、表达情感、倾听他人等。最后，教师们可以探讨如何通过教学活动、角色扮演、游戏和情景模拟等方式使儿童学会这些技能。

聚焦问题：

第一，缺乏有效沟通。一些家长缺乏与儿童有效沟通的能力，导致无法理解儿童的需求和感受，从而影响了儿童的社交发展。

第二，过分保护。一些家长出于过分的担心和保护，过度介入儿童的社交活动，导致儿童缺乏独立处理问题的机会，影响其社会交往能力的培养。

第三，榜样行为不足。部分家长未能成为积极的社交榜样，他们的言行举止可能对儿童的社交行为产生负面影响。

第四，对社交技能的忽视。有些家长忽视培养儿童的社交技能，将过多注意力放在学业表现或其他方面，从而忽视了社会交往能力的重要性。

第五，家庭环境不利于社交能力的培养。在一些家庭中，由于家庭成员关系紧张、沟通不畅、冲突频繁等原因，儿童缺乏良好的社交环境和范例，导致社交能力的培养受阻。

具体活动：

教师制定一些亲子社交任务，让家长和儿童在家庭中完成，例如一起做义工、为邻居送上问候等，通过实际行动加深家长与儿童间的共育互动。建议家长和儿童在完成社交任务后，共同制作一份记录或总结，包括活动过程中的见闻、感悟和收获，可以是文字记录、绘画、手工制作等形式。

家长互动：

鼓励家长在周末或假期的时候邀请其他家庭或朋友一起聚会，让儿童有机会与同伴互动交流，同时也可以观察家长之间的社交互动，从中学习社交规则和技巧。

教师支招：

第一，提供社交机会。鼓励儿童参加各种社交活动，包括与同龄人的游戏、参加社区活动等，让儿童有多样的社交机会。

第二，示范积极的社交行为。家长可以成为孩子的榜样，展示积极的社交行为，包括与他人礼貌交往、分享、关心他人、倾听别人等，借此引导孩子模仿。

第三，鼓励表达感受。帮助儿童学会表达自己的感受和需求，同时教导他们倾听他人的意见和感受，促进良好的沟通和互动。

第四，解决冲突。家长可以教导儿童如何解决同伴之间的冲突，如在争抢玩具时轮流使用、分享玩具；在不小心出现碰撞时，宽容对待别人的无心之过；在合作做游戏因想法不同出现摩擦时，耐心倾听同伴的想法，表达自己的意愿，沟通解决问题的办法。

第五，经验交流。家长和儿童分享自己与他人交往的经历，尤其是积极的社交互动经验，指导儿童如何应对社交挑战。

家长反馈：

教师可以通过观察儿童的社交行为变化来判断家长是否有所改变。另外可以开展家长座谈会，邀请家长们分享他们在共育活动后对于培养孩子社会交往能力方式的认识和体会。

（七）培养儿童的倾听和表达能力

教师教研：

教研如何让孩子学会聆听并理解他人的意见和信息，包括口头指令、图书故事等。还需教研通过语言游戏、角色扮演等方式，促进孩子言语表达的丰富多样性，帮助他们建立对于语言的兴趣和自信心。

聚焦问题：

第一，有些家长因工作忙碌，与儿童进行有效的沟通和交流的时间不足。

第二，有时候家长由于种种原因缺乏对孩子倾听和表达的耐心，这样会减少儿童倾诉的积极性，也会削弱他们的表达信心。

第三，家长可能会倾向于批评和指责儿童的言行，而不是耐心地倾听和理解，从而减弱了儿童表达的欲望。

第四，现代科技媒介的发展，可能会使家长过度依赖电子设备，让其代替自己陪伴儿童，而忽视了与孩子进行面对面的交流和倾听。

具体活动：

开展"生活观察家庭日记"活动，通过口述日记的方式，培养儿童的观察、倾听和表达能力，同时提高家长对儿童进行此方面教育的能力。每天，家长鼓励儿童选择一个场景或事物进行观察，并记录在口述日记中。口述日记的主题可以是动物、植物、天空、家庭成员、日常生活等。家长指导儿童在口述日记中多角度地描述所观察到的事物，包括外观、颜色、形状、细节等，并鼓励儿童倾听家长的引导与其他家庭成员的描述。活动进行两个星期，儿童选择在此期间自己最满意的一个口述日记在班级分享。

家长互动：

活动结束之后每位家长可以提供一个提高儿童倾听和表达能力的小妙招，供家长之间互相学习借鉴。

教师支招：

第一，建立良好的沟通氛围，让儿童明白他们的言行得到父母的关注与回应，从而增强他们的倾听和表达欲望。

第二，开展一些家庭游戏或角色扮演的活动，让儿童通过模仿和表演，培养表达能力。

第三，阅读富有表现力的故事书能够拓展儿童的表达能力，还能在情节中培养细心聆听的好习惯。

第四，给予儿童正面的反馈，激励他们多表现出自己的想法和意见，并对他们的倾听和表达能力给予肯定。

第五，家长要做一个积极的表达与倾听者，成为儿童的表率。在家庭中展示出尊重和倾听的态度。

家长反馈：

将家长提供的提高儿童倾听和表达能力的小妙招做成系列视频，直观地展示教育方式，并为其他家长提供宝贵的经验和灵感。此举也是对家长成长的一种认可和鼓励。

（八）培养儿童的专注力

教师教研：

教研大班儿童专注力发展的特点，以及培养大班儿童专注力的方法，包括游戏、故事讲解、手工制作等。

聚焦问题：

第一，科技设备干扰。现代科技设备的普及与使用可能会影响儿童的专注力培养，如电视、手机、平板电脑等。

第二，学业压力过大。一些家长对儿童学业的期望可能会增加儿童的压力，从而影响他们的专注力表现。

第三，家庭环境干扰。家庭中可能存在噪声、杂乱等环境因素，影响儿童的专注力培养。

第四，缺乏有效引导。部分家长缺乏对儿童专注力培养的有效引导方法和知识，如在生活中经常打断儿童的活动等，无法很好地帮助儿童培养专注力。

具体活动：

教师指导家长开展一系列的提高儿童专注力的活动。家长在家中组织一些专注力训练游戏，比如找玩具、绘画、拼图、搭乐高等，鼓励儿童集中精力完成任务，并通过游戏方式提升专注力。开展一些言语游戏，比如描述和猜物品、联想故事等，通过言语游戏锻炼孩子的注意力和思维。

家长互动：

为了更好地引导家长进行经验分享，可以设立专门的主题帖或话题讨论，比如"我的孩子专注力培养心得""如何应对孩子专注力问题"等，以便家长能够更有针对性地分享意见和建议，也更易于其他家长查找相关内容。在这样的线上平台上，经验丰富的家长可以积极回复其他家长的问题，并结合自身经验，给予实用建议和支持。

教师支招：

第一，提供适宜的家庭环境。在家中创造一个安静、整洁的环境，避免嘈杂的背景音或过多的刺激物品，有助于儿童集中注意力。

第二，鼓励阅读时间。建立固定的家庭阅读时间，帮助儿童培养专注力和阅读习惯。家长可以与儿童一起朗读故事书，或鼓励儿童自行阅读，并在阅读后进行简单的讨论。

第三，游戏式学习。通过游戏方式进行学习，例如拼图、记忆游戏等，这些游戏可以培养儿童的注意力、思维和记忆力。

第四，定期进行户外活动。安排一些户外探险活动，如郊游、观察大自然、户外游戏等，这些活动能够提高儿童对周围环境的专注度。

家长反馈：

组织家长经验分享会，邀请家长一起分享儿童专注力的变化，分享不同家庭儿童的成长故事和取得的进步，激励其他家长深刻体会到专注力对儿童成长的重要性。同时，邀请经验丰富的家长分享儿童专注力成长过程中采取的具体措施和方法。

（九）激发儿童的学习兴趣

教师教研：

研讨大班儿童认知发展的特点以及生活中反映出来的兴趣点。探讨如何将学习内容融入一些寓教于乐的游戏中，通过游戏的方式提升儿童的学习兴趣。此外，还应注意到不同儿童的认知发展存在差异，需要尊重每个儿童的个体差异，灵活选择教学方式和方法，满足不同幼儿的学习需求。

聚焦问题：

第一，过度期望。部分家长过度期望儿童的学习成绩，给儿童造成压力，导致孩子对学习失去兴趣。

第二，单一化教育方式。有些家长长期采用单一的教育方式，无法满足儿童多元化的学习需求，导致儿童学习兴趣减退。

第三，不倾听儿童意见。有些家长过于主观地安排儿童的学习内容和方式，而忽视了儿童自己的兴趣和意见。

第四，过度依赖外部资源。有些家长过度依赖各种课外培训和补习班，而忽视了在家庭中创造积极的学习氛围，导致儿童的学习兴趣受到消磨。

具体活动：

在班级家庭中开展"生活中的学习"的活动。鼓励家长从生活中发现学习契机，和儿童一起学习相关知识。比如，家长和儿童在日常生活中观察和感受数学的存在。在购物时可以让儿童帮助计算购买食材的数量和价格，或者在烹饪时让儿童帮忙测量食材的重量和容积。家长和儿童一起种植一些简单的植物，让儿童亲身体验植物的成长过程，从而加深他们对自然的认识和兴趣。

家长互动：

鼓励家长们制订一份家庭学习计划，分享计划中的有趣学习活动，同时也可以相互交流对于各种学习活动的经验。

教师支招：

第一，创造积极的学习氛围。在家中创造积极、愉快的学习氛围，让儿童觉得学习是一件愉快的事情。可以在家中布置一个小型的学习角落，摆放有趣的教具和书籍，让儿童有自由学习的空间。

第二，将学习与游戏结合。让儿童在玩耍的过程中学习知识，比如在户外散步时观察大自然、在超市购物时让儿童帮忙计算购物清单等，将学习融入日常生活，让儿童在玩乐中不知不觉地学习。

第三，提供丰富的学习资源。为儿童提供丰富多彩的学习资源，如图书、绘画工具、乐器等，鼓励他们根据兴趣进行探索和学习。

第四，让儿童通过亲身体验和实际操作来学习，如参与家庭烹饪、种植植物等，让他们学到的知识更具有实际意义和趣味性。

第五，当儿童取得学习上的进步或成就时，及时给予肯定和鼓励，让儿童感受到自己的努力是被认可和赞美的，从而激发他们继续学习的积极性。

家长反馈：

收集家长在生活中引导儿童学习的案例，具体包括家长在日常生活中发现学习契机，并通过游戏化的方式引导儿童学习，从而激发儿童学习兴趣。通过收集的案例了解家长的相关情况。

（十）帮助儿童适应小学生活

教师教研：

教研儿童进入一年级之后出现哪些方面的适应困难，家长的行为表现反映出哪些问题。如何通过家校共育帮孩子和家长尽快适应小学生活。

聚焦问题：

第一，只关注儿童的成绩。有些家长过度关注儿童的学习成绩，忽视了儿童在其他方面的发展和成长，对儿童的要求过高。

第二，过分介入儿童的学习。有些家长会过分介入儿童的学习，包括过度监督儿童的学习进度、帮助儿童完成作业，甚至代替儿童完成作业等，这可能影响到儿童的学习自主性和发展。

第三，忽视情感需求。有些家长过于关注学业，而忽视了儿童的情感需求和心理健康，缺乏关怀和陪伴儿童的时间。

第四，对比心理。部分家长会陷入拿儿童与其他同学进行比较的心态，忽视了儿童个体差异，给儿童造成压力和焦虑。

第五，沟通不足。由于工作繁忙等原因，有些家长与儿童的沟通不足，无法及时了解儿童在学校中的表现和需求。

具体活动：

为了帮助一年级儿童和家长尽快适应小学生活，小学可以开展专门的讲座，主要内容可以包括以下方面：

第一，讲解儿童入学后的情感变化，包括分离焦虑、适应困难等，并介绍家长如何理解儿童的情感需求，提供情感支持和指导。

第二，分享关于如何进行小学生活学习的有效方法，比如如何建立良好的学习习惯、如何合理规划作业时间等。

第三，介绍家长在儿童适应学校生活中的角色和责任，包括如何与儿童进行有效沟通、如何处理家庭作业、如何培养儿童的自理能力等。

第四，介绍一些与儿童学习和成长相关的教育心理学知识，以及如何辨别和处理儿童可能遇到的问题。

家长互动：

定期组织班级家长会，提供一个讨论儿童学习和生活的平台，鼓励家长们分享彼此的经验和困惑。另外，可以组织一些主题讨论活动，邀请家长们就特定问题展开深入讨论，促进彼此之间的知识共享和交流。

教师支招：

第一，营造积极的家庭氛围。在家中营造轻松、愉快的氛围，给儿童充分的安全感和依恋感。

第二，积极参与学校活动。积极参与学校组织的家长会、家长学校等活动，了解学校的教育教学情况，与老师、其他家长交流沟通。

第三，关注儿童的情感需求。留意儿童的情绪变化，表扬、鼓励、关爱、理解儿童，给予儿童充分的耐心和宽容。

第四，鼓励儿童自主学习。培养儿童的自主学习能力，鼓励儿童独立完成作业和学习任务。

第五，与学校加强沟通。与学校老师建立良好的沟通渠道，了解儿童在学校的表现和才能，及时解决可能出现的问题。

家长反馈：

可以通过问卷调查，向家长询问他们在儿童入学后采取了哪些措施来帮助儿童适应小学生活，以及家长自己在角色转变过程中所面临的挑战和需求。此外，教师可以定期进行家访，与家长面对面交流，了解儿童在家中的学习情况和家长在教育方面的期望和挑战。

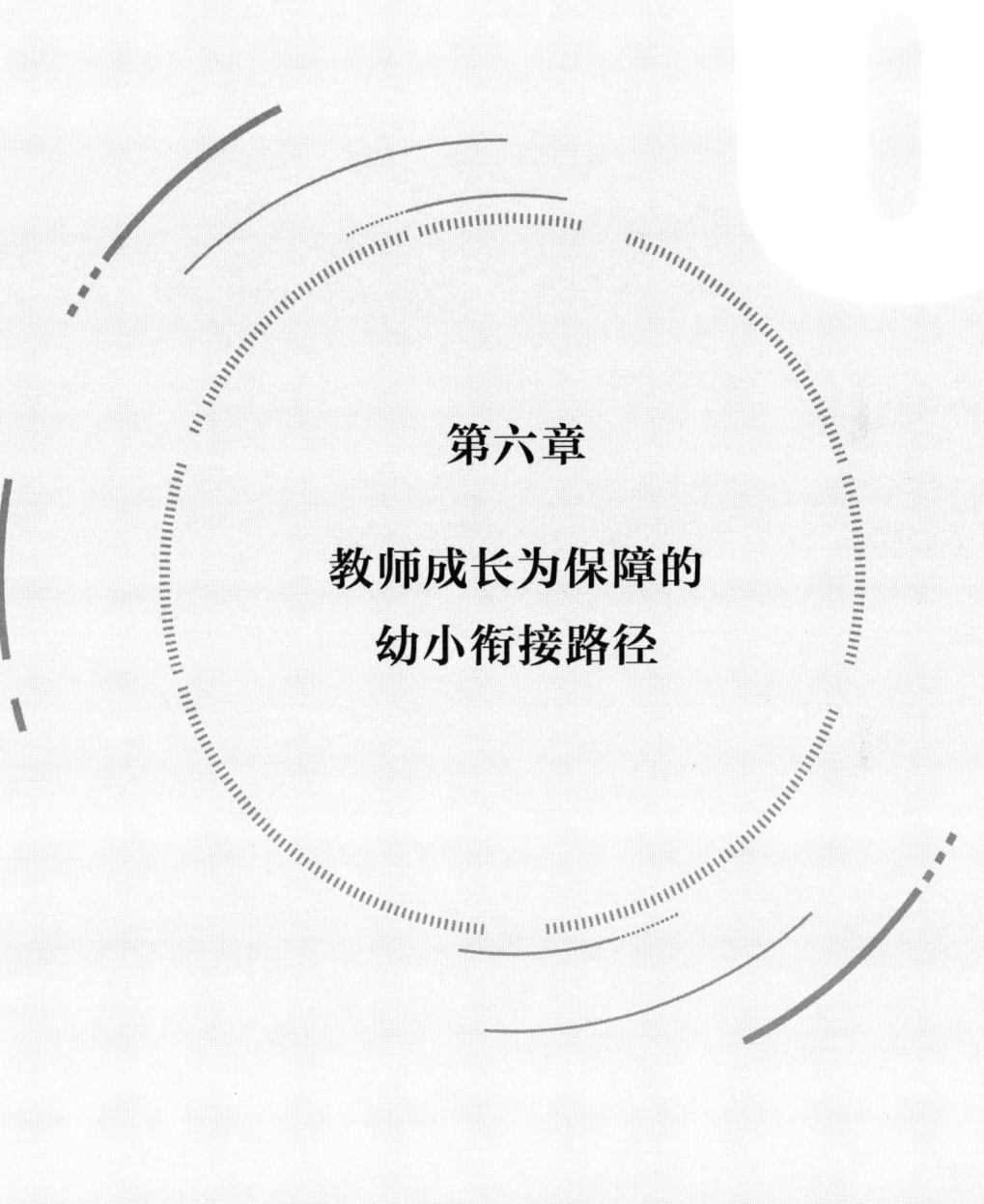

第六章

教师成长为保障的
幼小衔接路径

幼儿园教师和小学教师是幼小衔接工作中主要的参与主体和实践者。科学的教育观念和相应的教育能力是幼儿园和小学教师做好幼小衔接工作的专业保障，有助于儿童顺利完成从幼儿园到小学的过渡。但是已有研究显示，幼儿园和小学教师的幼小衔接教育能力较为不足。幼儿园教师在入学准备教育方面存在困难，尤其是培养儿童的注意力和独立完成任务能力。超八成（84.3%）的小学教师在新生教育教学方面存在较大困难，主要表现为不了解新生学习特点、未掌握适宜的教学方式。本研究前期针对幼儿园大班教师的调研结果也显示，幼儿园大班教师在幼小衔接工作开展的过程中如何帮助孩子建立入学期待、如何帮助孩子增强体质、如何帮助孩子提高手眼协调能力、如何增强孩子的规则意识、如何培养孩子良好的学习习惯、如何激发孩子学习兴趣、如何与家长进行有效沟通等各个方面的学习需求都显著高于平均水平。所以，如何在幼小衔接工作开展的过程中提高教师的专业素养是目前需要思考的问题。

儿童顺利过渡到新的教育阶段与前后阶段教师之间的沟通合作息息相关。因此，幼小衔接过程中双方教师了解彼此教育阶段的教学内容、实施方式和评估标准，将幼儿园的基本教育活动与小学低年级的课程及其教学真实地贯通，形成衔接上的内部一致性至关重要。而联合教研是实现这一目标的关键途径。通过联合教研，幼儿园和小学教师深入了解对方的教育理念和教学环境，增进相互间的信任与了解。同时，共同探讨教学难点和问题有助于教师更好地理解不同阶段的教育特点，从而更好地引导儿童顺利完成过渡。联合教研也可促进教师的专业发展，激发他们的创新思维和研究热情。通过分享教学经验和成果，教师们可以相互学习，不断提升教育教学能力，为幼小衔接工作提供更多可能性。

教育部《关于大力推进幼儿园与小学科学衔接的指导意见》指出幼儿园和小学要坚持双向衔接，协同合作建立起幼小学段互通、内容融合的联合教研制度，加强教师在儿童发展、课程、教学、管理等方面的研究交流，及时解决入学准备和入学适应实践中的突出问题。本研究计划通过建立科学系统的幼小双向联合教研体系，提升幼儿园和小学教师在幼小衔接方面的专业素养，为幼小衔接工作提供有力保障。

第一节 教师成长为保障的幼小衔接内容

一、深研幼小衔接内涵，幼、小教师达成共识

一直以来，幼小衔接工作中存在幼儿园单方面向小学靠拢的现象，幼儿园趋向小学的教学模式，忽视了儿童在学龄前特有的发展需求，影响了幼小衔接的质量。幼小衔接工作应该是幼儿园和小学的双向奔赴，在此过程中，不仅要关注幼儿园阶段对小学阶段提供的支持和过渡，也要重视小学阶段对幼儿园阶段的反哺和支持。通过两个教育阶段之间的互动与共融，保障儿童整体发展的连续性和稳定性，促进了两个教育阶段间的无缝衔接。而出现单向衔接的一个重要原因就是幼儿园教师和小学教师在幼小衔接工作中没有达成"双向奔赴"这一共识，导致两个阶段的教育理念、教学内容和方法等缺乏连贯性。本研究前期的调研中有 35.34% 的幼儿园大班教师认为小学不主动与幼儿园衔接。

因此，幼小联合教研首先要使幼儿园教师和小学教师对幼小衔接工作达成共识。只有幼儿园教师和小学教师达成了共识，双方才能更好地了解彼此的教育理念、课程设置、教学方法以及对儿童学习情况的评估标准等，从而确保教学过程中的连贯性和协调性，让儿童在教育阶段转换时更容易适应新的学习环境。而且幼儿园教师和小学教师达成共识有助于幼儿园教师和小学教师在与家长沟通和合作中形成一致的声音，向家长传递统一的教育理念和期望，从而减轻家长的焦虑情绪，增强家校合作的有效性。

同时，幼儿园教师和小学教师对幼小衔接工作达成共识有助于教师对于幼小衔接工作的重要性和紧迫性产生更深刻的认识，增强教师在幼小衔接过程中的归属感，让他们意识到自己是一个跨阶段教育过程中不可或缺的一环，从而激发内驱力，推动幼小衔接工作的顺利进行。

二、深研幼小衔接政策，明确幼、小职责分工

学习幼小衔接相关的政策，有助于幼儿园教师和小学教师了解彼此教育阶段的教育理念、内容和方式等以及各自在幼小衔接过程中的责任和分工。通过学习《幼儿园教育指导纲要（试行）》和《3—6岁儿童学习与发展指南》，教师们将更全面地了解学龄前儿童的认知、情感、社会和身体发展特点。这些政策指导教师们关注儿童的个体差异和发展水平，建议采用符合这一阶段儿童特点的教学方法和活动形式。同时，通过学习《义务教育课程方案和课程标准（2022年版）》，教师们可以更好地理解小学阶段教育的要求和目标，把握课程设置和教学内容的连续性与衔接性。此外，学习教育部《关于大力推进幼儿园与小学科学衔接的指导意见》对于幼小衔接工作的目标、原则和要求进行了明确规定。这些政策的学习使得幼儿园教师和小学教师能够更加清楚地认识到幼小衔接工作的重要性，以及双方在衔接过程中的共同责任和任务。教师们能够通过政策的指导，紧密地协作，共同制定衔接方案，并通过交流经验、分享资源等方式互相支持，以提高幼小衔接的效果和质量。

三、深研幼、小课程，保证课程的连续性

幼小衔接工作效果不理想的一个重要原因就是两个学段的教师对彼此的课程内容、课程要求、课程实施方式、课程进度和评估标准都不了解。前期调研结果显示有31.61%的幼儿园大班教师和42.05%的小学教师认为幼儿园和小学之间的教学内容和方法差异太大，很难衔接。这说明幼儿园教师和小学教师只

是看到了二者课程内容和实施方式等方面的差异，没有深入了解二者之间的关系。这导致幼儿园大班的教师可能不清楚小学课程的具体要求，无法准确地引导幼儿做好入学准备。而小学教师对于幼儿的已有经验和水平缺乏了解，容易导致盲目拔高要求。他们可能过早地期望幼儿达到小学阶段的学业水平，而没有考虑到幼儿园阶段的发展特点和学习差异。这可能给幼儿带来过多压力，影响他们的学习兴趣和自信心。

四、深研幼、小家长工作，保证家园（校）合作的连续性

家长的参与和支持对于儿童顺利过渡至小学阶段至关重要。前期调研显示，处于幼小衔接阶段的儿童家长对儿童的教养期望较高、教养压力比较大、教养效能感较低。而且很多家长存在一些不科学的幼小衔接理念，比如在调查幼儿园大班家长对于超前学习的看法时显示，只有 14.56% 的家长表示不会让孩子进行超前学习。相比之下，有 78.66% 的家长计划让孩子提前学习拼音，65.47% 的家长计划提前让孩子练习写字，59.28% 的家长计划提前让孩子学习两位数的加减法。而对于幼小衔接工作的开展来看，有 52.78% 的幼儿园大班教师和 36.93% 的小学教师认为家长的衔接理念不科学，沟通合作有困难。有 31.55% 的幼儿园大班教师反映家长对幼儿园组织的家园共育活动支持度不高，有 40.76% 的幼儿园大班教师反映家长不会主动学习入学准备的相关知识。可以看出家长工作是做好幼小衔接工作的重要内容。

幼儿园教师和小学教师通过教研可以共同理解和认识家长的期望、需求和焦虑。他们可以共同探讨如何向家长传递幼小衔接的目标、具体举措和相关计划，使家长能够形成一致的认知，明确自己在幼小衔接中的角色与责任。教师们可以共同合作、交流经验和资源共享，为家长们提供专业的指导和支持，减少家长们焦虑，让他们在儿童的学习成长中发挥更积极的作用。

第二节 教师成长为保障的幼小衔接原则

一、以儿童为本的原则

在任何教育阶段，儿童要在学习中获得健康快乐成长，都需要教师在教育过程中树立儿童本位教育理念，充分尊重儿童在教育过程中的主体地位，明确儿童的身心发展规律，共同促进儿童良好发展。然而，幼小衔接工作开展的过程中很多幼儿园和小学的做法背离了衔接的初衷，如幼儿园进行小学化学习，小学盲目加快教学进度、机械化教学等。

在幼小衔接中，幼儿园应该以游戏和探索为主要的学习方式，让儿童通过自主参与、互动合作的活动来发展各个方面的能力。小学教师在教学过程中要进行生活化、游戏化和综合化的教学设计，以更好贴合儿童的身心发展特点，全面激发儿童参与教学活动的积极性，使其在愉快的氛围中完成学习任务，达到预期教学目标。

二、形式多样、深入高效的原则

在幼小双向衔接的过程中，幼儿园和小学教师进行教研应该具备灵活多样的形式，以高效地解决问题并提升教学质量。教研的目的是解决教学中的问题，而问题的性质和复杂程度各不相同。因此，教师们需要根据具体问题选择合适的讨论、观摩、研讨或团队合作等方式，灵活运用教研形式，以更有效地解决问题。

通过灵活多样的教研形式，教师们能够及时抓住问题，调整教学策略，保持教学的活力和针对性。本研究前期调查结果显示，40.1% 的幼儿园大班教师和 40.34% 的小学一年级教师认为幼儿园和小学在幼小衔接的过程中合作形式单一，缺乏深入性。因此，在幼儿园和小学的双向衔接教研中，不应局限于某种形式，并避免成为一种形式化的教研活动，因为这样的教研无法深入地解决问题。幼儿园和小学的教师们应该根据具体情况和问题的需要选择恰当的形式，对教研问题进行深入探讨，提高教育教学的效果，推动幼小衔接工作的顺利进行。通过充分利用多种教研形式，幼儿园和小学教师能够更好地合作，深入研究和探索问题，以期为儿童提供更优质的教育服务。

三、提供外部保障的原则

为了保证幼小衔接双向教研的顺利进行和有效实施，应该为其提供必要的外部保障。前期调研显示，有 19.37% 的幼儿园大班教师和 25.57% 的一年级教师表示幼小衔接会增加工作量，时间、精力不够。而在教师时间、精力等条件不够的情况下开展工作就很难保证工作的质量。而且幼小衔接是一项复杂且涉及多方合作的任务，确实需要一些外部支持。

第一，时间保障。为幼小衔接教研留出较为充足的时间，包括个人研究时间、团队合作时间和交流讨论的时间。幼儿园教师和小学教师在教研幼小衔接问题时，需要进行调研、讨论、研究和实践。这些工作都需要时间来进行，以确保教师们可以深入了解幼小衔接的需求和有效实施各种策略。可以通过合理安排课程表、减少教学负担等方式为幼儿园教师和小学教师安排专门的教研时间，确保他们有充足的时间进行教研活动。

第二，人员保障。为了保证教研质量和效果，可能需要额外的人员支持，如教育专家、教研指导老师等。学校可以邀请专业的幼小衔接专家提供指导，为教师提供专业指导和支持，还可以安排有经验的教研组长负责带领教师进行教研工作，并协调教研活动的开展。

第三，资源保障。幼小衔接问题的教研需要收集和整理大量的教学资源，如教案、教材、课件等。提供资源支持可以减轻教师的负担，并为他们提供更好的教学准备条件。同时，学校及相关部门应提供相应的教研经费，用于购买教材、参加培训以及开展教研活动。

四、连续性和系统性原则

幼儿园教师和小学教师各自忙于工作，很少有深入交流，双方不理解导致了衔接不顺畅，教研联动虽然让彼此增进了了解，但是受限于次数、时间与日常事务的处理，一贯性和连续性不能得到很好的保证。幼小衔接双向教研要具有连续性和系统性，因为幼小衔接涉及上下学段的衔接和顺利过渡，需要教师们在教研过程中建立起长期的合作与沟通机制。

首先，只有连续系统地开展教研，幼儿园教师和小学教师才能够逐渐建立起理解和共识。他们可以通过一系列的教研活动，逐步了解对方的教育目标、教学方法和期望结果，从而更好地进行衔接工作。

其次，幼小衔接中可能会出现诸多问题，仅仅偶尔进行的教研无法及时解决这些问题。通过连续系统的教研，教师们能够紧密合作，在发现问题时迅速做出调整和帮助，使幼小衔接更加顺畅。

最后，连续系统的教研有助于促进幼儿园和小学之间课程的衔接。教师们可以共同讨论和制定整体的衔接方案，并确保在不同学段教材内容、教学方法和评价方式上的连贯性。

通过连续系统的幼小衔接双向教研，幼儿园和小学教师能够建立起长期合作与沟通机制，互相理解与支持，及时解决问题并提升衔接质量。这样的教研模式将有助于实现幼小衔接的连续性和系统性，为孩子的顺利过渡和综合发展奠定基础。

第三节　教师成长为保障的幼小衔接具体实施路径

一、幼、小共同培训，达成衔接共识

幼儿园教师和小学教师通常在各自学段中习惯了不同的教学方式和教育模式，对彼此的工作和要求不太了解。可以共同培训一些幼小衔接相关的政策文件、儿童在幼小衔接阶段的发展特点和需求以及与幼小衔接相关的教学策略和活动设计等。通过共同参与培训和研训，可以增进彼此的了解，理解对方的教学环境、要求和期望，也可以更好地理解儿童的发展具有从幼儿园到小学的连续性。

幼儿园教师和小学教师在共同培训的过程中一起学习新的教育理念和方法，共同面对和解决幼小衔接中出现的问题。他们可以深入探讨并建立起共同的教育理念，相互分享经验和策略，共同探索更好的衔接方式，达成更加有效的衔接共识，减少幼小衔接时的不协调和冲突。

二、幼、小角色互换，互相深入了解

幼儿园教师和小学教师可以通过互相观摩、同课异构和跟岗观察等形式进行角色互换体验，深入了解彼此的教学环境、工作方式和教学经验。首先是互相观摩，幼儿园教师可以到小学课堂上观摩小学教师的教学过程，了解小学教育的特点和教学方式。同样，小学教师也可以到幼儿园进行观摩，体验幼儿园教师的教学方式和育人模式。通过互相观摩体验，教师们可以深入了解彼此的工作环境和实际操作，增进对对方工作的理解与认同。其次是同课异构，幼儿园教师和小学教师可以在同一个教学主题或者教材内容上进行同课异构。即幼儿园和小学教师分别根据自己的学段特点和教育目标，在教学内容和方法上进行微调和适应。通过这种方式，教师们可以共同探讨如何在不同学段实现衔接和延伸，以及如何在教学过程中有意识地为儿童提供平滑过渡与继续发展。最后是跟岗观察，幼儿园和小学教师可以进行跟岗观察，互相了解对方的工作情况。比如，幼儿园教师可以到小学一年级班级中跟岗观察，了解小学教师是如何组织学习活动、管理学生和评估学习成果的。同时，小学教师也可以到幼儿园进行跟岗观察，了解幼儿园教师是如何开展游戏教学和培养儿童各方面能力的。通过跟岗观察，教师们可以亲身感知并体验彼此的教学实践，深入了解对方工作的挑战和成就。

通过幼、小角色互换的方式，幼儿园教师和小学教师可以在亲身经历中增进彼此的了解。他们可以互相借鉴和启发，在教学过程中探索更好的衔接方法和策略。这样的互动过程有助于建立起合作与协同的关系，进一步提升幼小衔接工作的质量和效果。

三、幼、小双向混龄，促进师生互动

幼、小双向混龄强调幼儿可以参加小学的某些课程或活动，一年级学生也可以回到幼儿园与幼儿一起参与游戏、探索和学习。

对于儿童而言，一年级的小学生重回幼儿园可以让他们重拾熟悉的环境并和老师、朋友们再次相遇，有助于缓解他们面临的变化和紧张情绪，提供一种平滑过渡的机会。而且再次回到幼儿园他们可以充分展示自己已经学到的知识和技能，成为年幼的孩子们的模范。这样的经历有助于培养他们的自信心和成为一名小学生的自豪感。而幼儿园大班的儿童也将以一年级的哥哥姐姐为榜样，对小学生活充满向往。

对于教师而言，他们通过与其他学段的孩子互动，教师可以更好地了解不同年龄段孩子的成长特点和发展需求。幼儿园教师可以通过与一年级的孩子接触，了解他们进入一年级之后的适应情况，这一反馈情况可以为幼儿园后续入学准备教育的调整提供依据。一年级教师也可以通过与幼儿园大班的孩子互动，了解幼儿阶段的发展特点，为小学入学适应教育提供参考。

四、巧用成长档案，全面了解儿童

成长档案是记录幼儿园阶段儿童成长发展情况的重要工具。这些档案包括儿童的个人信息、生活习惯、兴趣爱好、学习情况等。在幼小衔接时，幼儿园教师应将儿童的成长档案详细地整理好，交由毕业儿童家长保存，并在儿童进入小学后传递给小学教师。小学教师可以通过仔细研读成长档案，了解儿童的强项和需求，发掘他们的潜能，并根据各自的特点制订个别化的教学计划和指导方法。这样，儿童在小学阶段将更有机会展现自己的优势和能力，也可以得到有效支持和帮助。

此外，成长档案作为教师间的交流工具，可以促进幼儿园教师和小学教师之间的合作与沟通。通过共享成长档案，教师们可以相互了解儿童在不同学段的发展情况，交流经验和观察结果，探讨衔接工作中的挑战和策略。这种专业交流有助于提升幼小衔接工作的连贯性和质量。

在建立成长档案的过程中，教师可以鼓励儿童参与自己档案的整理和记录，让他们通过自我评价和反思认识到自己的成长过程和进步。这样的参与和自主管理不仅增强了儿童对自己学习情况的认知，也培养了他们的责任心和自我管理能力，为顺利适应小学生活奠定了基础。

五、家园校共育，打造良好衔接生态

幼儿园教师和小学教师可以一起开展幼小衔接阶段的家长工作，在开展家园（校）共育工作的过程中，家长可以更加直接地了解幼儿园和小学的环境、课程设置、教学进度等方面的情况，可以避免家长由于不了解而产生焦虑的情况。幼儿园和小学共同开展家园（校）共育的具体方式可以根据实际情况灵活地进行安排、调整，比如，第一，幼儿园和小学可以共同组织家长会议，邀请幼儿园家长和小学家长参与。会议可以提供关于衔接过程、期望目标、学习内容等方面的信息，并解答家长的疑惑和问题。教师可以分享关于衔接的经验、教育理念和家庭支持的建议。这样的会议为家长提供了机会，与教师面对面交流、互相认识，建立联系和信任。第二，幼儿园和小学可以共同组织联合活动，如亲子互动游戏、工作坊等。通过这些活动，家长可以更好地了解幼儿园和小学的教育理念、教学特点和期望目标。同时，教师也可以借此机会与家长面对面交流，了解家庭情况、需求和期望，为家庭提供个性化的支持和指导。第三，幼儿园和小学可以共享教育资源，如书籍、教学素材、家庭指导材料等。这些资源可以由教师在不同学段之间共享，为家长提供有关教育的相关信息和支持。通过共享资源，家长可以更好地理解幼儿园和小学的教学内容和要求，更好地配合和支持孩子的学习和发展。

在家园（校）共育的过程中，幼儿园和小学教师与家长的紧密沟通也有助于提高教师与家长的沟通能力。通过积极倾听家长的意见、关注家庭背景和需求，教师可以增进对个别家庭的了解并制订个性化的教学计划和支持方案。而且幼儿园、小学和家庭之间的良好沟通和合作可以形成一个良好的衔接生态。在这个生态中，各方面的专业知识和资源得以充分利用，以支持儿童的平稳转变和全面发展。

六、鼓励儿童参与教研，满足儿童真实需求

幼小衔接的目的是帮助儿童做好从幼儿园到小学的过渡，所有幼小衔接的教研应围绕儿童的需求以及解决儿童的问题展开。因此，可以鼓励儿童参与教研活动，表达自己的意愿和需求。

第一，教师可以邀请儿童进行个别或小组访谈，倾听他们的想法、感受和需求。在访谈中，教师可以提出开放性的问题，鼓励大班儿童主动描述他们对

小学的期望、担忧或困难，鼓励小学一年级儿童描述他们在适应小学生活过程中的困难和期待。通过访谈，教师可以更深入地了解儿童在幼小衔接阶段可能面临的挑战，并根据他们的回答调整和改进教育方案。

第二，教师可以组织经验分享和角色扮演活动，让儿童有机会分享他们的感受。例如，教师可以为儿童提供舞台演出的机会，让他们通过角色扮演的方式来表达自己对入学的预期和生活的想象或者对于小学生活适应情况。这样的活动可以帮助教师更好地了解儿童的真实需求。

第三，在教研活动中，教师可以为儿童提供自主选择的机会，让他们根据自己的兴趣和需要选择参与的活动或项目。这样的自主选择能够激发儿童的主动性和积极性，并为教师提供更准确地了解幼儿需求的机会。

需要注意的是，在开展儿童参与教研活动时，教师应创造开放、包容和尊重的氛围，鼓励儿童自由表达自己的意愿和需求。同时，教师应认真倾听、相信和尊重幼儿的意见，并据此调整和改进教育方案，为儿童提供更多的帮助和支持。

七、整体规划，系统推进

为了保证幼小双向衔接教研的有序性、系统性和有效性，需要制定教研的总体计划和目标以及不同阶段的计划和目标。首先，有计划和目标可以帮助教师明确教研的重点和方向，可以提高教研的效益和成果。其次，设定明确的目标可以帮助教师更好地明确自己的教育需求，并有针对性地进行教研活动。通过有计划地教研工作，教师可以不断提升专业能力，逐步提高教学质量。最后，通过设立明确的目标，教师可以对教研成果进行评估和衡量，了解教研的有效性并及时进行调整和改进。这有助于教研工作的持续发展，并为幼小衔接的实施提供实际依据。

幼小衔接双向教研的计划可以包括探讨幼儿园和小学教育之间的差异、改进幼小衔接策略、提升教师的教学能力、强化家校合作等方面。目标需要指向儿童从幼儿园到小学的顺利过渡以及家长和教师教育能力的提升等方面。

八、完善外部保障，促进活动有序进行

为了给幼儿园和小学的幼小衔接工作提供良好的外部保障。第一，要为幼儿园和小学确立合作对接关系。前期的调查显示，有 20.77% 的幼儿园大班教师反映没有对接的小学进行衔接合作，有 27.27% 的小学一年级教师反映没有对接的幼儿园进行衔接合作。第二，要组成幼小衔接联络委员会，有专门的人员负责协调和组织幼小衔接相关的活动和教研工作。该委员会可以由学校领导、管理人员和教师共同组成，负责教研资源整合、时间安排等工作，以保障衔接教研的顺利进行。第三，学校可以在教学日历中设置专门的时间安排，给予教师参与教研活动的时间。例如，可以安排专门的教研周、教研日或其他特定时间段，让幼儿园教师和小学教师有机会共同参与教研活动，交流经验，共享资源，并根据儿童的需求作出相应的调整和策划。第四，学校可以安排专门的专家和教研人员，为教研活动提供专业知识和方法的指导，确保教研工作的有效进行。第五，学校可以提供必要的教研资源，如专业书籍、期刊、教学资料、教研平台等。这些资源可以帮助教师开展教研工作，提供相关的理论知识和实践案例，为教研活动提供支持和参考。

通过以上的外部保障措施，可以为幼儿园教师和小学教师开展教研工作提供必要的支持和保障，促进他们共同探索和改进幼小衔接的教育实践。

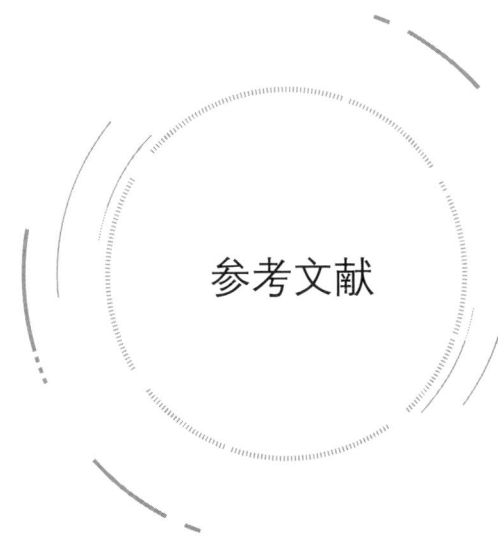

参考文献

［1］教育部.幼儿园入学准备教育指导要点 [EB/OL].（2021-03-31）[2024-03-18].http://www.moe.gov.cn/srcsite/A06/s3327/202104/t20210408_525137.html.

［2］教育部.小学入学适应教育指导要点 [EB/OL].（2021-03-31）[2024-03-18].http://www.moe.gov.cn/srcsite/A06/s3327/202104/t20210408_525137.html.

［3］教育部.关于大力推进幼儿园与小学科学衔接的指导意见 [EB/OL].（2021-03-31）[2024-03-18].http://www.moe.gov.cn/srcsite/A06/s3327/202104/t20210408_525137.html.

［4］教育部.3—6 岁儿童学习与发展指南 [EB/OL].（2012-10-09）[2024-03-18].http://www.moe.gov.cn/srcsite/A06/s3327/201210/t20121009_143254.html.

［5］李召存，李琳.迈向高质量教育时代的幼小衔接 [J].学前教育研究，2022（5）：1-10.

［6］罗向东，李佩洁."幼小衔接"中家长"负能量"转化路径 [J].陕西学前师范学院学报，2017，33（11）：54-58.

［7］崔淑婧，田兴江.近 20 年国外幼小衔接研究的视角变迁与实证进展 [J].学前教育研究，2022（5）：28-43.

［8］李敏谊，崔淑婧，刘颖.近十年国外不同利益相关者对于幼小衔接问题看法的研究综述 [J].外国中小学教育，2010（5）：11-17.

［9］唐蕾，钟靖怡.利益相关者视角下幼小衔接的现实困境与破解路径 [J].基础教育研究，2021，（23）：3-6.

［10］宋烁琪，刘丽伟.“儿童的视角”下幼儿与小学生的衔接困境和需求分析 [J]. 学前教育研究，2022（05）：11-27.

［11］陈阳，廖宏宇，周勤婧.“双减”背景下家长“教育焦虑”破解路径 [J]. 大连教育学院学报，2023，39（1）：61-63.

［12］曹楠，吴荔红. 澄清与化解：基于家长视角对幼小衔接现实困惑的思考 [J]. 陕西学前师范学院学报，2021，37（10）：110-116.

［13］张剑澜，刘彩凤. 幼小衔接那些“坑”，小幼衔接来“填”平：兼谈谁是“幼小衔接焦虑症”制造者 [J]. 课堂内外（小学教研），2021（10）：143-146.

［14］程伟，董吉贺，刘源. 近十年我国“幼小衔接”研究的回顾与展望 [J]. 上海教育科研，2021（7）：64-68.

［15］冯婉桢. 立足儿童可持续发展规划幼小衔接 [J]. 幼儿教育，2018，(Z4)：94.

［16］董烈霞，彭丽华，王颖. 乡村小学教师专业素养发展现状研究：对于河北省的调查 [J]. 天津市教科院学报，2020（3）：82-88.

［17］洪秀敏，刘倩倩. 不同利益主体视域下幼小衔接的多维挑战与突围之路：基于东中西部五省的实证调查 [J]. 中国教育学刊，2022（4）：1-6.

［18］傅小格. 大班儿童入学准备水平研究 [D]. 大连：辽宁师范大学，2020.

［19］王菠，王萍. 学前儿童入学准备的评估工具研究：基于英国剑桥大学入学准备之早期技能与支持评估简表的分析 [J]. 外国中小学教育，2017（6）：26-31.

［20］Sue Dockett, Bob Perry, 2007. Transitions to School: Perceptions, Expectations, Experiences [M]. University of New South Wales Press: 47.

［21］凌丁玲. 幼小衔接过程中去“小学化”政策实施现状的研究 [D]. 南宁：广西大学，2020.

［22］张耀文. 父母教养压力问卷儿童版的编制及信效度检验 [D]. 广州：广州大学，2022.

［23］陈映熹. 广东省幼小衔接中存在的问题及对策研究 [D]. 广州：广州大

学，2023.

［24］姜学清. 儿童发展的社会学观点：帕森斯等人的家庭系统理论 [J]. 心理发展与教育，1989（1）：41-45.

［25］刘文倩. 大班幼儿学习品质研究 [D]. 聊城：聊城大学，2022.

［26］张鑫. 家园共育中家长边缘性参与研究 [D]. 重庆：西南大学，2018.

［27］柏欣彤. 小学教育阶段家校合作机制协调性研究 [J]. 淮阴师范学院学报（自然科学版），2023，22（1）：80-82.

［28］王森. 父母教育期望与中学生自我期望的关系 [D]. 湘潭：湖南科技大学，2020.

［29］巩莉. 幼小衔接视域下小学新生入学适应性研究 [D]. 石家庄：河北师范大学，2022.

［30］陈希. 亲职教育促进中班幼儿母亲教养效能感提升的行动研究 [D]. 武汉：华中师范大学，2021.

［31］李凤. 儿童眼中的幼小衔接：基于大班幼儿与小学一年级新生的访谈 [D]. 成都：四川师范大学，2017.

［32］刘玲，王建平. 幼小衔接视角下新生入学适应问题的分析与应对：基于北京市 16 个区小学一年级任课教师的调查 [J]. 中小学校长，2023（1）：32-34，56.

［33］柴裕琳. N 幼儿园 S 大班幼儿在园数学入学准备的经验、问题及策略研究 [D]. 贵阳：贵州师范大学，2022.

［34］高小强，杨恩泽. 幼小衔接视域下小学教师的环境创设专业能力：挑战与对策 [J]. 当代教育与文化，2022，14（4）：65-70.

［35］刘源，程伟，董吉贺. 我国幼小衔接教育政策的演变与反思：基于对 1949～2019 年相关政策文本的分析 [J]. 学前教育研究，2021，（1）：67-84.

［36］刘晓红，曹艳梅.《幼儿园教师专业标准（试行）》下的教师专业素养调查研究：以河南省"国培计划（幼儿园骨干教师）"为例 [J]. 教育导刊（下半月），2012（7）：12-16.

［37］袁丽娟.基于"专业标准"的青岛市幼儿园教师专业素养的调查研究［D］.青岛：青岛大学，2017.

［38］吴海萍.职业能力视角下乡镇中心幼儿园幼儿教师专业素养提升的路径探索［J］.现代职业教育，2019（31）：166-167.

［39］申倩琳.民办幼儿园教师专业素养水平现状及其影响因素研究［D］.南充：西华师范大学，2019.

［40］赵爱霞.提升小学教师专业素养的策略探究［J］.天津教育，2019，（25）：160-163.

［41］雷文丽.共生理论视域下幼小衔接的家园合作研究［D］.贵阳：贵州师范大学，2023.

［42］付浩."双向衔接"视角下幼儿园和小学教师入学准备观念的现状研究［D］.洛阳：洛阳师范学院，2023.

［43］程琳.父母期望、初中生自我期望与学习成绩的关系［D］.开封：河南大学，2010.

［44］Telekov,R., Marcinekova,T., Tirpakova, A.& Gonda, D. Adaptation Difficulties of Children atthe Beginning of School Attendance Based on the Optics of PrimarySchool Teachers. Children[J]. 2023(10):410.

［45］江光荣，应梦婷，林秀彬等.《中国中小学生学校适应成套量表》的编制［J］.中国临床心理学杂志，2017，25（3）：435-444.

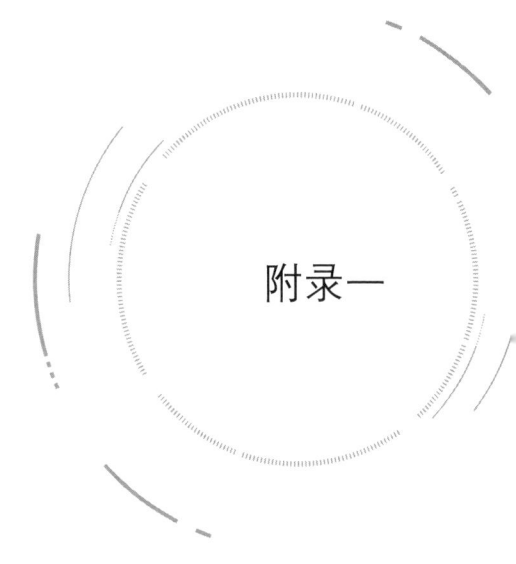

大班幼儿入学准备情况及家长需求情况调查

尊敬的家长：您好！

　　本问卷旨在了解孩子目前的入学准备情况以及您对幼小衔接的看法和学习需求。本问卷不记名，答案无对错之分，请您放心填写。感谢您在百忙之中抽出时间填写以下问卷，您的回答将为我们的研究及后续幼小衔接工作的开展提供宝贵的事实依据。谢谢您的支持与配合！

　　1. 您所在的地区是：①城市　②农村

　　2. 您孩子所在幼儿园的性质是：①公办园　②民办园

　　3. 您孩子的性别是：①男　②女

　　4. 您孩子的年龄是：_____岁零_____个月

　　5. 您的孩子是否为独生子女：①是　②否

　　6. 您孩子的出生顺序是：①头胎　②二胎　③三胎及以上

　　7. 您是孩子的：①父亲　②母亲

　　8. 您的年龄是：①30岁以下　②31—40岁　③41—50岁　④51岁以上

9. 您的学历是：

①初中及以下　②高中或中专　③大专　④本科　⑤硕士研究生及以上

10. 您认为"幼小衔接"教育是［多选题］

①是幼儿园的事　②是小学的事　③是家庭教育的事　④没考虑过

11. 您的孩子上提前学习小学知识的"幼小衔接班"了吗？

①孩子上的幼儿园已经提前教了拼音等小学知识

②目前周末上"幼小衔接班"

③计划下学期上"幼小衔接班"

④计划在大班毕业后的暑假上"幼小衔接班"

⑤觉得没必要

12. 您计划在入学前让孩子超前学习哪些小学知识呢？［多选题］

①练习写字

②两位数的加减法等数学学习

③学习拼音

④其他_____

⑤不会超前学习

13. 您让孩子超前学习小学知识的原因是［多选题］

①害怕小学进度快，自己孩子跟不上

②害怕自己孩子能力弱跟不上

③害怕别的孩子都学了，自己孩子跟不上

④孩子自己感兴趣，提前学习

⑤其他原因_____

⑥不会超前学习

14. 您希望孩子的学业将来达到什么水平？

①初中毕业　②高中毕业　③大专毕业　④本科毕业　⑤研究生及以上

15. 下列是一些对幼小衔接的看法，这些描述是否和您的观点和做法相符？请选择最符合您实际情况的选项。

题目	非常不符合	比较不符合	一般	比较符合	非常符合
1. 我认为孩子从幼儿园过渡到小学，需要专门的准备	1	2	3	4	5
2. 我会主动关注幼儿园开展的幼小衔接工作	1	2	3	4	5
3. 我参与了所有与幼小衔接相关的活动	1	2	3	4	5
4. 我参与这些活动大多数场所是在幼儿园	1	2	3	4	5
5. 我参与这些活动大多数是通过手机和网络	1	2	3	4	5
6. 我通过家长会获得过很多有关幼小衔接的科学知识	1	2	3	4	5
7. 我通过接送孩子与其他家长交流获得过很多有关幼小衔接的科学知识	1	2	3	4	5
8. 我通过家长课堂 / 专家讲座获得过很多有关幼小衔接的科学知识	1	2	3	4	5
9. 我通过手机和老师交流获得过很多有关幼小衔接的科学知识	1	2	3	4	5
10. 我很赞同老师说的幼小衔接方面的观点	1	2	3	4	5
11. 我对幼儿园开展的幼小衔接工作很满意	1	2	3	4	5

16. 在上小学之前，您认为孩子应做好哪些方面的准备？请您根据自己的真实想法，选择合适的选项。

题目	非常不重要	不重要	不确定	重要	非常重要
1. 向往上小学，期待上小学	1	2	3	4	5
2. 身体健康、营养均衡	1	2	3	4	5
3. 具备一定动手操作的能力	1	2	3	4	5
4. 具备大运动、大肌肉等运动技能	1	2	3	4	5
5. 讲文明，懂礼貌	1	2	3	4	5
6. 不平白无故地发脾气，具备良好的情绪状态	1	2	3	4	5
7. 具备一定防范攻击和不攻击他人的准备	1	2	3	4	5
8. 遇到危险时能及时向他人求助，具备自我保护能力	1	2	3	4	5

续表

题目	非常不重要	不重要	不确定	重要	非常重要
9. 与同伴能友好交往和相处	1	2	3	4	5
10. 愿意与教师接触、沟通，讲出自己的烦恼	1	2	3	4	5
11. 能遵守相应规则的准备	1	2	3	4	5
12. 学会听从教师的安排、指导，能服从权威的准备	1	2	3	4	5
13. 每天能自己整理书包和文具，具备自理的能力	1	2	3	4	5
14. 面对挫折不退缩，具备抗挫折能力	1	2	3	4	5
15. 做事能坚持	1	2	3	4	5
16. 学习兴趣	1	2	3	4	5
17. 掌握正确的坐姿、握笔姿势，做好会听课的准备	1	2	3	4	5
18. 具备一定的阅读能力	1	2	3	4	5
19. 民主温暖的家庭教养方式	1	2	3	4	5
20. 良好的亲子关系	1	2	3	4	5
21. 父母教育孩子的程度	1	2	3	4	5
22. 优越的家庭经济状况	1	2	3	4	5
23. 能清晰地理解别人的语言	1	2	3	4	5
24. 能表达自己的意愿	1	2	3	4	5
25. 达到入学的年龄	1	2	3	4	5
26. 具备一定的智力	1	2	3	4	5
27. 具备一定的生活常识	1	2	3	4	5
28. 具备一定的注意力	1	2	3	4	5
29. 能少量识字和简单计算	1	2	3	4	5

17. 下面是一些关于您孩子的情况，对于每一条描述，您可以选择最符合实际情况的选项。

题目	完全同意	同意	不同意	完全不同意
1. 当被要求做什么时（如：轮流、排队），善于耐心等待	1	2	3	4
2. 表达清晰并易于成人理解	1	2	3	4
3. 容易发脾气	1	2	3	4
4. 经常获得养育者的表扬和鼓励	1	2	3	4
5. 注意力容易分散	1	2	3	4
6. 经常出现困倦及疲惫感	1	2	3	4
7. 到园总是很守时	1	2	3	4
8. 当被要求做什么时，能够平静下来（控制自己的情绪）	1	2	3	4
9. 能够和很多同龄伙伴一起玩耍	1	2	3	4
10. 大多数任务能够自己独立完成	1	2	3	4
11. 很少缺席幼儿园学习	1	2	3	4
12. 能够安全地使用剪刀或其他锋利的工具	1	2	3	4
13. 受到批评时反应麻木	1	2	3	4
14. 有高兴或有趣的事愿意与父母分享	1	2	3	4
15. 对图书和生活情境中的文字符号感兴趣	1	2	3	4
16. 选择活动时经常表现出漫无目的	1	2	3	4
17. 理解疑问句（什么、在哪里、何时、为什么）	1	2	3	4
18. 使用筷子时不需要帮助	1	2	3	4
19. 如果任务太难很容易产生挫败感	1	2	3	4
20. 当被要求做什么时，不能够安静地坐下来（安静地坐下来有困难）	1	2	3	4
21. 能够识别自己名字并正确书写	1	2	3	4
22. 通常乐意与同伴分享	1	2	3	4
23. 抢夺其他孩子的物品	1	2	3	4
24. 在家里有规律地阅读	1	2	3	4

题目	完全同意	同意	不同意	完全不同意
25. 对应实物操作能够进行 10 以内的加减运算	1	2	3	4
26. 照管自己的物品时经常需要帮助	1	2	3	4
27. 对人很有礼貌，尊敬长辈	1	2	3	4
28. 接受过独立上厕所的训练	1	2	3	4
29. 经常不合时宜地打断别人谈话	1	2	3	4
30. 喜欢歌曲和旋律	1	2	3	4

18. 下面是关于您对孩子发展的期望，请根据您的实际想法选择合适的选项。

题目	非常不符合	比较不符合	一般	比较符合	非常符合
1. 我很关注孩子的学习成绩	1	2	3	4	5
2. 我期望孩子考试能占全班前几名	1	2	3	4	5
3. 我期望孩子能有更好的成绩	1	2	3	4	5
4. 我期望孩子将来至少要有大学学历	1	2	3	4	5
5. 我期望孩子未来很有成就	1	2	3	4	5
6. 我期望孩子将来有很高的社会地位	1	2	3	4	5
7. 我期望孩子将来能赚很多钱	1	2	3	4	5
8. 我期望孩子将来能成为某领域的专家	1	2	3	4	5
9. 我期望孩子在生活中要尊老爱幼	1	2	3	4	5
10. 我期望孩子做个正直的人	1	2	3	4	5
11. 我认为孩子有帮助别人的热诚是很重要的	1	2	3	4	5
12. 我并不期望孩子有很多好朋友	1	2	3	4	5
13. 我并不在意孩子在学校的人缘是否良好	1	2	3	4	5
14. 我并不在意孩子是否愿意主动和他人交朋友	1	2	3	4	5
15. 我并不鼓励孩子去关怀、帮助同学	1	2	3	4	5

题目	非常不符合	比较不符合	一般	比较符合	非常符合
16. 我并不在意孩子在学校是否能和同学友好相处	1	2	3	4	5
17. 我并不在乎孩子是否和老师积极互动地交流	1	2	3	4	5
18. 我关注孩子感冒生病等健康问题	1	2	3	4	5
19. 我鼓励孩子养成爱运动的好习惯	1	2	3	4	5
20. 我希望孩子的生活作息能有规律	1	2	3	4	5
21. 我认为孩子养成良好的饮食习惯是一件很重要的事	1	2	3	4	5
22. 我认为孩子定期接受健康检查是很重要的	1	2	3	4	5
23. 我希望孩子有适当疏解压力的方法	1	2	3	4	5
24. 我希望孩子德智体全面发展	1	2	3	4	5

19. 在帮孩子做好入学准备的过程中，您是否存在以下情况，请根据实际情况选择合适的选项。

题目	非常不符合	比较不符合	一般	比较符合	非常符合
1. 我有时会怀疑自己教养孩子的方法是否正确	1	2	3	4	5
2. 和孩子在一起时，我觉得自己作为父母的能力不足	1	2	3	4	5
3. 缺少教养经验和科学的育儿知识让我倍感压力	1	2	3	4	5

20. 在孩子入学准备阶段您是否有以下需求，请根据选项的描述与您实际需求的相符程度选择合适的选项。

题目	完全不需要	比较不需要	一般	比较需要	非常需要
1. 学习如何帮助孩子建立入学期待	1	2	3	4	5
2. 学习如何帮助孩子了解小学生活	1	2	3	4	5
3. 学习帮助孩子增强体质的方法	1	2	3	4	5

续表

题目	完全不需要	比较不需要	一般	比较需要	非常需要
4. 学习如何让孩子学会正确面对挫折和承受失败	1	2	3	4	5
5. 学习如何调整孩子入学前的作息时间以便适应小学的集体生活	1	2	3	4	5
6. 学习如何帮助孩子养成良好的卫生习惯	1	2	3	4	5
7. 了解如何让孩子学会自己的事情自己做，不依赖大人	1	2	3	4	5
8. 学习如何让孩子学会自觉按时地完成规定的任务	1	2	3	4	5
9. 学习如何让孩子在入学后能很快地融入班级和学校例如：如何结交新朋友、如何与朋友、如何与老师相处、如何面对同学彼此竞争、如何分享等	1	2	3	4	5
10. 学习如何帮助孩子增强规则意识	1	2	3	4	5
11. 学习如何让孩子做事情时学会坚持	1	2	3	4	5
12. 学习如何让孩子在别人说话时会认真倾听	1	2	3	4	5
13. 学习如何让孩子学会清楚地说出自己的想法	1	2	3	4	5
14. 学习如何提升孩子的认知能力（包括观察力、记忆力、思维力、想象力、专注力等）	1	2	3	4	5
15. 学习如何培养孩子良好的学习习惯，例如：如何培养正确的坐姿、握笔姿势、阅读习惯等	1	2	3	4	5
16. 学习如何帮助孩子增强任务意识	1	2	3	4	5
17. 学习如何激发孩子的学习兴趣	1	2	3	4	5
18. 学习舒缓自己的情绪与压力的方法	1	2	3	4	5
19. 了解小学的基本情况	1	2	3	4	5
20. 了解幼儿园开展入学准备教育的情况	1	2	3	4	5

21. 您对于如何做好幼小衔接工作有什么建议吗？

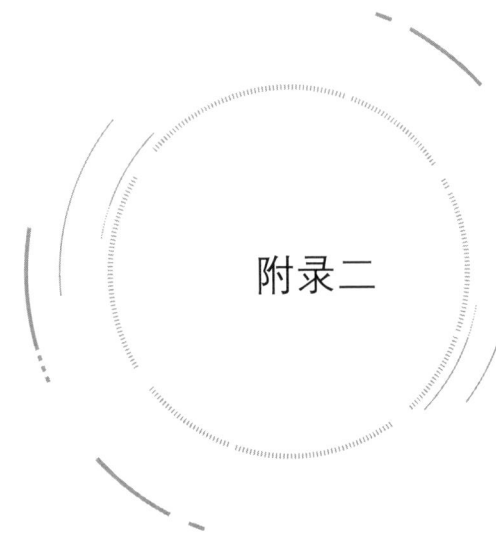

大班教师入学准备教育观点及需求调查

尊敬的老师：

　　您好！非常感谢您在百忙之中抽出时间参与此次调查！该问卷的目的是想了解您对大班幼儿进入小学前所做准备的一些看法和做法，问卷采取不记名方式，不涉及任何隐私问题，调查结果仅用于学术研究，绝对保密，请您根据题目要求进行回答！

　　1. 您的性别是：①男　②女

　　2. 您的年龄是：①20 岁及以下　②21—30 岁　③31—40 岁　④41 岁及以上

　　3. 您所在的地区是：①城市　②农村

　　4. 您所在学校的性质：①公办幼儿园　②民办幼儿园

　　5. 您是：①主班老师　②配班老师

　　6. 您的教龄是：①3 年以下　②3—5 年　③5—10 年　④10—20 年
　　　　　　　　　　⑤20 年以上

　　7. 您的文化程度是：

①初中及以下　②中专　③普通高中　④大专　⑤本科　⑥研究生

8. 您认为学前儿童入学准备应该从什么时候开始？

①入园前　②小班　③中班　④大班　⑤入小学时

9. 您所在幼儿园对您如何开展幼儿入小学准备教育进行过专门培训吗？

①有过　②没有过

10. 您经常和家长交流有关幼儿入小学的问题吗？

①经常　②偶尔　③没交流过

11. 您是否阅读过《义务教育课程标准（低年级）》？

①阅读过　②没阅读过

12. 您在如何帮助孩子做好入学准备方面有与小学老师进行过交流吗？

①一个月交流 1 次及以上　②一个学期 2—3 次　③一个学期 1 次

④两个学期 1 次　⑤从未交流过

13. 关于入学准备教育您所在的幼儿园开展了哪些活动？［多选题］

①带幼儿参观小学，体验小学课堂

②调整作息，适当减少午睡，延长单次集体活动的时间

③适当减少一日生活中的统一安排，帮助孩子学会个人生活管理

④扩展幼儿的交往范围，如进行混龄游戏等

⑤引导幼儿承担适当的劳动任务，如值日生等

⑥让幼儿自己做计划

⑦培养幼儿的阅读兴趣和习惯

⑧与前书写相关的活动

⑨其他（请尽可能多地总结出您所在幼儿园开展的入学教育活动）

---

14. 在上小学前，您认为幼儿应做好哪些方面的准备？请您根据自己的真实想法，选择合适的选项。

题目	非常不重要	不重要	不确定	重要	非常重要
1. 向往上小学，期待上小学	1	2	3	4	5
2. 身体健康、营养均衡	1	2	3	4	5
3. 具备一定动手操作的能力	1	2	3	4	5
4. 具备大运动、大肌肉等运动技能	1	2	3	4	5
5. 讲文明，懂礼貌	1	2	3	4	5
6. 不平白无故地发脾气，具备良好的情绪状态	1	2	3	4	5
7. 具备一定防范攻击和不攻击他人的准备	1	2	3	4	5
8. 遇到危险时能及时向他人求助，具备自我保护能力	1	2	3	4	5
9. 与同伴能友好交往和相处	1	2	3	4	5
10. 愿意与教师接触、沟通，讲出自己的烦恼	1	2	3	4	5
11. 能遵守相应规则的准备	1	2	3	4	5
12. 学会听从教师的安排、指导，能服从权威的准备	1	2	3	4	5
13. 每天能自己整理书包和文具，具备自理的能力	1	2	3	4	5
14. 面对挫折不退缩，具备抗挫折能力	1	2	3	4	5
15. 做事能坚持	1	2	3	4	5
16. 学习兴趣	1	2	3	4	5
17. 掌握正确的坐姿、握笔姿势，做好会听课的准备	1	2	3	4	5
18. 具备一定的阅读能力	1	2	3	4	5
19. 民主温暖的家庭教养方式	1	2	3	4	5
20. 良好的亲子关系	1	2	3	4	5
21. 父母教育孩子的程度	1	2	3	4	5
22. 优越的家庭经济状况	1	2	3	4	5
23. 能清晰地理解别人的语言	1	2	3	4	5
24. 能表达自己的意愿	1	2	3	4	5
25. 达到入学的年龄	1	2	3	4	5
26. 具备一定的智力	1	2	3	4	5

题目	非常不重要	不重要	不确定	重要	非常重要
27. 具备一定的生活常识	1	2	3	4	5
28. 具备一定的注意力	1	2	3	4	5
29. 能少量识字和简单计算	1	2	3	4	5
30. 掌握拼音的认读和拼写	1	2	3	4	5
31. 掌握两位数的加减法	1	2	3	4	5

15. 在开展入学准备教育时，您是否有以下学习需求，请根据您的实际情况选择与题干描述符合的程度。

题目	非常不需要	比较不需要	一般	比较需要	非常需要
1. 学习如何帮助孩子建立入学期待	1	2	3	4	5
2. 学习如何帮助孩子了解小学生活	1	2	3	4	5
3. 学习如何帮助孩子增强体质	1	2	3	4	5
4. 学习如何帮助孩子提高手眼协调能力	1	2	3	4	5
5. 学习如何让孩子学会正确面对挫折和承受失败	1	2	3	4	5
6. 学习如何让孩子学会正确表达自己的情绪	1	2	3	4	5
7. 学习如何帮助孩子调整作息时间以便适应小学的集体生活	1	2	3	4	5
8. 学习如何帮助孩子养成良好的卫生习惯	1	2	3	4	5
9. 学习如何让孩子学会自己的事情自己做，不依赖大人	1	2	3	4	5
10. 学习如何让孩子学会爱护自己的物品	1	2	3	4	5
11. 学习如何让孩子学会自觉按时地完成规定的任务	1	2	3	4	5
12. 学习如何让孩子懂得保护自己	1	2	3	4	5
13. 学习如何让孩子在入学后能很快融入班级和学校，例如：如何结交新朋友、如何与朋友和老师相处、如何面对同学彼此竞争、如何分享等	1	2	3	4	5

续表

题目	非常不需要	比较不需要	一般	比较需要	非常需要
14.学习如何让孩子更自信	1	2	3	4	5
15.学习如何增强孩子的规则意识	1	2	3	4	5
16.学习如何增强孩子的任务意识	1	2	3	4	5
17.学习如何培养孩子的独立性	1	2	3	4	5
18.学习如何激发孩子爱集体、爱家乡、爱祖国的情感	1	2	3	4	5
19.学习如何让孩子做事情时学会坚持	1	2	3	4	5
20.学习如何让孩子学会清楚地说出自己的想法	1	2	3	4	5
21.学习如何让孩子在别人说话时会认真倾听	1	2	3	4	5
22. 学习如何提升孩子的认知能力（包括观察力、记忆力、思维力、想象力等）	1	2	3	4	5
23. 学习如何培养孩子良好的学习习惯，例如：如何培养正确的坐姿、握笔姿势、阅读习惯等	1	2	3	4	5
24.学习如何提升孩子的专注力	1	2	3	4	5
25.学习如何激发孩子的前书写兴趣，做好书写准备	1	2	3	4	5
26.学习如何激发孩子学习数学兴趣	1	2	3	4	5
27.学习如何与家长进行有效沟通	1	2	3	4	5
28.学习如何舒缓自己的情绪与压力的方法	1	2	3	4	5
29.深入了解小学的情况	1	2	3	4	5

16. 您在幼小衔接工作中有哪些困难？

①幼儿园对于幼小衔接工作不够重视

②没有对接的小学进行衔接合作

③幼小衔接会增加工作量，时间、精力不够

④幼儿园和小学之间的教学内容和方法差异太大，很难衔接

⑤幼小衔接活动流于形式，效果甚微

⑥幼儿园和小学之间的合作机制不健全，合作形式单一，无法深入

⑦家长的衔接理念不科学，沟通合作有困难

⑧感觉自己不了解孩子的身心发展特点，对他们进行教育时有困难

⑨其他（请从教师角度写出在幼小衔接过程中存在的其他困难）

_____

17.您认为下列哪些原因导致幼小衔接效果不好？［多选题］

①小学未主动与幼儿园衔接

②小学未实施"零起点"教学

③小学教学进度较快

④家长缺乏正确的儿童发展观

⑤家长对家园共育活动支持度不高

⑥家长未主动学习入学准备相关知识

⑦没有落实幼小教师联合教研制度

⑧教师培训不够

⑨幼小衔接监督机制不完善

其他_____

18.您对如何做好幼小衔接工作有什么好的建议？

_____

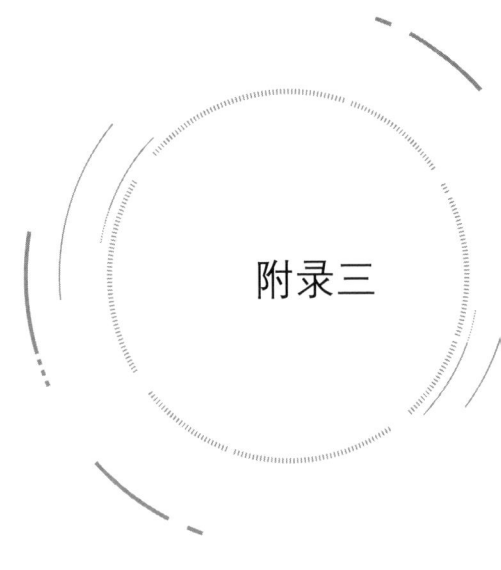

一年级新生入学适应调查问卷（家长版）

尊敬的家长：

　　您好！本问卷旨在通过了解您为孩子入学所做的工作以及孩子进入一年级之后的适应情况，提高孩子的入学适应性。本问卷不记名，答案无对错之分。感谢您在百忙之中抽出时间填写以下问卷，您的回答将为我们的研究提供宝贵的事实依据。请您放心填写，谢谢您的支持与配合！

　　1. 您所在的地区是：①城市　②乡村

　　2. 您孩子的性别是：①男　②女

　　3. 您孩子的年龄是：＿＿＿＿岁＿＿＿＿个月

　　4. 您的孩子是否为独生子女：①是　②否

　　5. 您孩子的出生顺序是：①头胎　②二胎　③三胎及以上

　　6. 您的学历是：①大专及以下　②本科　③硕士及以上

　　7. 您的孩子上幼儿园的时间为：①未满一年　②一年　③两年　④三年及以上

8.您对幼小衔接阶段的了解程度：

①特意了解过　②有一定的了解　③偶尔听到　④从未听说

9.您认为"幼小衔接"教育是（　　　）[多选题]

①是幼儿园的事　②是小学的事　③是家庭教育的事　④没考虑过

10.孩子入小学前您和孩子讨论过有关小学的话题吗？

①经常　②偶尔　③从没有

11.您的孩子上过提前学习小学知识的"幼小衔接班"吗？什么时间段？

①孩子上的幼儿园已经提前教了拼音等小学知识

②上过"幼小衔接班"，提前一年

③上过"幼小衔接班"，在大班毕业后的暑假2个月

④试听过"幼小衔接班"，但没上

⑤觉得没必要

12.您或家人有教过孩子小学的相关知识吗？

①借来小学课本教授　②偶尔教些简单知识　③觉得教不教没关系

13.您认为孩子在适应小学生活中哪些方面不理想？[多选题]

①心理方面：不喜欢上小学

②身体方面：容易生病

③生活自理能力方面：不能自己整理书包等

④人际交往方面：不敢和老师交流

⑤人际交往方面：不会与同伴交往

⑥学习方面：没有学习兴趣

⑦学习方面：学习习惯不好

⑧其他＿＿＿＿＿＿＿＿＿＿＿＿＿

⑨各方面适应得都很好

14.您的孩子在不适应学校环境方面有哪些表现？[多选题]

①不喜欢小学生活

②在上学时经常说自己生病或身体不舒服

③回家不开心，不愿意跟家人说学校里的事情

④长时间不能熟悉并适应新校园和教室环境

⑤其他＿＿＿＿＿＿＿＿＿＿＿＿＿

⑥孩子适应得很好

15. 在家里，您孩子的学习环境是怎样？

①有自己的房间   ②没有固定写作的地方

③没有自己的房间，有固定桌椅

④其他＿＿＿＿＿＿＿＿＿＿＿＿＿

16. 您的孩子是否每天都能将自己的学习物品整理整齐？

①都是自己整理   ②能在成人提醒和帮助下整理好

③从来不整理，都是父母帮忙整理

17. 您认为孩子在坚持性方面表现如何？

①做事情有始有终，坚持到底   ②拖拖拉拉，磨蹭

③半途而废   ④容易被其他事物干扰

18. 您认为孩子在学习适应方面是否存在以下问题？[多选题]

①不能清楚有条理地表达自己的想法   ②不能认真听他人讲话

③对于知识记得快，忘得快   ④容易被事物吸引，注意力不集中

⑤粗心、马虎、不检查   ⑥其他＿＿＿＿＿＿＿＿＿＿＿＿＿

⑦孩子适应得很好，没有出现上述问题

19. 孩子在入小学后，会主动向您表达自己想法或者分享学校里的事情吗？

①经常，而且无话不谈   ②不是很经常，偶尔会有

③不主动，家长问才会说   ④很少说话，您在孩子口中了解到的情况很少

20. 您的孩子会因为什么主动和您谈论他/她的新朋友？[多选题]

①因为非常友爱   ②因为一些小误会   ③因为矛盾重重

④不提及，还没交到新朋友

21. 父母平时陪伴孩子的时间？

①孩子经常和老人生活在一起   ②只有周末或假期能够陪在孩子身边

③经常能够陪在孩子身边

22. 根据老师的反馈，您的孩子在课堂中的表现情况如何？

①认真听讲，积极举手回答问题　②能听懂，但不喜欢参与课堂互动

③表现一般　④没有和老师沟通过，不了解孩子在学校的表现

23. 您的孩子是否能记清作业和要求，对老师布置的各项任务完成情况如何？

①自己独立完成　②家长陪同完成　③完成比较困难

24. 您的孩子是否能合理安排好学习和玩耍的时间？　①好　②一般　③不好

25. 您认为幼儿园开展的幼小衔接工作，对孩子进入小学后哪些方面有明显帮助？〔多选题〕

①学习习惯　②人际交往　③自理能力　④身体发展　⑤任务意识

⑥提前学习拼音、写字等　⑦其他_____

26. 您孩子的学业将来达到什么水平？

①初中毕业　②高中毕业　③大专毕业　④本科毕业　⑤研究生及以上

27. 孩子进入小学后，您是否存在以下担忧和困难？请根据实际情况作答。

题目	完全不符合	不符合	符合	完全符合
1. 我担心孩子的学习会跟不上班上的进度	1	2	3	4
2. 孩子的学习成绩很难提升，让我很苦恼	1	2	3	4
3. 我的孩子总是不能做到他/她应该做到的事	1	2	3	4
4. 让我的孩子去做点什么事非常难	1	2	3	4
5. 我的孩子经常不服从管教，让我很生气	1	2	3	4
6. 我的孩子爱拖延且时间观念很差	1	2	3	4
7. 我担心孩子在适应学校环境上会出现困难	1	2	3	4
8. 我担心我的孩子会和别的孩子一起去惹麻烦	1	2	3	4

续表

题目	完全不符合	不符合	符合	完全符合
9. 我担心我的孩子会和别的孩子一起参与打架	1	2	3	4
10. 孩子课外辅导的花费让我感到有压力	1	2	3	4
11. 孩子的学习用品等花费让我感到有压力	1	2	3	4
12. 有了孩子后，我非常担心和钱有关的事	1	2	3	4
13. 因为孩子，我经常改变我原有的计划	1	2	3	4
14. 有了孩子后，我的生活失去了很多选择	1	2	3	4
15. 有了孩子后，可供我自由支配的时间变少了	1	2	3	4
16. 因为孩子的存在，我和伴侣更容易产生争执	1	2	3	4
17. 因为孩子的存在，我和伴侣的关系更加疏远了	1	2	3	4
18. 因为孩子的存在，我和伴侣的关系更加紧张	1	2	3	4
19. 我和孩子的关系紧张，经常发生冲突	1	2	3	4
20. 我感觉和孩子沟通起来有困难	1	2	3	4
21. 和孩子互动让我感到很疲惫	1	2	3	4
22. 我有时会怀疑自己教养孩子的方法是否正确	1	2	3	4
23. 和孩子在一起时，我觉得自己作为父母的能力不足	1	2	3	4
24. 缺少教养经验和科学的育儿知识让我倍感压力	1	2	3	4

28. 下面是孩子入学后关于您的一些做法，请根据您实际的情况进行作答。

题目	非常不符合	不符合	一般	符合	非常符合
1. 我会配合教师的教学内容，给予孩子需要的帮助	1	2	3	4	5

续表

题目	非常不符合	不符合	一般	符合	非常符合
2. 当孩子在生活上遇到困难时，我会主动帮助	1	2	3	4	5
3. 我能提供孩子学习上需要的各项用品	1	2	3	4	5
4. 我能提供孩子营养的餐点	1	2	3	4	5
5. 我能要求孩子养成良好的饮食习惯，例如：不偏食、不浪费食物	1	2	3	4	5
6. 我会鼓励孩子表达自己的情绪	1	2	3	4	5
7. 我能适时拥抱孩子，并说出鼓励的话语	1	2	3	4	5
8. 我每天至少有三十分钟的时间（含以上）与孩子独处	1	2	3	4	5
9. 当孩子需要关爱时，我会满足他/她的需求	1	2	3	4	5
10. 我的孩子会主动跟我分享他内心的想法	1	2	3	4	5
11. 我会花很多时间、精力在管教孩子的行为上，而不烦躁	1	2	3	4	5
12. 我会主动询问学校教师有关孩子的学习状况	1	2	3	4	5
13. 我会参与亲职讲座或阅读相关书籍，来帮助自己懂得如何教养孩子	1	2	3	4	5
14. 对我而言，教养孩子是一件容易的事情	1	2	3	4	5
15. 我有信心教养出有礼貌、行为良好的孩子	1	2	3	4	5
16. 我对自己教养孩子的方式有信心	1	2	3	4	5
17. 我对自己教养孩子的观念及态度感到满意	1	2	3	4	5
18. 在培养孩子良好的生活习惯上，我觉得自己做得比别人好	1	2	3	4	5
19. 我觉得自己是一个好的父母	1	2	3	4	5

29. 下面是一些您对孩子发展的一些想法，请您根据实际情况作答。

题目	非常不符合	不符合	一般	符合	非常符合
1. 我很关注孩子的学习成绩	1	2	3	4	5
2. 我期望孩子考试能占全班前几名	1	2	3	4	5
3. 我期望孩子能有更好的成绩	1	2	3	4	5
4. 我期望孩子将来至少要有大学学历	1	2	3	4	5
5. 我期望孩子未来很有成就	1	2	3	4	5
6. 我期望孩子将来有很高的社会地位	1	2	3	4	5
7. 我期望孩子将来能赚很多钱	1	2	3	4	5
8. 我期望孩子将来能成为某领域的专家	1	2	3	4	5
9. 我期望孩子在生活中要尊老爱幼	1	2	3	4	5
10. 我期望孩子做个正直的人	1	2	3	4	5
11. 我认为孩子有帮助别人的热诚是很重要的	1	2	3	4	5
12. 我并不期望孩子有很多好朋友	1	2	3	4	5
13. 我并不在意孩子在学校的人缘是否良好	1	2	3	4	5
14. 我并不在意孩子是否愿意主动和他人交朋友	1	2	3	4	5
15. 我并不鼓励孩子去关怀、帮助同学	1	2	3	4	5
16. 我并不在意孩子在学校是否能和同学友好相处	1	2	3	4	5
17. 我并不在乎孩子是否和老师积极互动地交流	1	2	3	4	5
18. 我关注孩子感冒生病等健康问题	1	2	3	4	5
19. 我鼓励孩子要养成爱运动的好习惯	1	2	3	4	5
20. 我希望孩子的生活作息能有规律	1	2	3	4	5

续表

题目	非常不符合	不符合	一般	符合	非常符合
21. 我认为孩子养成良好的饮食习惯是一件很重要的事	1	2	3	4	5
22. 我认为孩子定期接受健康检查是很重要的	1	2	3	4	5
23. 我希望孩子有适当疏解压力的方法	1	2	3	4	5
24. 我希望孩子德智体全面发展	1	2	3	4	5

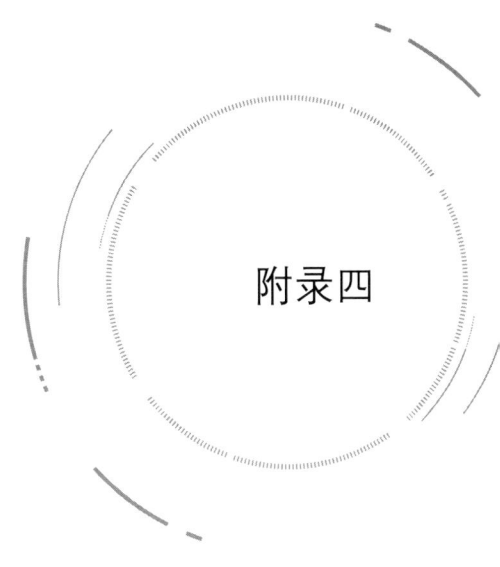

一年级学生适应情况调查问卷（教师版）

老师您好！

本问卷旨在调查小学一年级新生的入学适应情况，本问卷实行匿名制，所获得的信息仅统计使用，请您按照实际情况认真作答，不漏答。您的回答非常重要，谢谢您的配合！

1. 您所在的地区是：①城市　②乡村

2. 您的性别：①男　②女

3. 您的教龄是：

①1—5 年（含 5 年）　②5—10 年（含 10 年）

③10—15 年（含 15 年）　④15—20 年（含 20 年）

⑤20—25 年（含 25 年）　⑥25—30 年（含 30 年）　⑦30 年以上

4. 您的学历：①中专　②专科　③本科　④研究生

5. 您是否担任班主任：①是　②否

6. 下面是一些关于一年级新生入学适应教育情况，请您根据实际情况填写。

题目	完全不符合	基本不符合	不确定	基本符合	完全符合
您非常了解教育部发布的《关于大力推进幼儿园与小学科学衔接的指导意见》这一政策的具体内容	1	2	3	4	5
贵校针对一年级新生已有一套完善的入学适应教育方案或课程	1	2	3	4	5
您已按照活动教学对一年级教室的课桌椅进行灵活摆放	1	2	3	4	5
入学后，您已带领新生熟悉校园环境，认识老师	1	2	3	4	5
您能及时关注到每位新生在校的行为表现和情绪状态，引导新生正确认识自己的情绪	1	2	3	4	5
您会经常组织活动来调动新生的积极情绪，提高其精细动作的灵活性和协调性	1	2	3	4	5
您很重视新生自我服务能力的培养，如独立穿、脱衣服，系鞋带，班级卫生服务等	1	2	3	4	5
您已带领新生认识和掌握交通指示灯、人行道等交通标识和基本的安全常识	1	2	3	4	5
您能经常参与到新生的课间活动中	1	2	3	4	5
您会与新生一起布置教室环境、制定班级规章制度	1	2	3	4	5
您会开展小组或集体活动来增强新生的归属感和集体荣誉感	1	2	3	4	5
您会用微笑、爱抚和拥抱等行为表示对新生的赞许和喜爱	1	2	3	4	5
您会组织多种游戏活动来帮助新生交朋友，不让新生落单	1	2	3	4	5
您能根据新生之间的同伴互助、矛盾冲突等事情，引发新生积极的道德情感和体验	1	2	3	4	5
您会鼓励新生主动提问，以包容的态度回应新生的各种问题	1	2	3	4	5
你会安排有趣的游戏活动或任务来培养新生长时间集中注意力的能力	1	2	3	4	5
您会鼓励新生用图画、符号、文字等方式来制定计划表或任务清单	1	2	3	4	5

续表

题目	完全不符合	基本不符合	不确定	基本符合	完全符合
您会指导新生借助田字格来把握汉字的笔画和间架结构，掌握正确的运笔方法，保持正确的书写姿势	1	2	3	4	5
您会主动与新生家长交流新生的在校情况	1	2	3	4	5
您会定期向家长了解孩子在家的情况	1	2	3	4	5

7. 关于一年级学生适应困难的原因，您的看法是：

题目	是	否
您认为入学期待不足是导致一年级学生适应困难的原因吗？	1	2
您认为容易受外界影响而分心是导致一年级适应困难的原因吗？	1	2
您认为依赖口头表扬和鼓励是导致一年级学生适应困难的原因吗？	1	2
您认为依赖成人是导致一年级学生适应困难的原因吗？	1	2
您认为拒绝、愤怒、攻击是导致一年级学生适应困难的原因吗？	1	2
您认为在课堂或学校不遵守规则是导致一年级学生适应困难的原因吗？	1	2
您认为不会与同学交往是导致一年级学生适应困难的原因吗？	1	2
您认为不敢与老师接触是导致一年级学生适应困难的原因吗？	1	2
您认为与集体活动相比，一年级学生更喜欢个人活动是导致适应困难的原因吗？	1	2
您认为缺少沟通机会是导致一年级学生适应困难的原因吗？	1	2
您认为学生知识水平低（对学校、学习活动、人、自然、艺术、社会规范等的知识）是导致一年级学生适应困难的原因吗？	1	2
您认为喜欢玩游戏是导致一年级学生适应困难的原因吗？	1	2
您认为不擅长沟通（能够倾听、理解说话者、表达想法等）是导致一年级学生适应困难的原因？	1	2
您认为缺乏关注是导致一年级学生适应困难的原因吗？	1	2
您认为不理解老师的指令是导致一年级学生适应困难的原因吗？	1	2
您认为精细动作能力（如手上捏、握、抓、推等动作）和大肌肉动作能力（如走、跑、跳、投掷等动作）的不足是导致一年级学生适应困难的原因吗？	1	2

续表

题目	是	否
您认为小动作多是导致一年级学生适应困难的原因吗？	1	2
您认为学生容易生病是导致一年级学生适应困难的原因吗？	1	2
您认为学习能力不足是导致一年级学生适应困难的原因吗？	1	2
您认为体质不好是导致一年级学生适应困难的原因吗？	1	2

8. 您认为一年级新生，入学前最应该准备的是［多选题］

①激发上小学的兴趣　②精细动作能力，如折纸、运笔画线

③自立自理等较好的生活习惯和能力

④人际交往能力，如同伴交往、冲突解决能力

⑤自制、自控能力，规则意识和责任感

⑥有较好的学习品质和学习习惯，如倾听、好奇、专注、有计划等

⑦喜欢阅读，有一定的阅读经验　⑧学一些一年级知识　⑨学拼音

⑩学会 20 以外的加减法　⑪能正确握笔　⑫时间观念

⑬语言表达能力　⑭对小学的教学环境、形式要求、一日生活有所感知

⑮其他

9. 您所带（过）的一年级新生的学习基础情况是：

①大部分孩子都有一定拼音、计算的基础

②小部分孩子都有一定拼音、计算的基础

③大部分孩子都没有基础

10. 您所带（过）班级的大多数学生在哪方面的入学适应较为困难？［多选题］

①不适应小学的学习方式和要求　②学习内容跟不上，知识掌握上有困难

③学习习惯不好，或需要培养和适应，如课堂注意力、听说习惯和能力、作业习惯等

④人际交往能力，如冲突解决能力较弱　⑤精细动作不足

⑥不喜欢上学，不能积极参与学校和班级活动

⑦生活自理能力差，不能完成基本的自我服务

⑧规则意识不强，规则执行能力差

⑨抗挫折能力较差，遇到困难容易放弃　⑩ 其他

11. 在一年级课堂上学生表现的问题行为有哪些？［多选题］

①上课不主动回答问题，回答问题不举手　②和同学交头接耳，随意说话

③不带上课需要的学习用具　④在教室大声喧哗　⑤不写课堂作业

⑥做小动作，摆弄橡皮、尺子等物品　⑦上课迟到

⑧老师布置的任务不能马上完成

⑨坐姿、写字、握笔姿势不标准　⑩ 上课随意走动，打闹、哭泣

12. 您认为一年级学生在不适应环境方面的表现？［多选题］

①对于新的环境没有探索和了解的兴趣

②会出现走错教室，找不到上课教室

③记不住教师的办公室　④找不到学校厕所　⑤上学哭闹

⑥其他＿＿＿＿＿＿＿＿＿＿＿＿＿＿＿

13. 您认为学生上课注意力不集中的主要表现？［多选题］

①交头接耳　②搞小动作　③走神　④其他＿＿＿＿＿＿＿＿＿＿＿＿＿＿

14. 您认为学生上课注意力不集中的原因？［多选题］

①学生年龄小，有意注意的时间短

②入学前已经学会了一年级的学习内容

③晚上没有休息好，疲劳　④对学习还没有产生兴趣　⑤孩子自制能力差

⑥孩子身体不舒服　⑦其他＿＿＿＿＿＿＿＿＿＿＿＿＿＿

15. 您布置的课堂作业学生不能及时完成的原因？［多选题］

①写字、句速度慢　②注意力不集中，边玩边写　③课上的知识没有掌握

④不喜欢这门学科　⑤其他＿＿＿＿＿＿＿＿＿＿＿＿＿＿

16. 您认为学生日常规范纪律性欠缺，具体表现是（　　　　）［多选题］

①一部分同学在铃响后不能及时站好队伍

②做眼保健操不认真，相互打闹

③走廊内大声喧哗，追赶打闹

④学生在下课后不能准备好下一节课的学习用品

⑤其他＿＿＿＿＿＿＿＿＿＿＿＿＿

17. 您认为学生为什么管理不好自己的物品，经常丢三落四？［多选题］

①学生自主整理自己物品的意识薄弱　　②没有明确的物品归类和整理计划

③缺乏责任意识　④情感上过于依赖家长

⑤其他＿＿＿＿＿＿＿＿＿＿＿＿＿

18. 您认为学生在人际关系方面存在的问题是（　　　）？［多选题］

①同学之间不能自主合作　②经常向老师告状

③同学之间不能友好相处，一直存在矛盾　④不敢主动和老师沟通

⑤其他＿＿＿＿＿＿＿＿＿＿＿＿＿

19. 您认为学生在人际关系适应方面存在的原因（　　　）？［多选题］

①新环境的差异　②学生不同的性格特点　③想交朋友却不知道如何相处

④以自我为中心　⑤对父母过于依赖　⑥其他＿＿＿＿＿＿＿＿＿＿＿＿＿

20. 您在幼小衔接过程中有哪些困难？［多选题］

①学校对于幼小衔接工作不够重视　②没有对接的幼儿园进行衔接合作

③幼小衔接会增加工作量，时间、精力不够

④幼儿园和小学之间的教学内容和方法差异太大，很难衔接

⑤幼小衔接活动流于形式，效果甚微

⑥幼儿园和小学进行了环境创设、规章制度和课程等方面的初步衔接，但
　是由于合作的机制不健全，合作形式单一，无法深入

⑦家长的衔接理念不科学，沟通合作有困难

⑧感觉自己不了解一年级新生的身心发展特点，对他们进行教育时有困难

⑨一年级新生在入学前的准备不充分，问题较多

⑩其他（请从教师角度写出在幼小衔接过程中存在的其他困难）

21. 您对幼小衔接工作有什么好的建议?［填空题］

_____

22. 下面是一些关于儿童入学适应情况的内容，请班主任老师根据本班第 1 个学号的同学的实际情况填写。（非班主任不填写此题）

题目	从不如此	很少如此	有时如此	经常如此	总是如此
对学习感兴趣	1	2	3	4	5
能做好课前准备	1	2	3	4	5
保持课桌整洁	1	2	3	4	5
听讲有困难	1	2	3	4	5
能积极参加课堂讨论	1	2	3	4	5
学习成绩较差（没有尽力去学）	1	2	3	4	5
学习上没有别人的帮助也能做得很出色	1	2	3	4	5
注意力不集中，容易分心	1	2	3	4	5
学习动机较强	1	2	3	4	5
将别人的东西据为己有	1	2	3	4	5
在课堂上捣乱	1	2	3	4	5
欺负同学	1	2	3	4	5
不合群	1	2	3	4	5
缺乏与同龄人交往的技能	1	2	3	4	5
很容易交到朋友	1	2	3	4	5
打扰他人学习	1	2	3	4	5
在学校比较固执、犟嘴	1	2	3	4	5
在学校退缩、离群	1	2	3	4	5
即使不愿意也能接受学校的要求	1	2	3	4	5
不愿意表达自己的观点和意见	1	2	3	4	5
不能勇敢地面对失败	1	2	3	4	5
其他学生不想和这个学生在一起	1	2	3	4	5

续表

题目	从不如此	很少如此	有时如此	经常如此	总是如此
与同龄人交往有困难	1	2	3	4	5
不喜欢学校	1	2	3	4	5
害羞，胆怯	1	2	3	4	5
喜欢哭	1	2	3	4	5
在学校经常感到害怕、紧张	1	2	3	4	5
喜怒无常	1	2	3	4	5
不会自己整理书包	1	2	3	4	5
缺乏独立解决问题的能力	1	2	3	4	5
不善于表达情感	1	2	3	4	5
生活上非常依赖老师	1	2	3	4	5
在学校表现得很积极	1	2	3	4	5